초보를 위한 친절한 안내서 / 활용편

스마트폰과 함께하는 일상 디지털여행

활용편

오정화 박수영 이중호 강재순

Bookinstory

스마트폰과 함께하는 일상 디지털여행 활용편

초판 발행 | 2026년 1월 21일

지은이 | 오정화, 박수영, 이중호, 강재순
펴낸곳 | 북인스토리
디자인 | 오정화, 박수영, 이중호, 강재순
출판등록번호 | 제2024-001101호
주 소 | 서울시 송파구 충민로66, F9088(가든파이브 라이프)
이메일 | bookinstory01@gmail.com

ISBN | 979-11-24221-04-4
판매가 | 18,000원

두려움 대신 익숙함으로, 오늘도 한 걸음

-- 일상을 더 똑똑하게 설계하는 디지털 활용의 시간.

기초편에서 우리는 스마트폰의 기본 기능을 익히며, 디지털 세상을 두려움 없이 만나기 위한 준비를 마쳤습니다. 이제 활용편에서는 한 단계 더 나아가, 일상 전체를 스마트하게 설계하는 방법을 다룹니다. 목표는 단순합니다.

"많이 아는 것"이 아니라, 내 삶에서 정말 필요한 순간에 정확히 쓰는 것입니다.

이 책은 생활의 흐름에 맞추어 구성되어 있습니다. 먼저, 스마트폰 기본 사용법을 다시 한번 정리하며 편리한 기능들을 점검합니다. 이어서 AI 어시스턴트를 통해 일정, 글쓰기, 정보 찾기를 더 효율적으로 해봅니다. 버스·지하철·내비게이션을 활용해 길을 찾고, 번역 앱으로 언어의 벽을 낮추며, 카카오톡을 보다 안전하고 똑똑하게 사용하는 방법도 함께 익힙니다.
공공·민원·은행 업무에 필요한 모바일 인증서, 건강관리와 운동 기록, 안전한 온라인 쇼핑, 생활에 도움이 되는 추천 앱까지—복잡해 보였던 기능들이 실제 상황 속에서 자연스럽게 연결되는 경험을 하게 될 것입니다.

또한, 파일과 사진을 정리하고, 간단한 영상 편집을 통해 추억을 세련되게 기록하는 방법, 그리고 AI를 활용해 일과 배움을 더욱 스마트하게 만드는 실습도 담았습니다. 디지털 기술은 끊임없이 변하지만, 두려워할 이유는 없습니다. 중요한 것은 완벽히 외우는 것이 아니라, 필요할 때 차분히 확인하고 눌러 볼 수 있는 자신감입니다. 그 자세만 있다면, 새로운 서비스와 기능은 언제든 여러분의 삶을 더 편리하게 만들어 줄 것입니다.

이제 우리는 단순한 사용자에서 한 걸음 더 나아가, 시간을 아끼고, 비용을 줄이고, 소통을 넓히고, 기억을 더 아름답게 남기는 디지털 생활의 주인공이 됩니다.

스마트폰이 여러분의 손 안에서 하루를 관리하는 비서가 되고, 건강을 돌보는 파트너가 되고, 가족과 세상을 잇는 따뜻한 창구가 되기를 바랍니다. 지금부터 시작되는 활용편의 여정은, 여러분의 일상을 조금 더 자유롭고, 안전하며, 창의적으로 바꾸어 줄 것입니다.
천천히, 그러나 꾸준히—함께 걸어가겠습니다.

1장
스마트폰 기본 사용법

벨소리 변경

벨소리를 변경하는 방법은 제조사에 따라 차이가 있을 수 있지만 일반적으로는 다음과 같은 단계를 따르면 됩니다. 나만의 휴대폰 벨소리로 변경해 봐요.

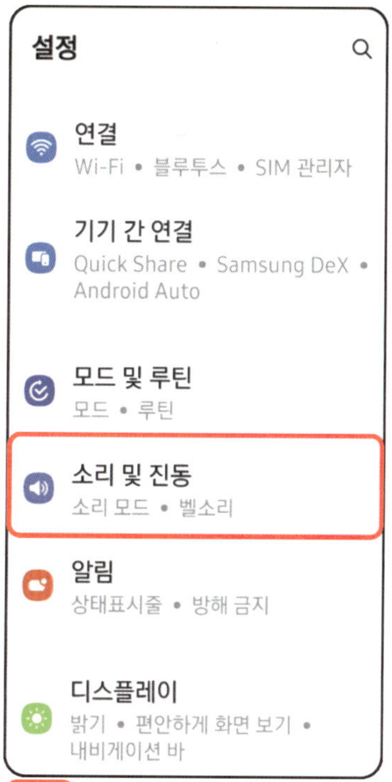

1 (설정)에서 **소리 및 진동**을 눌러요.

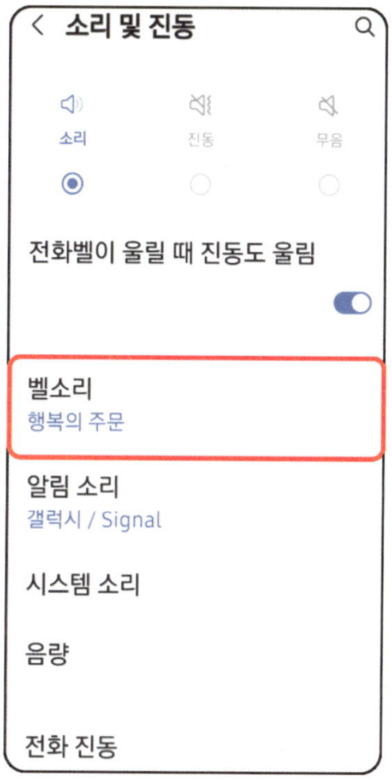

2 **벨소리**를 눌러요.

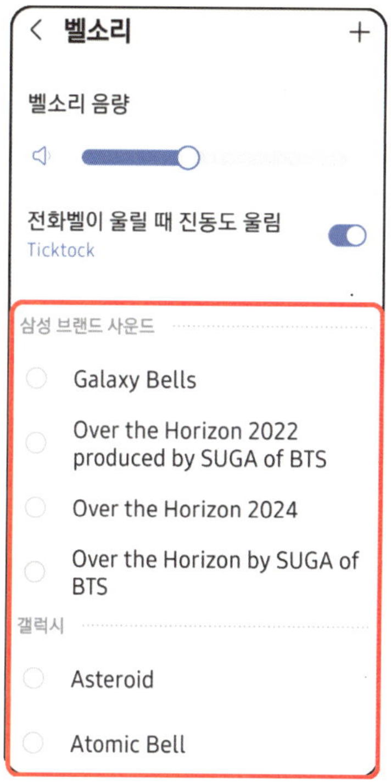

3 벨소리 목록을 볼 수 있어요.

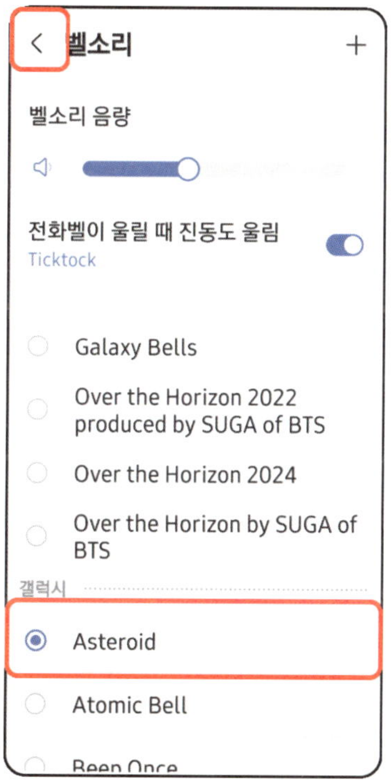

4 원하는 벨소리를 선택한 후 <를 눌러요.

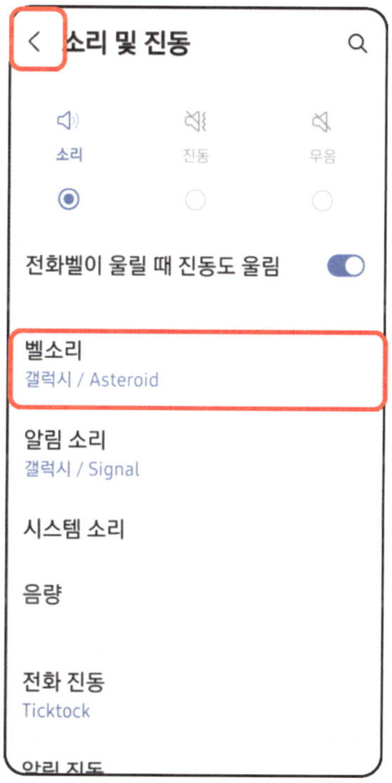

5 선택된 벨소리를 확인할 수 있어요. <를 **두번** 눌러요.

벨소리 변경

저장한 음악으로 벨소리를 바꿀 수 있어요.
나만의 휴대폰 벨소리로 변경해 봐요.

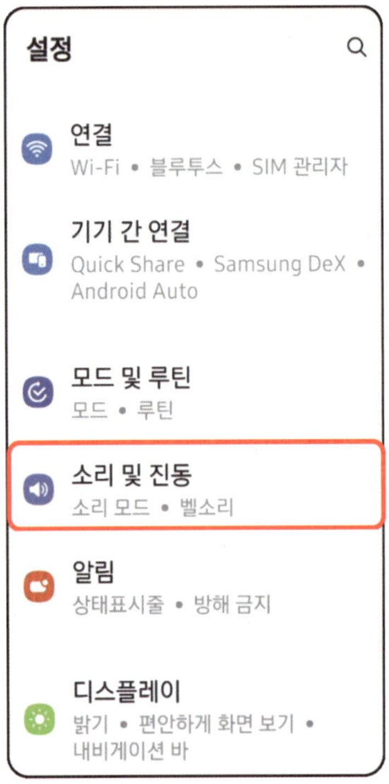

1 (설정)에서 **소리 및 진동**을 눌러요.

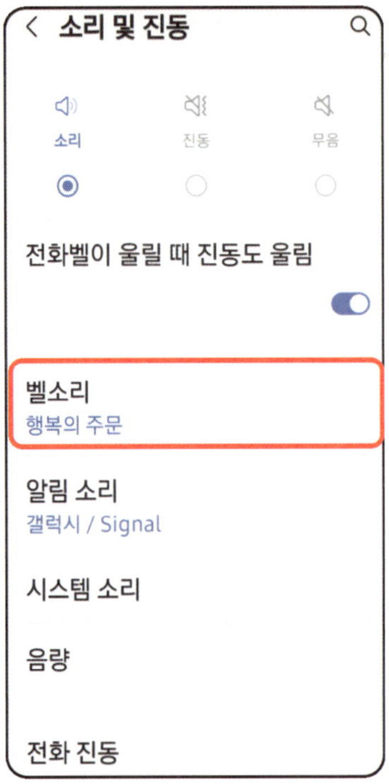

2 **벨소리**를 눌러요.

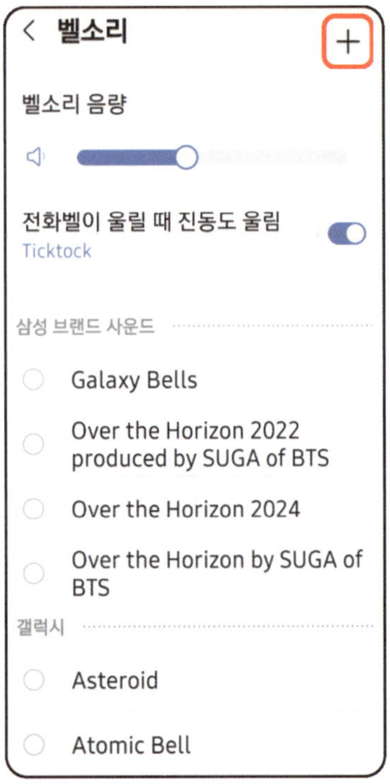

3 + 를 눌러요.

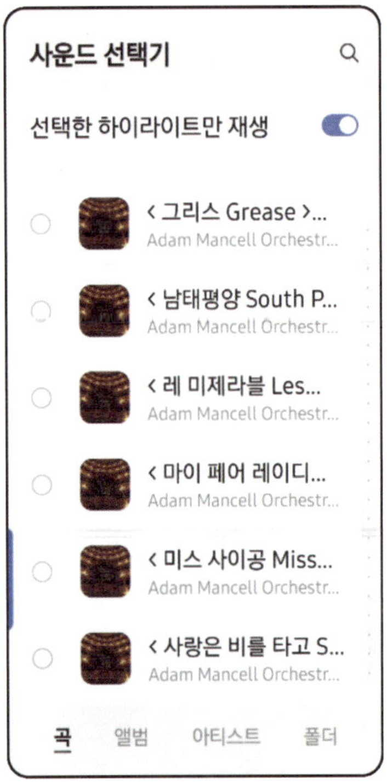

4 사운드 선택기 화면이 열려요.

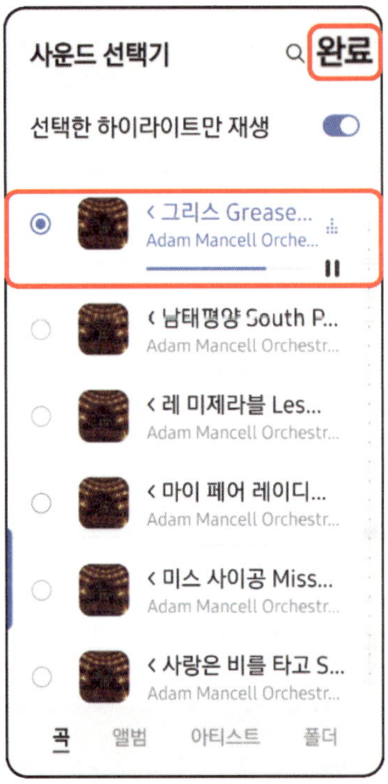

5 원하는 벨소리를 선택하고, **완료**를 눌러요.

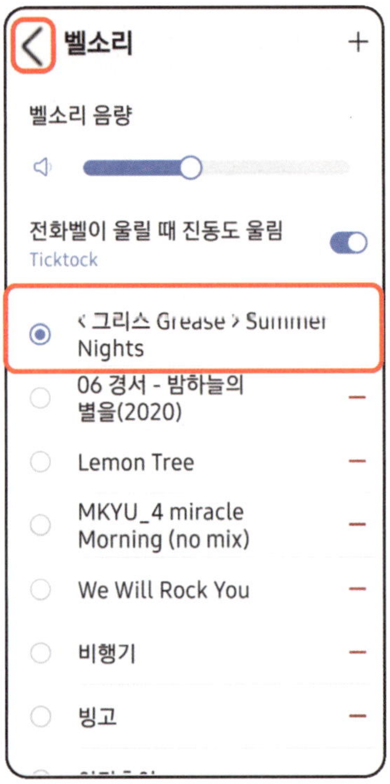

6 변경된 벨소리를 확인할 수 있어요. ‹ 를 두번 눌러요.

디바이스케어 - 저장공간

스마트폰에서 배터리, 저장공간, 메모리, 보안을 한 번에 관리할 수 있습니다.
스마트폰 상태를 자동으로 최적화해서 안정적인 사용 환경을 유지할 수 있습니다.

1 앱에서 **디바이스 케어**를 눌러요.

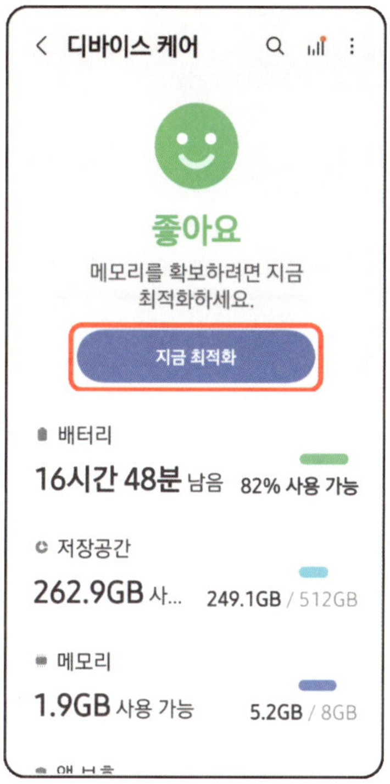

2 **지금 최적화**를 눌러요.

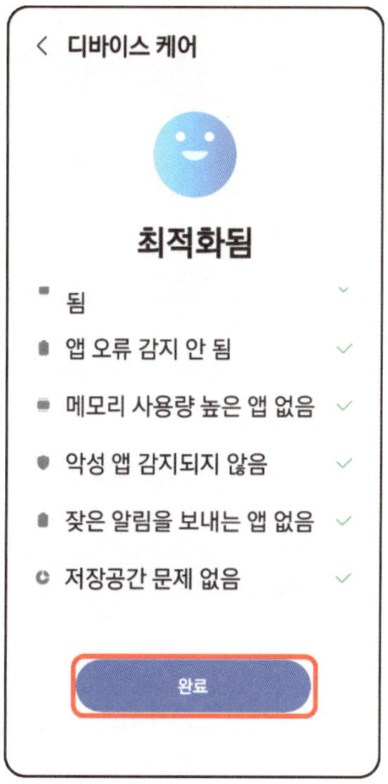

3 문제되는 앱이 있으면 알려줍니다. **완료**를 눌러요.

4 내 스마트폰 전체 공간과 남은 공간을 알 수 있어요.

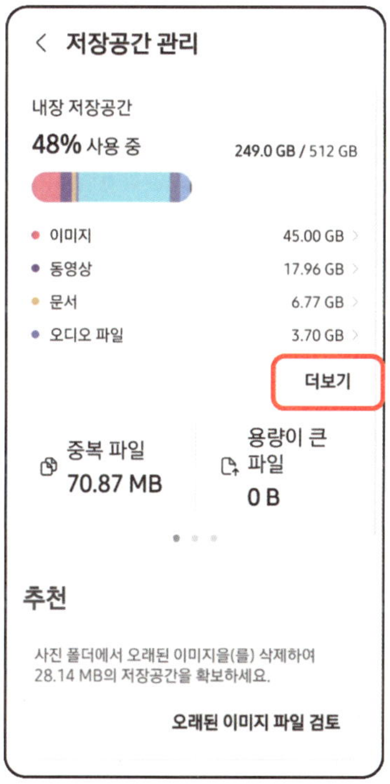

5 **더보기**를 눌러요.(항목별 저장용량을 알수 있어요)

저장공간

어떤 항목(이미지, 동영상, 앱 등)이 가장 많은 용량을 차지하는지 한눈에 볼 수 있어요.

저장 용량 단위

1Bit	Bit 비트
8 Bit = 1Byte	Byte 바이트
1024 Byte =1KB	KB 킬로바이트
1024 KB = 1MB	MB 메가바이트
1024 MB = 1GB	GB 기가바이트
1024 GB = 1TB	TB 테라바이트

디바이스케어 – 메모리

메모리는 실행 중인 앱이 임시로 사용하는 작업 공간으로,
스마트폰이 여러 앱을 동시에 빠르게 실행할 수 있도록 도와줍니다.

1 **메모리**를 눌러요.

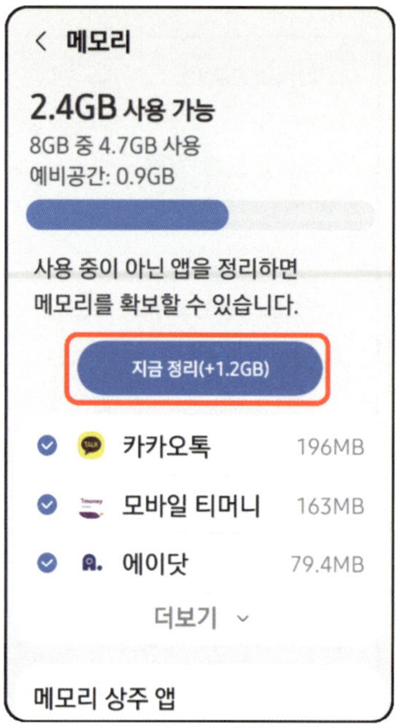

2 **지금 정리**를 눌러요.

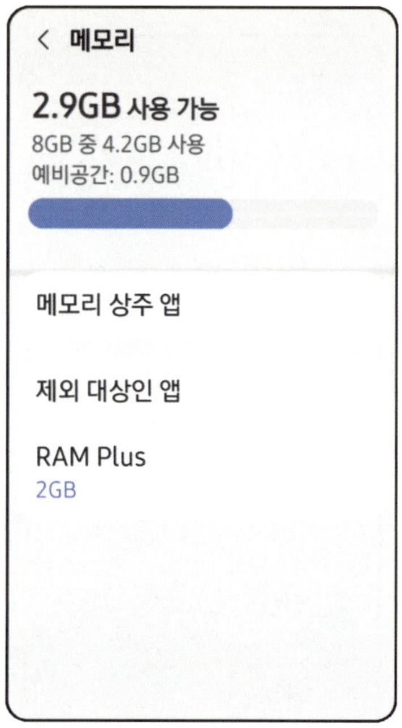

3 정리 되었습니다.

디바이스 케어 – 자동 최적화

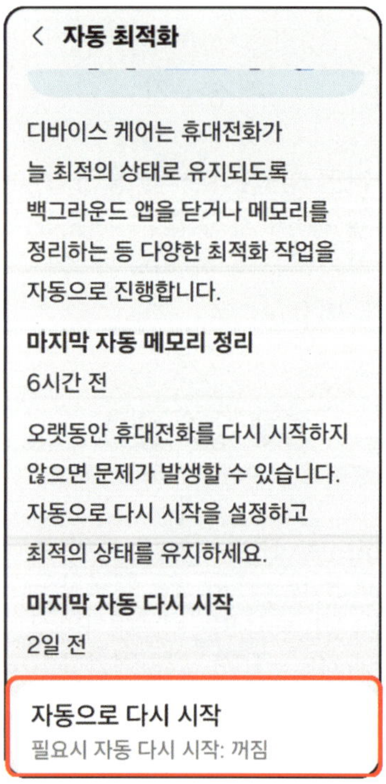

1 디바이스케어 - 자동최적화 - **자동으로 다시 시작**을 눌러요.

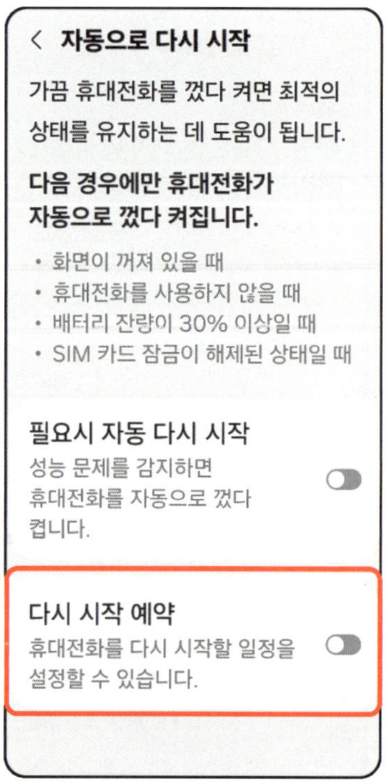

2 **다시 시작 예약**을 눌러요.

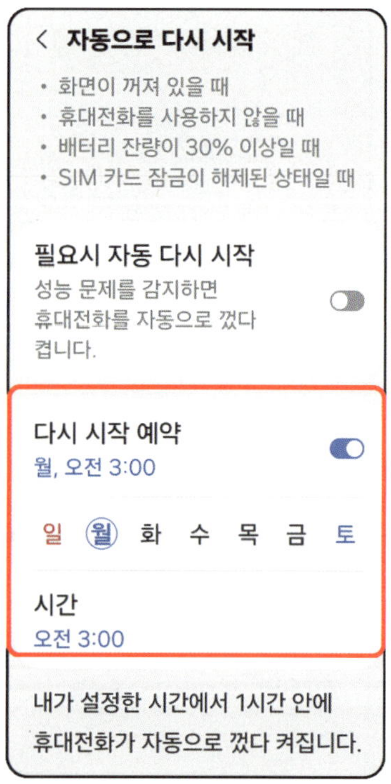

3 **예약 시간**과 **요일**을 선택해요.

보안 및 개인정보 보호

스마트폰에 설치된 보안 위험 자동 차단 기능은 악성 앱, 의심스러운 다운로드, USB를 통한 위험 명령 등을 자동으로 차단해 개인정보를 안전하게 보호합니다.

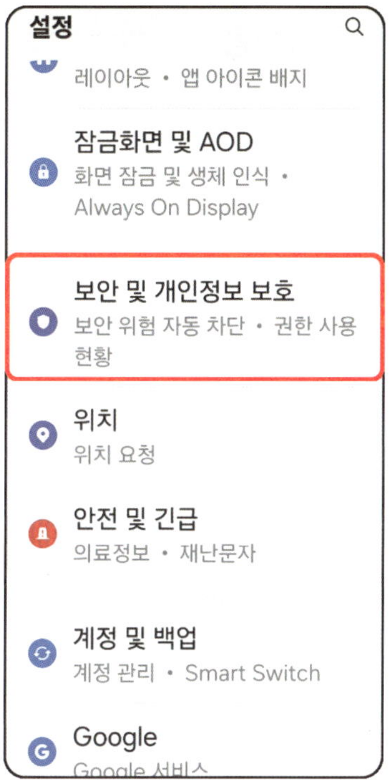

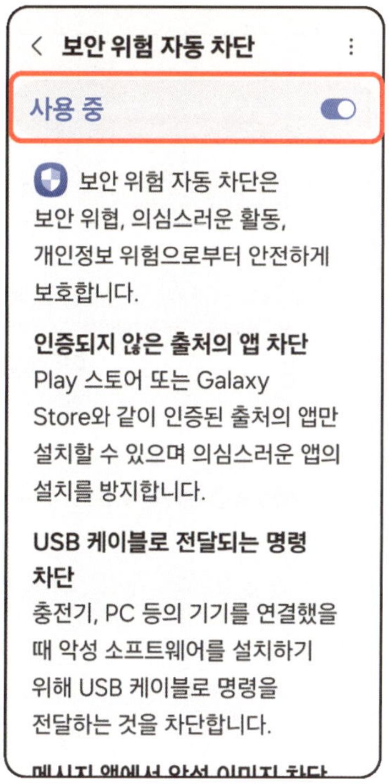

1 ⚙에서 **보안 및 개인정보 보호**를 눌러요.

2 **보안 위험 자동 차단**을 눌러요.

3 **보안 위험 자동 차단**을 켜요.

Edge(엣지)패널 - 패널 설정하기

엣지 패널은 스마트폰의 화면 가장자리에 위치한 작은 창으로, 사용자가 자주 사용하는 앱이나 기능을 빠르게 접근할 수 있도록 도와줍니다.

1 스마트폰의 **설정**을 열어요.

2 **디스플레이**를 눌러요.

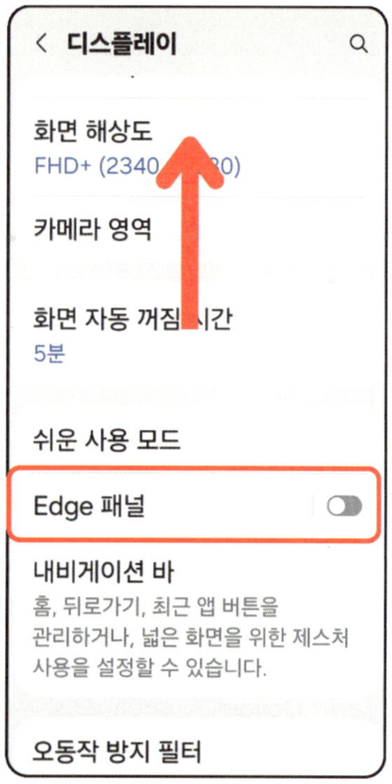

3 위로 드래그해서 **Edge 패널**을 눌러요.

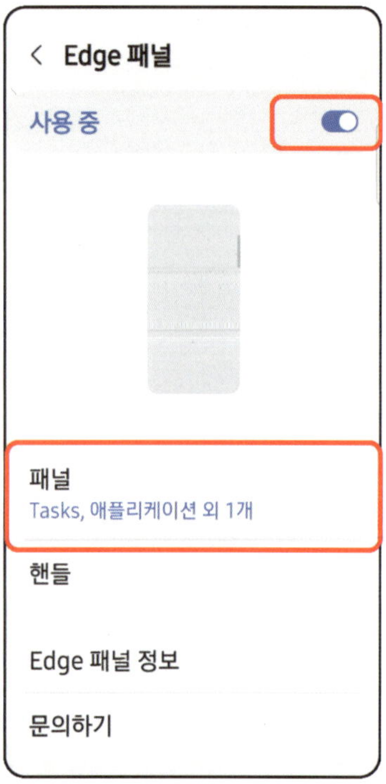

4 사용중을 **활성화**해요. **패널**을 눌러요.

5 **Tasks**와 **앱**을 **체크**하고 **편집**을 눌러요.

6 위로 드래그 해서 유용한 기능의 **화면캡처**를 눌러요.

Edge(엣지)패널 – 패널 설정하기

엣지 패널은 화면이 켜져 있을 때 엣지 부분에서만 작동하며, 왼쪽 또는 오른쪽에 위치한 핸들을 드래그 해야 볼 수 있습니다.

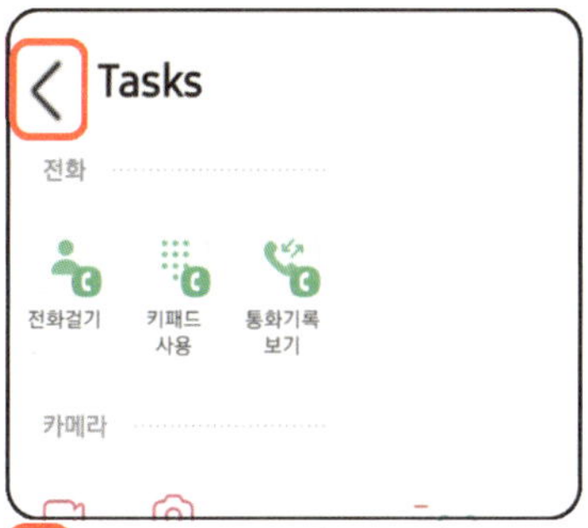

7 < 를 눌러요.(Tasks)

8 < 를 눌러요.(패널)

9 **핸들**을 눌러요.

10 **위치, 스타일(색상), 크기**를 선택합니다.

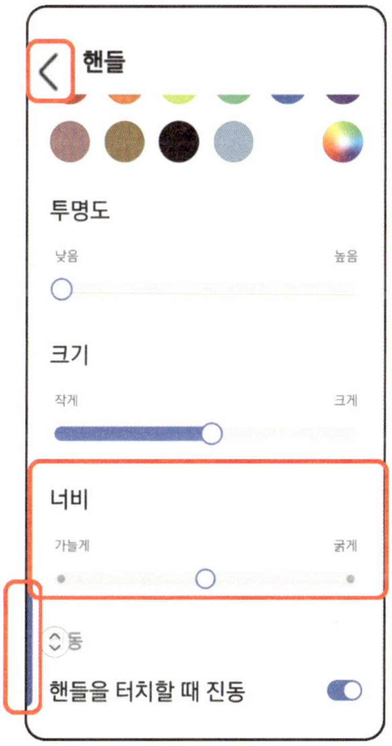

11 너비를 정하고 **핸들을 위아래 움직여 위치를 설정**한 다음 < 를 세 번 눌러요.

12 홈 화면에 엣지 패널 핸들이 나타나요.
가볍게 옆으로 밀어요.

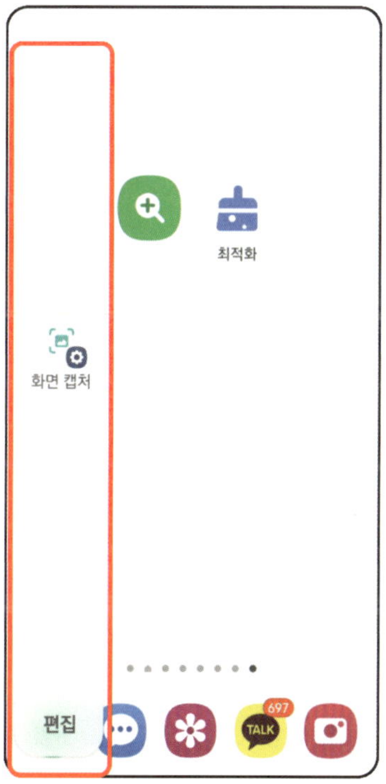

13 엣지 패널이 나타나요.

Edge(엣지)패널 - 화면 캡처하는 방법과 고정

화면 캡처는 화면의 필요한 부분만 선택해서 이미지로 저장하거나 바로 메모·공유할 수 있는 기능입니다. AI 셀렉트 고정 기능을 사용하면 고정해 둘 수 있어요.

1 엣지 패널 핸들을 밀어요. **화면 캡처**를 눌러요.

2 화면 캡쳐 된 이미지를 볼 수 있어요. 갤러리에 자동 저장 돼요.

1 엣지 패널 핸들을 밀어요. [⛶]을 눌러요.

2 캡처하고 싶은 부분을 손으로 그려주세요.

3 [📌]을 누르면 홈 화면에 고정 시킬 수 있어요.

4 고정된 이미지를 살짝 누르고 X를 누르면 이미지가 지워져요.

카카오톡 자동 친구 추가 방지

저장한 휴대폰 번호 중 원하지 않는 번호를 카카오톡에 자동으로 친구로 등록되지 않게 하는 방법입니다. 저장 이름 앞에 #을 넣어 줍니다.

1 **연락처 탭**에서 를 [+]를 눌러요.

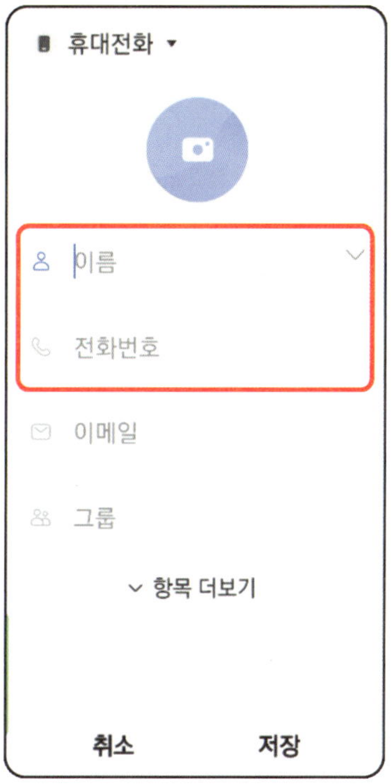

2 이름란에 **#이름과 전화번호**를 입력해요.

3 **저장**을 눌러요.

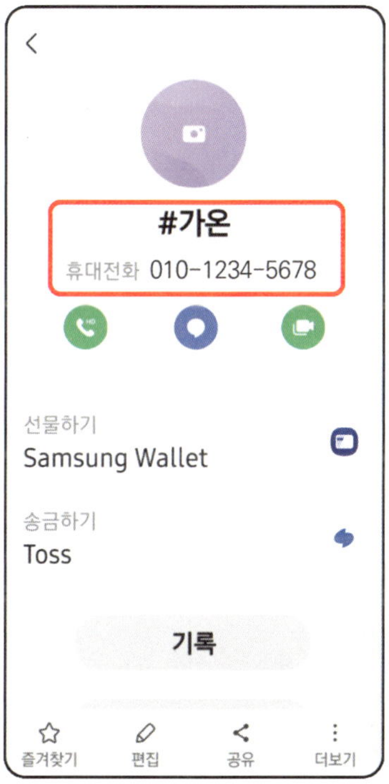

4 이름앞에 **#**을 넣고 전화번호를 저장했어요.

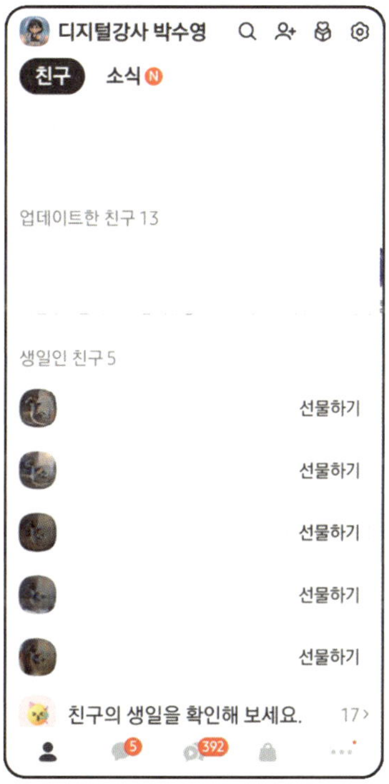

5 카카오톡 친구 목록에 해당 번호가 친구로 등록되지 않습니다.

전화 – 단축 번호 등록

자주 통화하는 사람들의 번호를 단축번호로 미리 저장해두면 단축번호를 꾸~욱 눌러 전화를 바로 걸 수 있습니다.

1 키패드탭에서 ⋮를 눌러요.

2 단축번호를 눌러요.

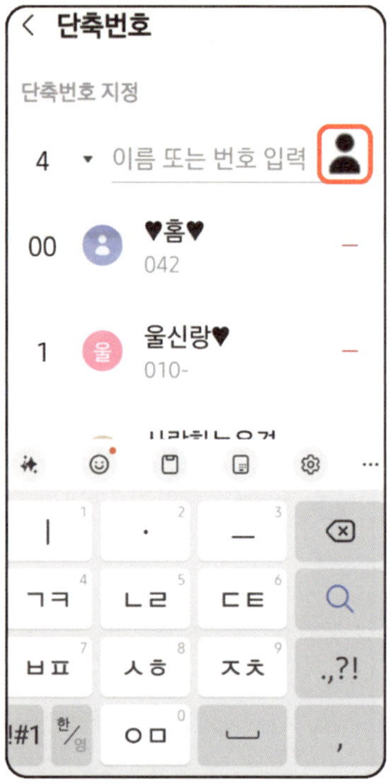

3 을 눌러요.

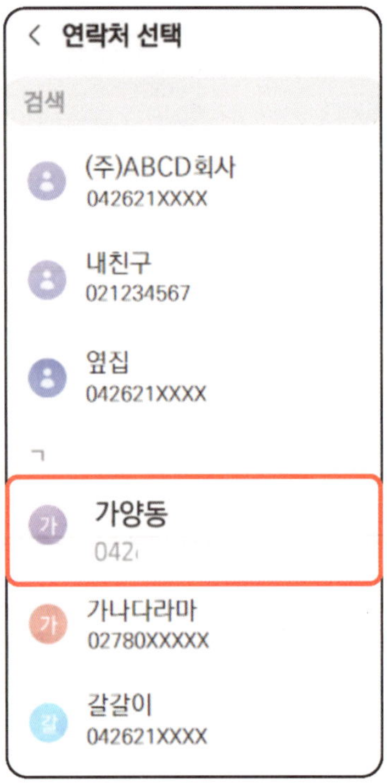

4 연락처에서 단축번호로 지정할 번호를 선택해요.

5 단축번호로 저장되었어요.

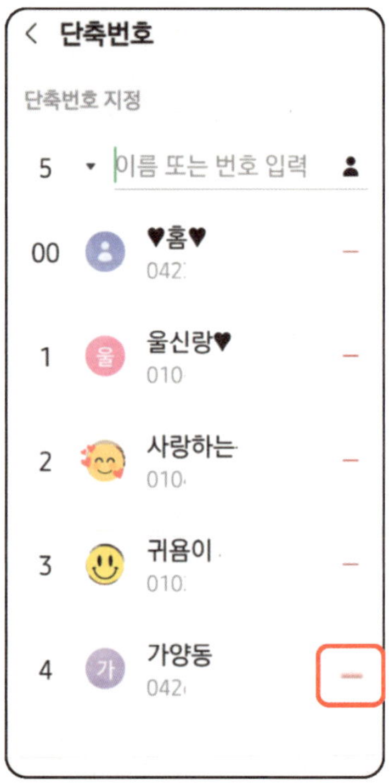

6 – 를 누르면 단축번호가 삭제됩니다

연락처 꺼내두기

홈 화면에 특정 연락처를 꺼내두면 앱을 열지 않고도 빠르게 전화나 메시지를 보낼 수 있습니다.

1 전화기앱 열고 **연락처탭**을 눌러요.

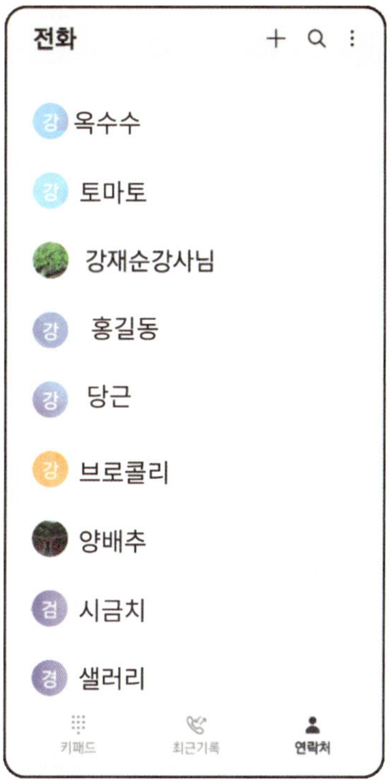

2 꺼내고 싶은 이름을 눌러요.

3 ⓘ **상세정보**를 눌러요.

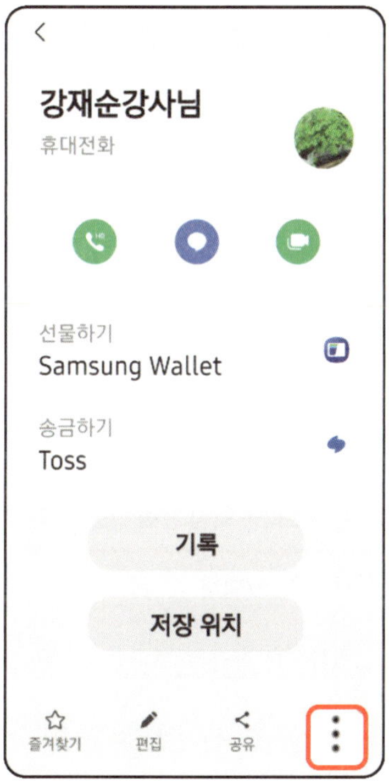

4 ⋮ **더보기**를 눌러요.

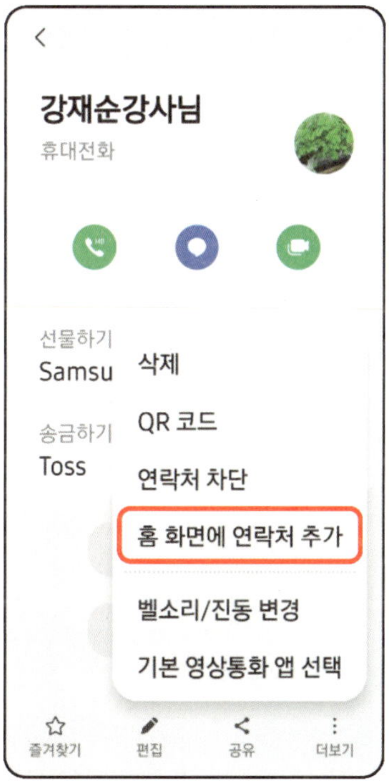

5 **홈 화면에 연락처 추가**를 눌러요.

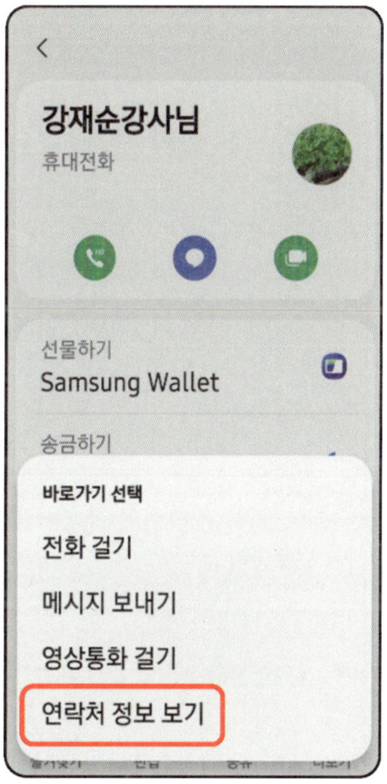

6 **연락처 정보 보기**를 눌러요.

연락처 꺼내두기

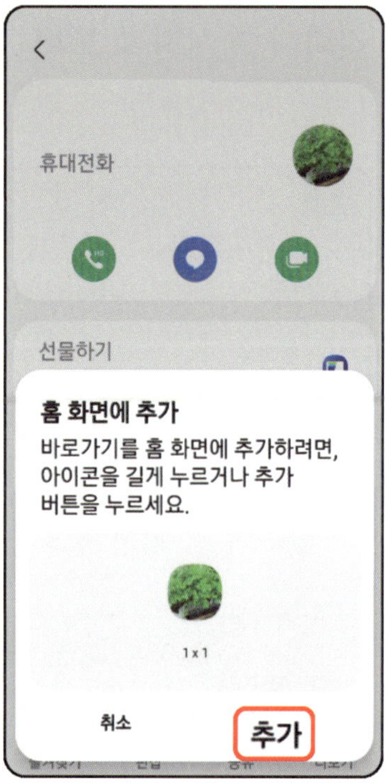

7 **추가**를 눌러요.

8 아이콘 추가 안내 글자가 나타나요.

9 홈화면에 연락처 바로가기 아이콘이 나타나요.

전화 – 안심 통화

스마트폰 기기에 따라 지원되지 않을 수 있습니다.

1 전화기앱 **최근 기록** 화면에서 ⋮ **옵션더보기**를 눌러요.

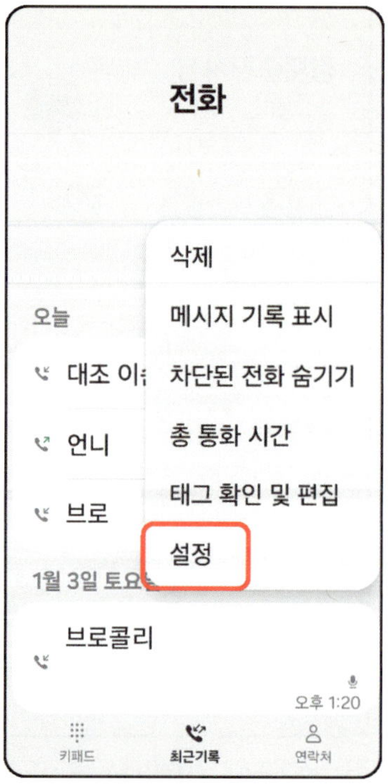

2 **설정**을 눌러요.

3 **보이스피싱 의심 전화 알림**을 켜요.

4 **발신번호 및 스팸 확인**을 켜요.

문자메시지 – 스팸 및 차단 번호 관리

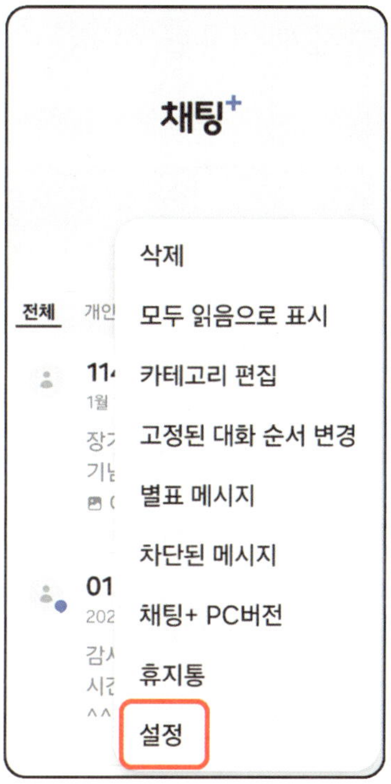

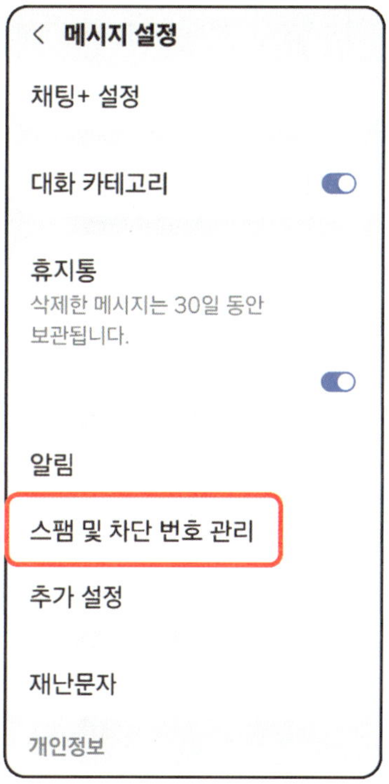

1 메시지앱 눌러 열고 ⋮ 를 눌러요

2 **설정**을 눌러요.

3 **스팸 및 차단 번호 관리**를 눌러요.

메시지 – 악성 메시지 차단

국제 발신자 메시지 차단을 하면 해외 사이트 인증문자가 차단되어 수신되지 않을 수 있습니다.

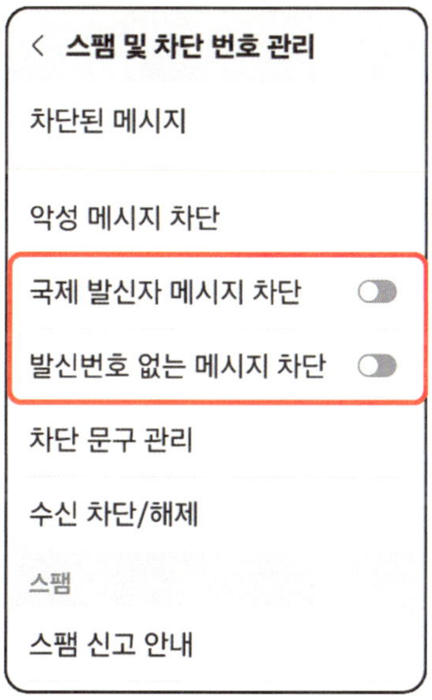

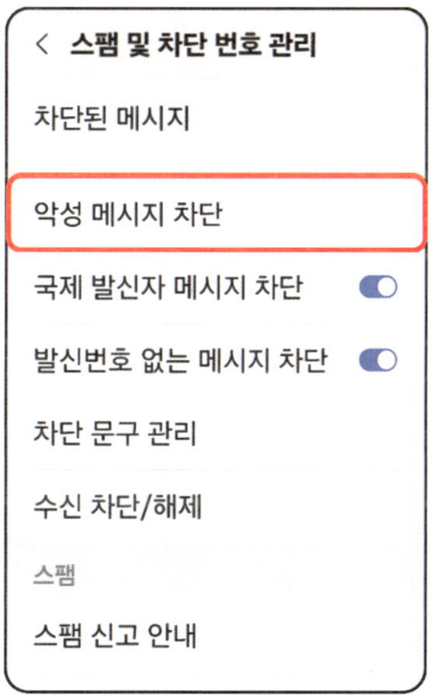

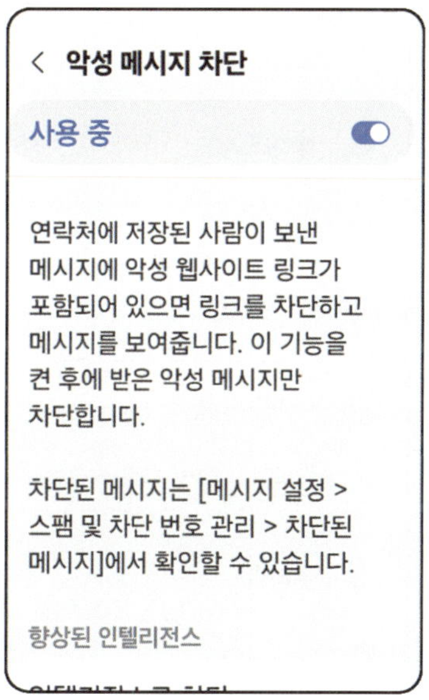

4 **국제 발신자 메지시 차단**과 **발신번호 없는 메시지 차단**을 켜요.

5 **악성 메시지 차단**을 눌러요.

6 **사용 중**을 켜요.

위젯 – 돋보기 꺼내두기

위젯은 홈 화면에서 빠르고 간편하게 이용할 수 있는 미니 응용 프로그램입니다.
돋보기 위젯을 추가해 봅니다.

1 **홈 화면 빈 곳**을 꾸~욱 눌러요. 또는 두손가락을 모아봐요.

2 위젯을 눌러요.

3 위로 드래그하여 위젯을 찾아요.

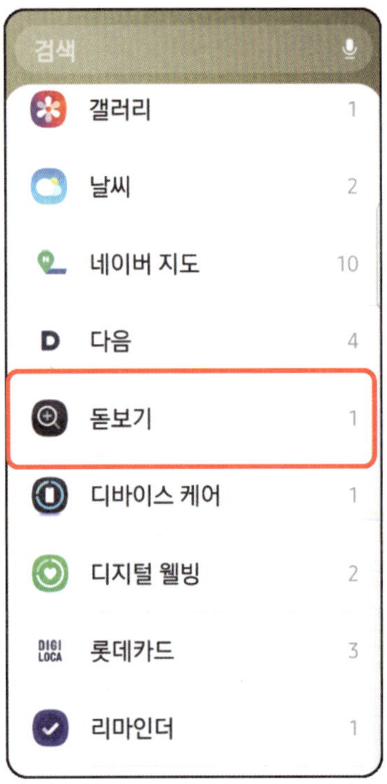

4 위젯 목록에서 **돋보기**를 선택해요.

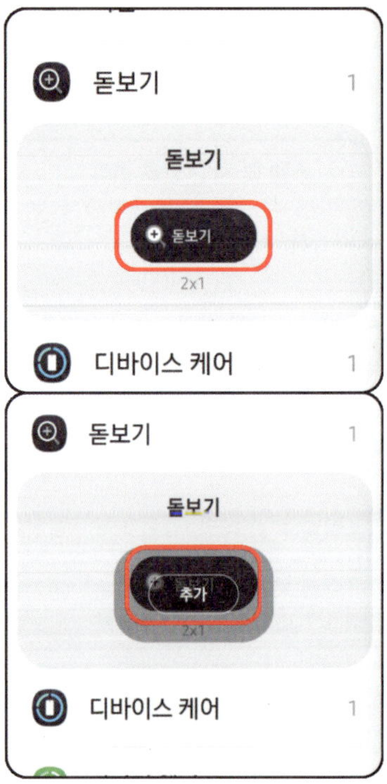

5 **돋보기**를 눌러요. **추가**를 눌러요.

6 홈 화면에 돋보기 위젯이 추가되었어요.

위젯 – 최적화 꺼내두기

배터리 수명 연장, 저장 공간 확보, 속도 개선, 발열 제어 등의 기능을 제공하며, 스마트폰의 사용성을 높이고 고장이나 오작동을 예방할 수 있습니다.

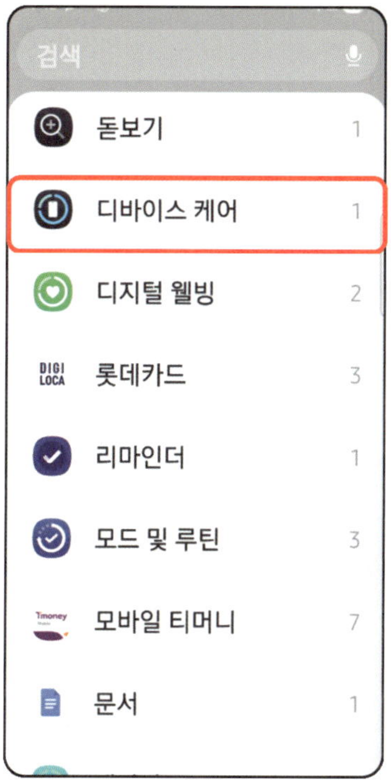

1 위젯 목록에서 **디바이스 케어**를 선택해요.

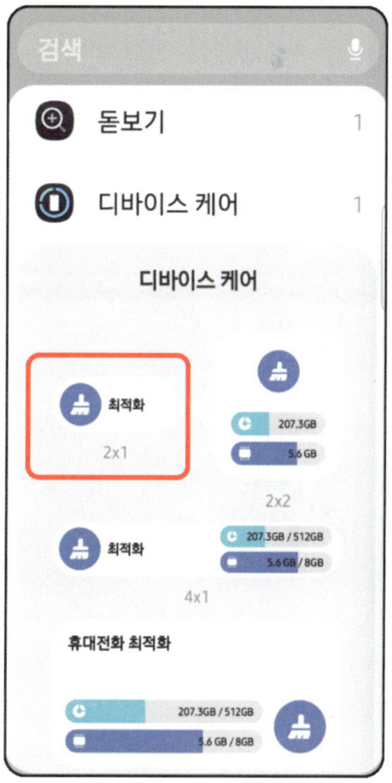

2 **최적화**를 눌러요.

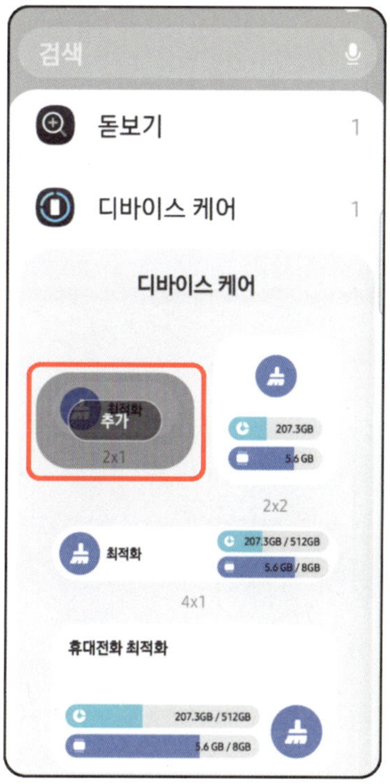

3 **추가**를 눌러요.

4 홈 화면에 **최적화 위젯**이 추가되었어요

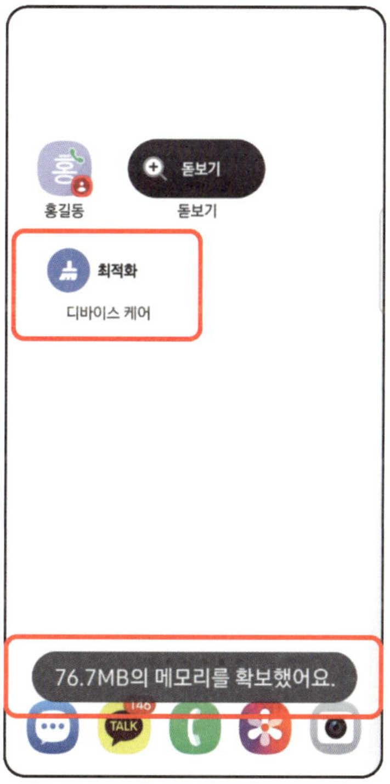

5 **최적화** 위젯을 눌러요. 최적화를 실행합니다.

스마트폰 **최적화** 위젯은 스마트폰의 상태를 실시간으로 확인하고, 필요한 설정을 자동으로 조정해 주는 기능을 가진 앱입니다. 수시로 최적화를 터치해 주세요.

구글 이메일 계정 확인 및 비밀번호 변경

구글 이메일 계정을 확인하는 방법과 비밀번호를 변경하는 방법을 알아봅니다.

1 앱스 화면에서 **구글폴더**를 눌러요.

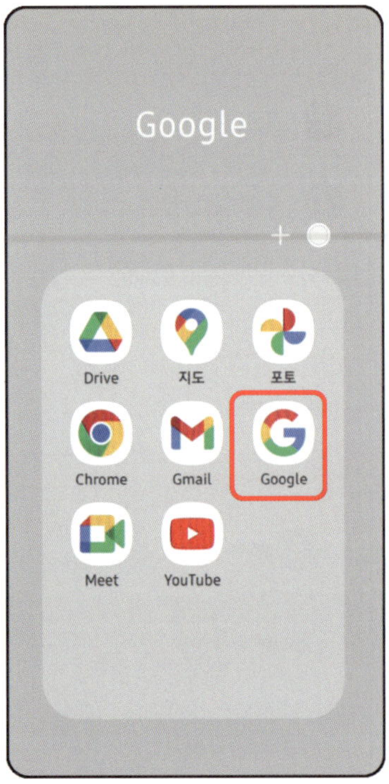

2 앱을 눌러서 구글 사이트를 열어요.

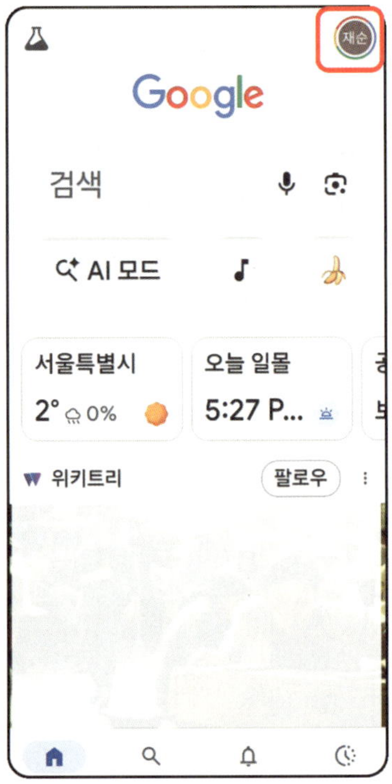

3 **(내이름)**을 눌러요.

4 **Google 계정관리**를 눌러요.

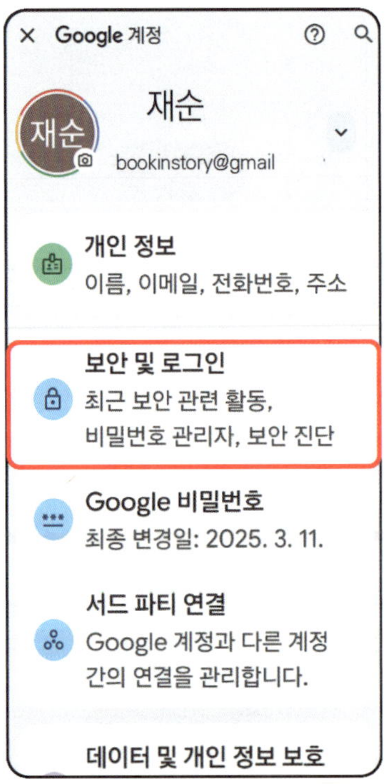

5 **보안 및 로그인**을 눌러요.

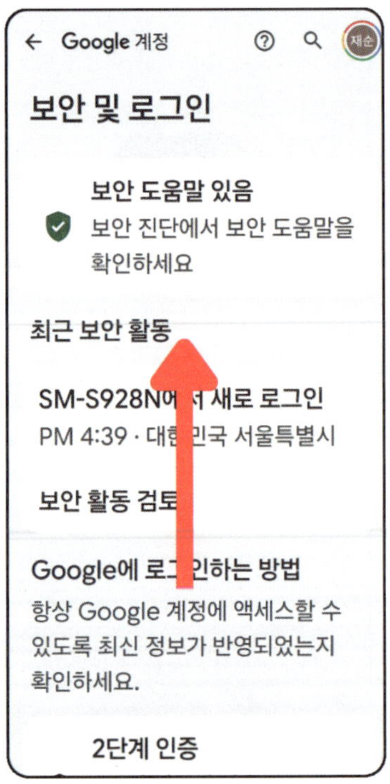

6 화면을 위로 드래그해요.

구글 이메일 계정 확인 및 비밀번호 변경

이메일과 비밀번호는 수첩에 따로 적어서 보관하는 것이 좋습니다.

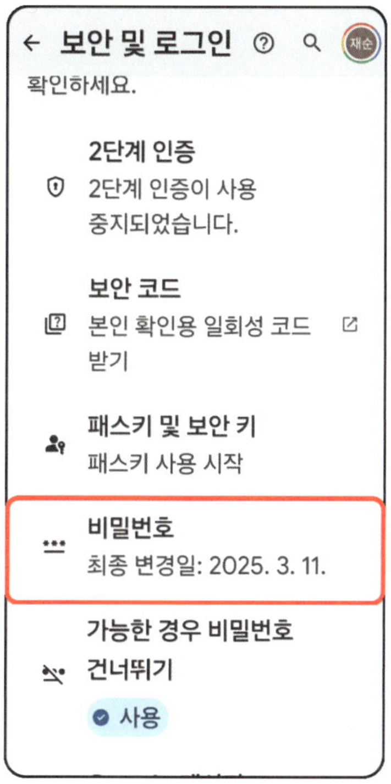

7 **비밀번호**를 눌러요.

8 잠금을 해제하기 위해, **패턴 사용**을 누르거나 등록한 **지문**을 눌러요.

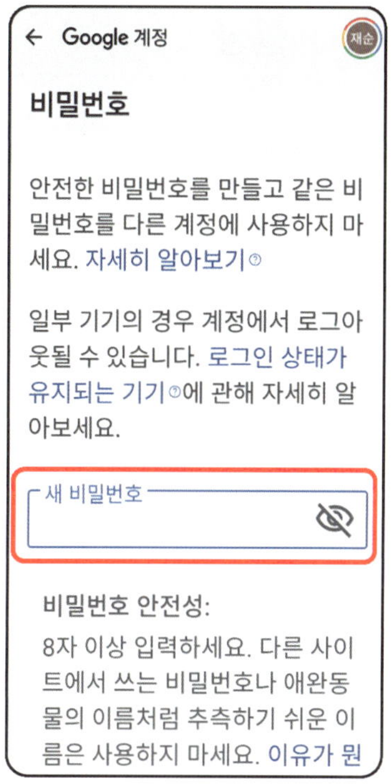

9 **새 비밀번호**를 입력하세요.

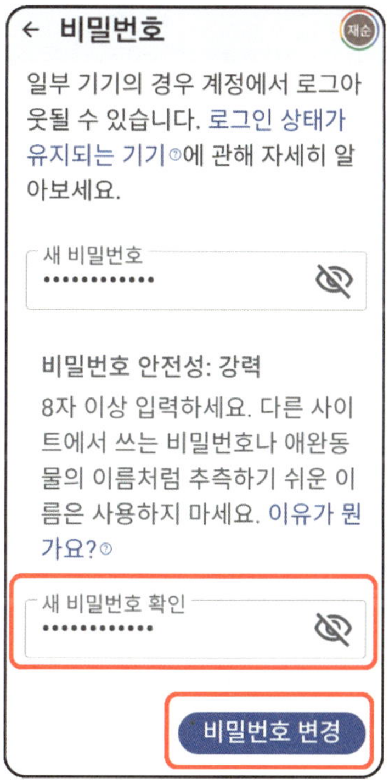

10 한번 더 **새 비밀번호**를 입력 후 **비밀번호 변경**을 눌러요.

스마트폰의 아이콘 이해하기

설정
휴대폰의 소리, 밝기, 인터넷 연결 등을 쉽게 조정할 수 있는 곳입니다. 글자 크기를 키우거나, 와이파이를 연결하고, 벨소리를 변경할 수 있습니다.

메뉴 더보기
화면에 있는 세 줄 (≡) 또는 세 점 (⋮) 모양입니다. 이 아이콘을 누르면 더 많은 옵션과 설정을 볼 수 있습니다. 즉, 숨겨진 메뉴를 열어주는 버튼입니다.

검색
궁금한 것을 찾아주는 도구입니다. 화면 위에 돋보기 모양을 눌러 원하는 단어나 질문을 입력하면 인터넷, 연락처, 앱 등을 쉽게 찾을 수 있습니다.

공유
사진, 문서, 웹사이트 등을 다른 사람에게 보내는 방법입니다. 문자 메시지, 카카오톡 등을 통해 쉽게 보낼 수 있습니다.

즐겨찾기
자주 사용하는 웹사이트나 앱을 쉽게 찾기 위해 저장해 두는 기능입니다. 별이나 하트 모양 아이콘을 눌러 즐겨찾기에 추가하면, 나중에 빠르게 찾을 수 있습니다.

저장
사진, 문서, 앱 등을 휴대폰에 보관하는 것입니다. 저장 아이콘(보통 디스크 모양)을 눌러 정보를 안전하게 보관하고 필요할 때 다시 꺼내 사용할 수 있습니다.

편집
사진, 문서 등을 수정하거나 변경하는 방법입니다.
편집 아이콘(보통 연필 모양)을 눌러 글자를 고치거나, 사진을 자르고 꾸밀 수 있습니다.

알림
새로운 소식이나 메시지를 알려주는 기능입니다. 화면 위에 작은 아이콘이나 메시지가 나타나며, 이를 눌러 중요한 정보를 확인할 수 있습니다.

마이
내 정보와 설정을 관리하는 곳입니다. 여기에서 내 계정, 연락처, 사진, 앱 등을 확인하고 변경할 수 있습니다.
쉽게 말해, 내 휴대폰의 개인 공간입니다.

2장
AI 어시스턴트

빅스비 – 언어 및 음성 스타일

빅스비는 삼성에서 개발한 음성 인식 비서로서, 사용자가 음성으로 스마트폰을 조작하거나 필요한 정보를 얻을 수 있도록 도와주는 역할을 합니다.

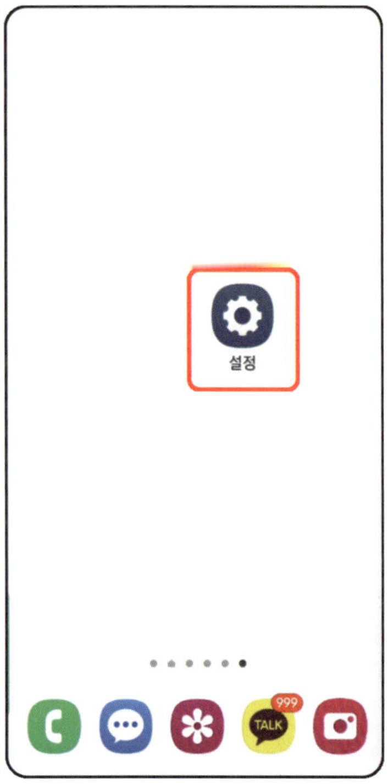

1 설정을 눌러요.

2 유용한 기능을 눌러요.

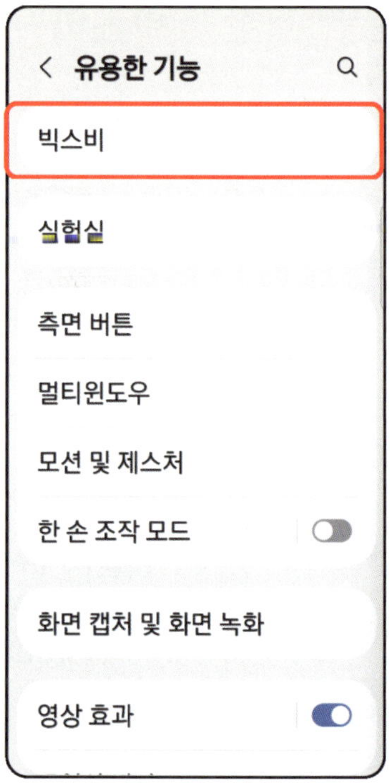

3 빅스비를 눌러요.

4 언어 및 음성 스타일을 눌러요.

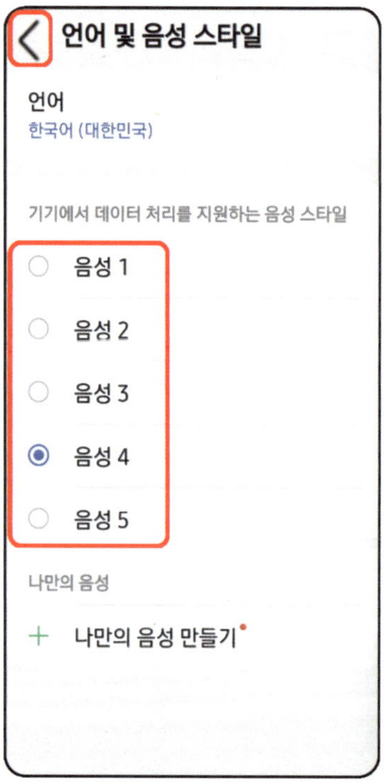

5 음성을 선택한 후 〈 를 눌러요.

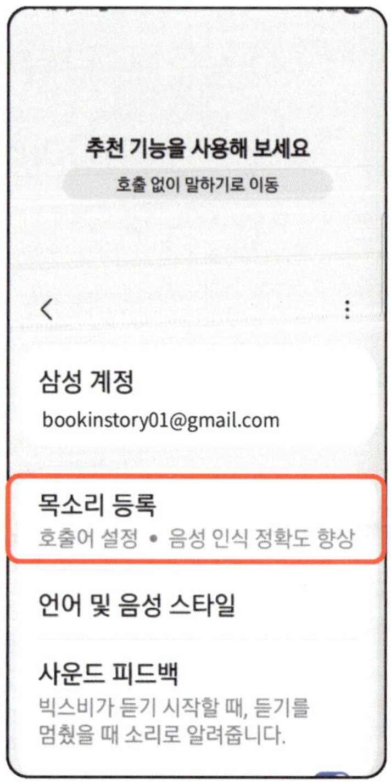

6 목소리 등록을 눌러요.

빅스비 – 호출 학습

총 다섯 번 호출어를 말하며 내 목소리를 학습시킵니다.
빅스비와 대화해요.

7 음성 인식 정확도 향상을 눌러요.

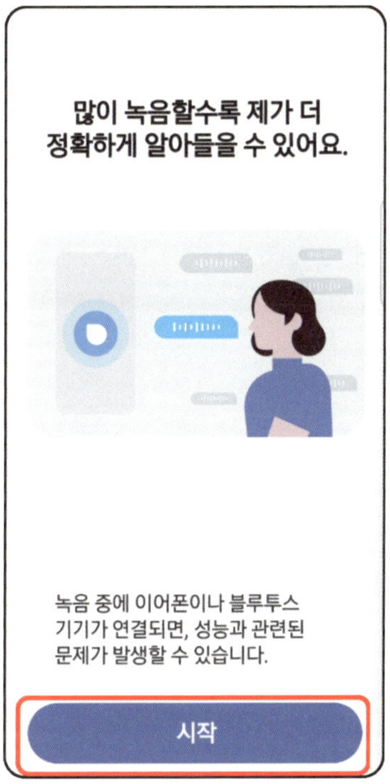

8 시작을 눌러요.

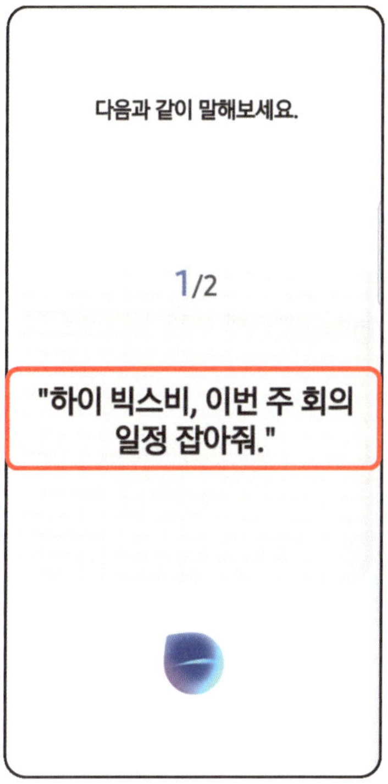

9 "하이 빅스비,이번 주 회의 일정 잡아줘"를 말해요.

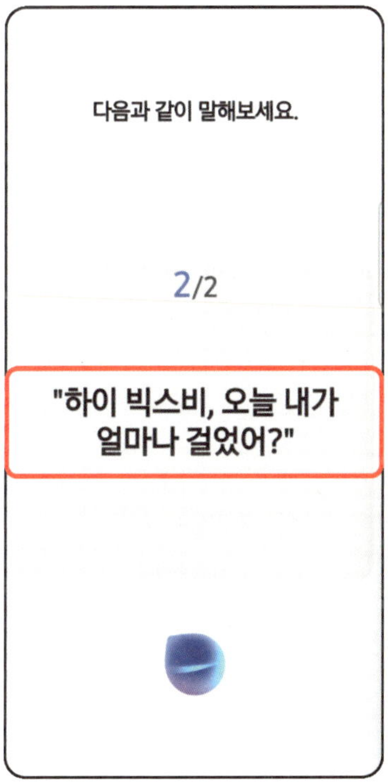

10 "하이 빅스비, 오늘 내가 얼마나 걸었어?"를 말해요.

11 완료를 눌러요.

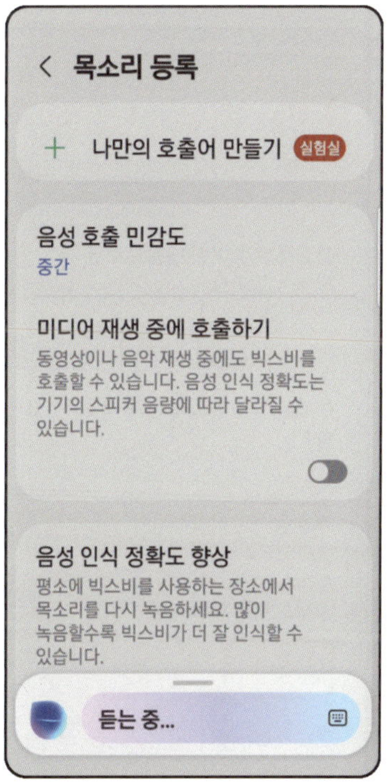

12 "하이 빅스비"라고 부르면 응답 대기화면이 생깁니다.

빅스비 – 문자 메시지 보내기

목소리를 통해 필요한 작업을 처리할 수 있어서 일상생활에서의 효율성이 높아지며, 특히 운전 중 혹은 손을 자유롭게 사용할 수 없는 상황에서 편리합니다 .

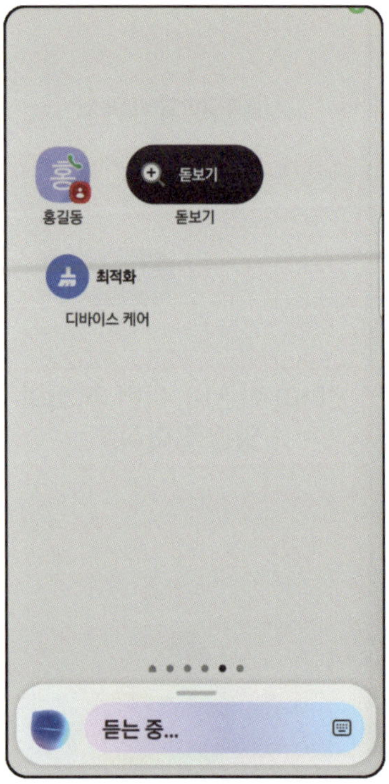

1 "**하이 빅스비**"를 말해요.

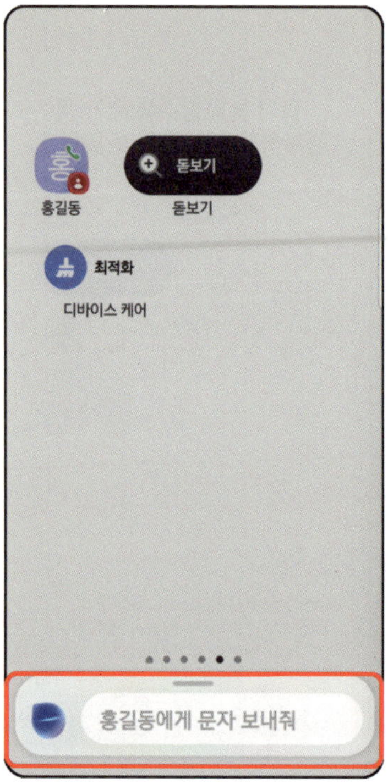

2 "**홍길동에게 문자 보내줘**" 라고 말해보세요. (저장되어 있는 사람)

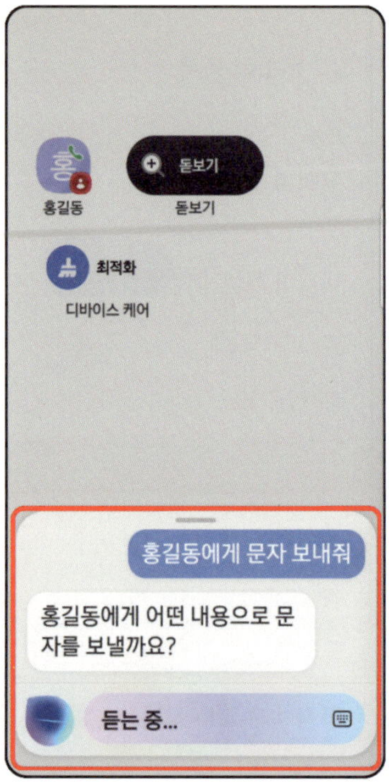

3 문자메시지 보낼 내용을 말해요.

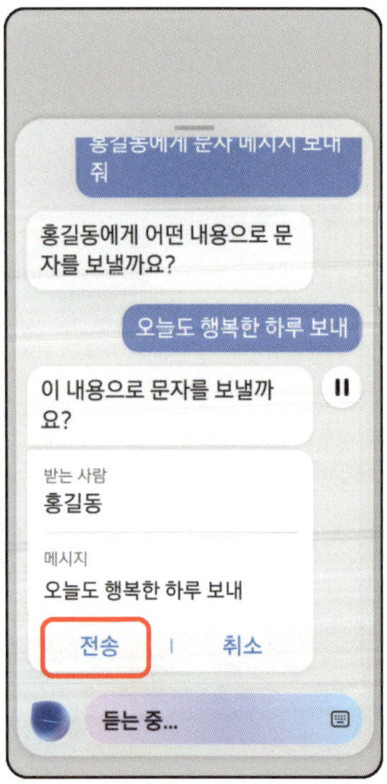

4 **전송**을 누르거나 "**보내줘**" 라고 말해요.

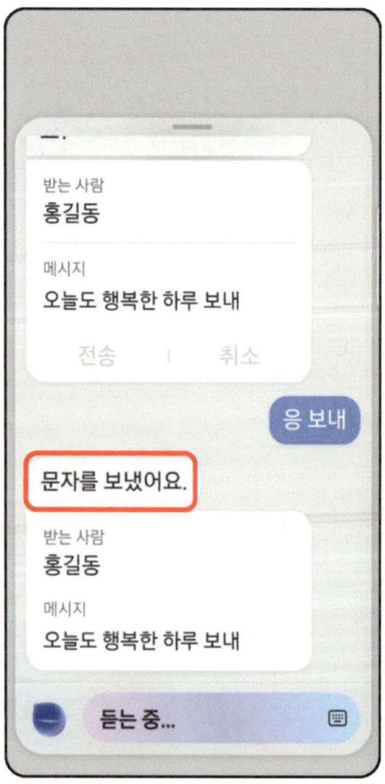

5 문자 전송이 되었어요.

내가 보낸 메시지 화면

상대가 받은 메시지 화면

빅스비 - 휴대폰을 찾기

빅스비에게 "스마트폰 찾기" 또는 "내 스마트폰 어딨어?"라는 명령어를 말합니다.
스마트폰에서 알림음이나 진동을 울려서 찾을 수 있게 해줍니다.

1 **"하이 빅스비"**라고 부르면 가 나타나요.

2 **"너 지금 어디있어?"** 라고 말해보세요.

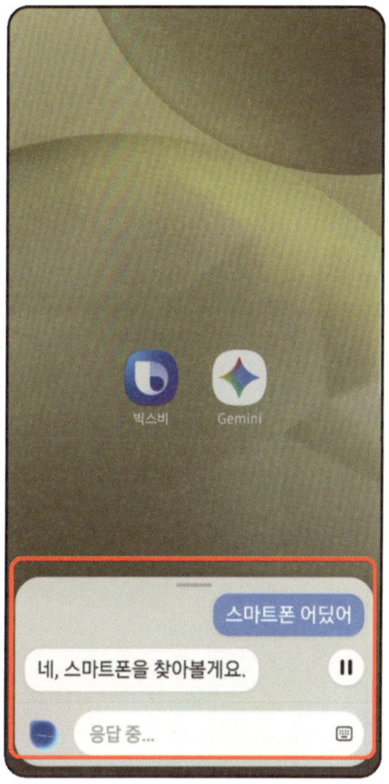

3 빅스비가 답변합니다.

4 휴대폰의 벨소리를 울려 위치를 알립니다. 를 눌러 중지해요.

빅스비를 내 비서로 활용할 대화예시 입니다.

1. 30분 후에 알람해줘
2. OO에게 전화걸어줘
3. OOO에게 문자 메시지 보내줘
4. 날씨 알려줘
5. 화면캡쳐 해줘
6. 설정앱 열어줘 (앱을 쉽게 찾을수 있어요)
7. 오늘 날씨 참 좋습니다를 프랑스어로 알려줘 (다양한 언어로 번역 해 줘요)
8. 갤러리 휴지통에 있는 사진 보여줘
9. 재미있는 퀴즈 내줘
10. 파리하고 런던의 시차 알려줘
11. 오늘 점심메뉴 추천해줘
12. 캘린더 열어줘

구글 어시스턴트 - 내 음성 학습시키기

구글에서 개발한 음성 인식 개인 비서로서, 사용자의 음성 명령을 이해하고 정보 검색·일정 관리·기기 제어 등 다양한 작업을 도와줍니다.

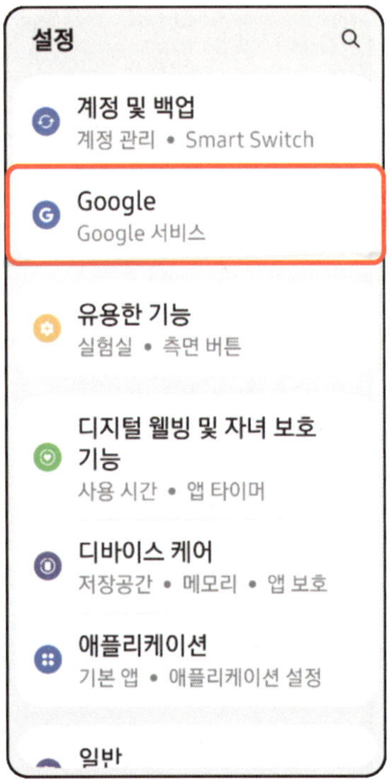

1 설정에서 Google을 눌러요.

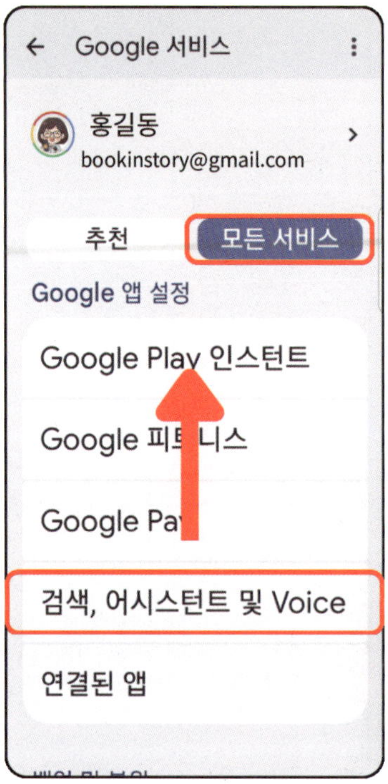

2 모든 서비스 누르고 위로 올려 검색, 어시스턴트 및 Voice를 눌러요.

3 Google 어시스턴트를 눌러요.

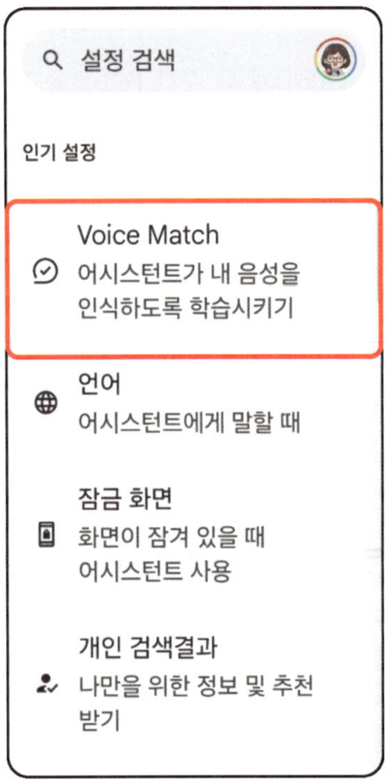

4 Voice Match를 눌러요.

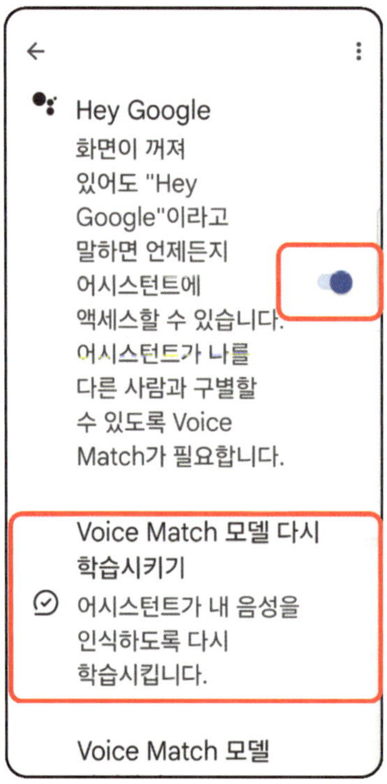

5 버튼을 켜요. 다음에 음성 인식이 잘 안되면 모델 다시 학습시키기를 눌러서 해요.

6 더보기를 눌러요.

구글 어시스턴트 – 내 음성 학습시키기

총 네 번 호출어를 말하며 내 목소리를 학습시킵니다.
구글 어시스턴트와 대화해요.

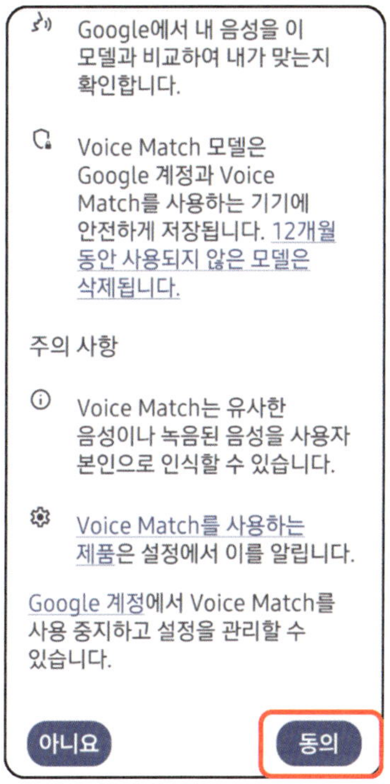

7 **동의**를 눌러요.

8 내 음성을 인식하게 합니다. **첫 번째 문장**을 읽어 주세요.

9 **두 번째 문장**을 읽어 주세요.

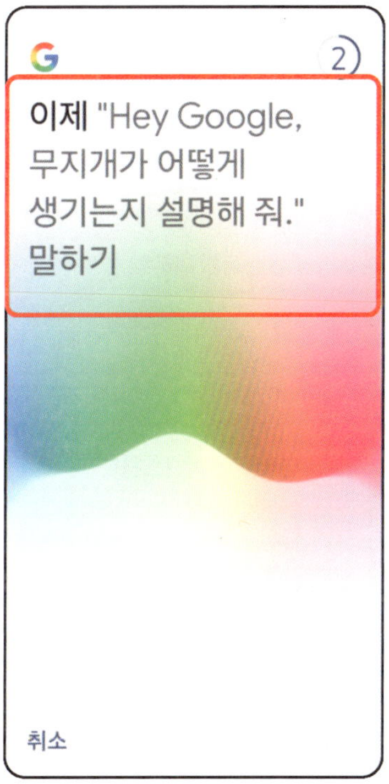

10 **세 번째 문장**을 읽어 주세요.

11 **네 번째 문장**을 읽어 주세요.

12 내 음성 학습이 완료되었습니다. **완료**를 눌러요.

구글 어시스턴트와 제미나이 변환

구글 어시스턴트와 제미나이를 변환해서 대화할 수 있어요.
구글 어시스턴트는 즉각적인 실행중심, 제미나이는 생각이 필요한 질문에 강합니다.

1 에서 구글을 눌러요.

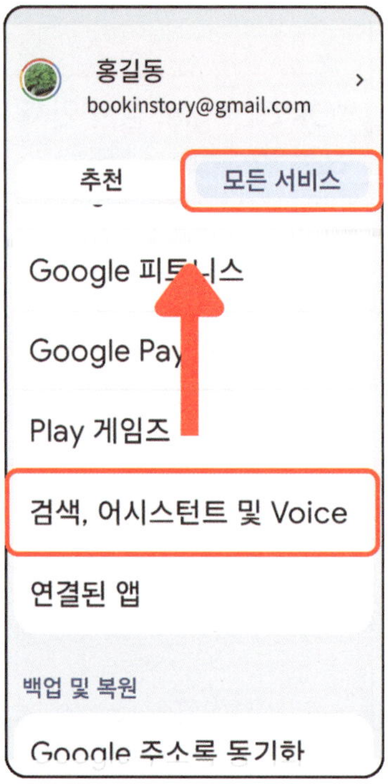

2 모든 서비스를 누르고 위로 올려 검색,어시스턴트 및 Voice를 눌러요.

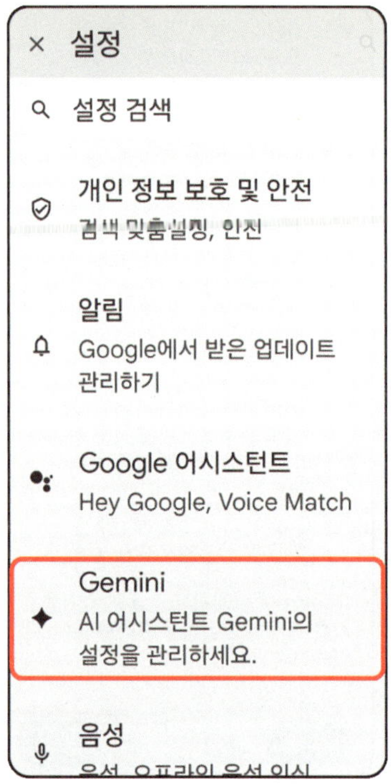

3 Gemini를 눌러요.

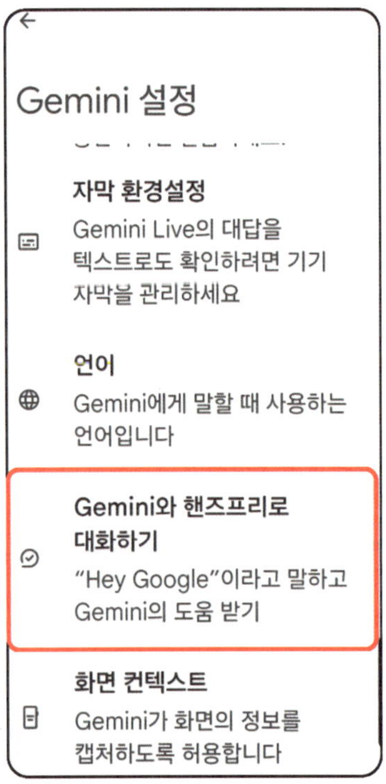

4 Gemini와 핸즈프리로 대화하기를 눌러서 음성 등록을 할 수 도 있어요.

5 Google이 제공하는 디지털 어시스턴트를 눌러요.

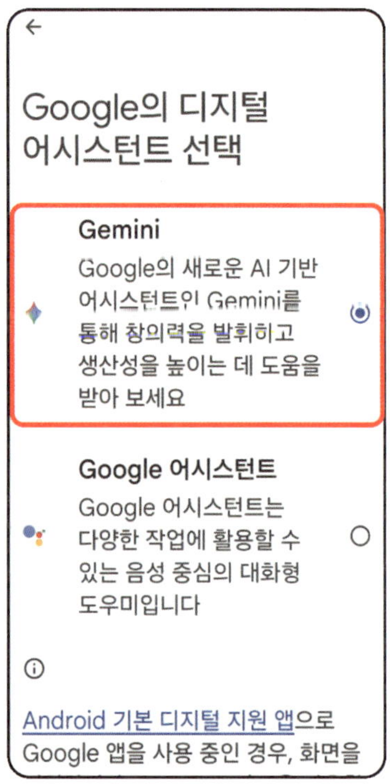

6 Gemini를 눌러요.

잠금화면에서 Gemini 사용

잠금 화면에서도 Gemini 불러 대화할 수 있는 기능이에요.
잠금 장치가 되어 있으면 실행이 되지 않아요.

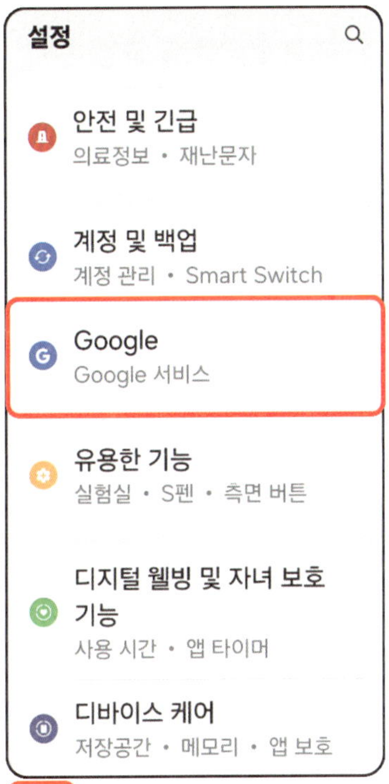

1 에서 구글을 눌러요.

2 모든 서비스를 누르고 위로 올려 검색, 어시스턴트 및 Voice 를 눌러요.

3 Gemini를 눌러요.

4 잠금 화면에서 Gemini 사용을 눌러요.

5 잠금해제 하지 않고 Gemini 사용하기를 눌러서 켜요.

6 잠금 화면에서 Gemini를 사용할 수 있어요.

Gemini (제미나이) - 대화하기

"Ok, Google"(오케이 구글) 또는 "Hey, Google"(헤이 구글) 이라고 부르고 응답을 하면 원하는 질문이나 요청 사항을 말해 보세요.

1 스마트폰에 대고 **"헤이 구글"** 혹은 **"오케이 구글"**을 불러보세요.

2 **30분 후에 알려줘**라고 말해요.

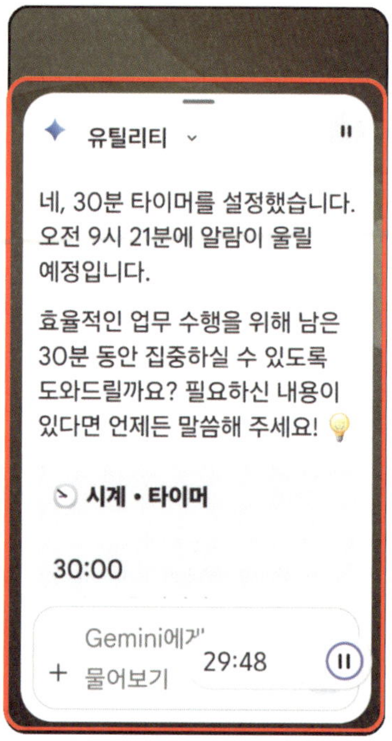

3 30분 타이머 설정이 되었어요. < 를 눌러요

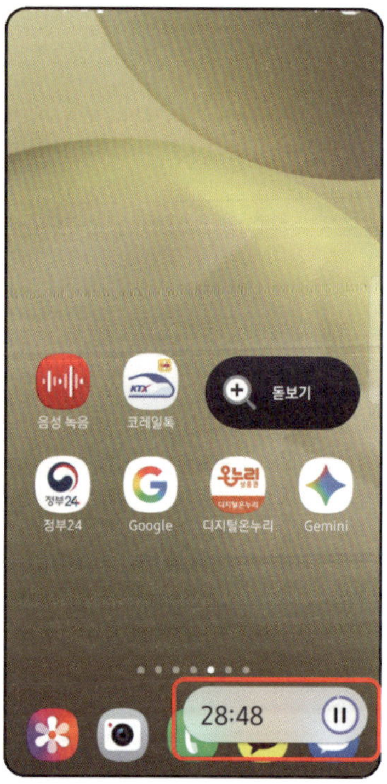

4 홈화면에 타이머가 보여요.

5 시간이 되어서 알람이 울리면 **해제**를 눌러요.

구글 어시스턴트를 내 비서로 활용할 질문예시 입니다.

1. 30분 후에 알람해줘
2. OOO에게 문자 메시지 보내줘
3. 날씨 알려줘
4. 화면캡처 해줘
5. 오늘 날씨 참 좋습니다 를 영어로 알려줘 (다양한 언어로 번역해 줘요)
6. 카카오톡 열어줘

Gemini (제미나이) – 대화하기

1 **"헤이구글"** 부른뒤 저장된 번호의 이름으로 **"문자메시지 보내줘"**라고 요청해요.

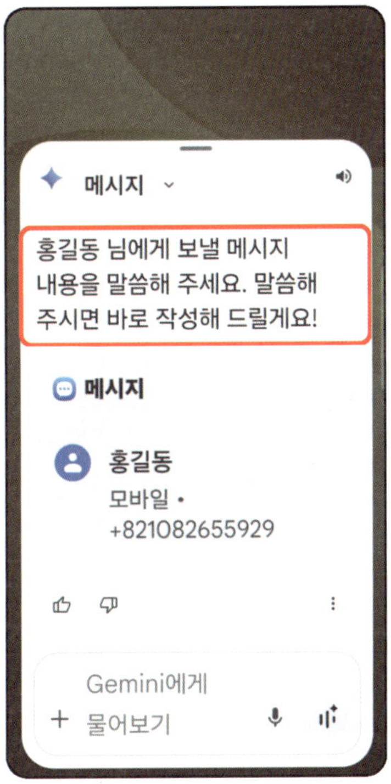

2 Gemini가 메시지를 말해달라고 합니다.

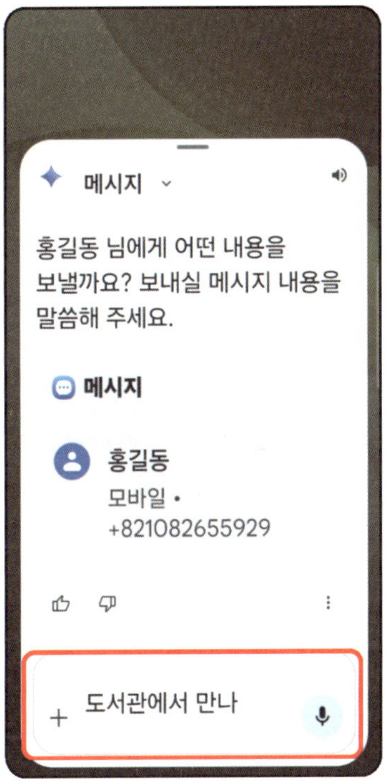

3 문자로 **보낼 메시지**를 말해요.

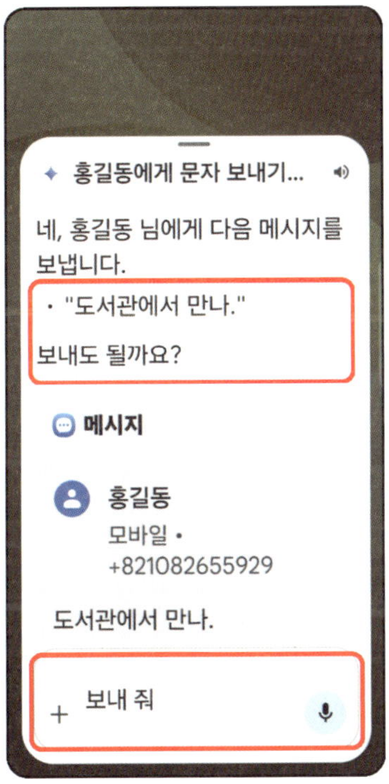

4 메시지를 기록 후 **보내도 될까요?** 라고 되물어 옵니다.

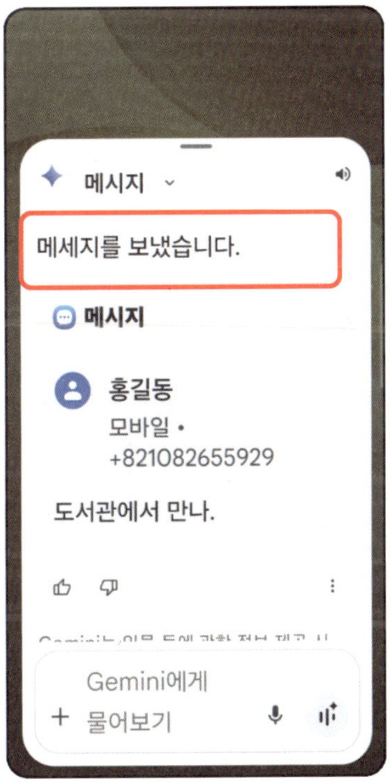

5 **"메세지를 보냈습니다"**라고 메시지가 보여집니다.

요청하면 날씨도 알려줍니다.

Gemini (제미나이) - 라이브 채팅

제미나이 라이브 채팅은 화면을 보거나 음성으로 대화하며, 사용 중인 화면을 이해하고 즉각적으로 질문에 답해주는 실시간 AI 기능입니다.

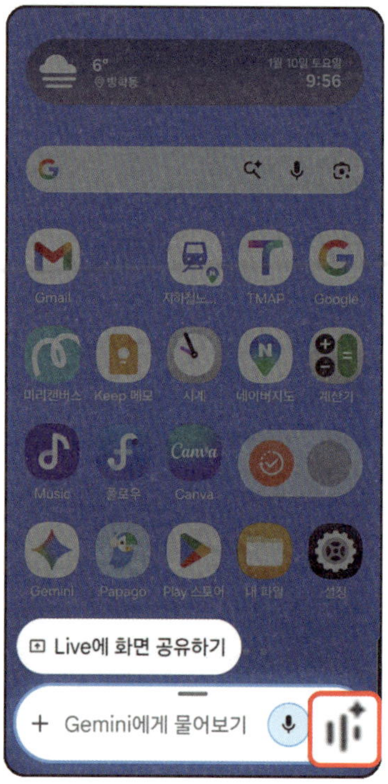

1 "헤이구글"또는"오케이구글" 불러요. 라이브채팅 버튼을 눌러요.

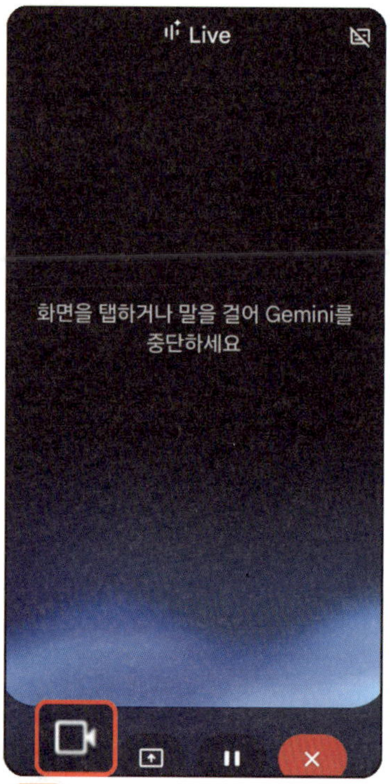

2 버튼을 눌러요.

3 화면에 보이는 대상을 보면서 제미나이와 대화 할 수 있어요.

1 라이브 채팅 화면에서 **화면 공유** 버튼을 눌러요.

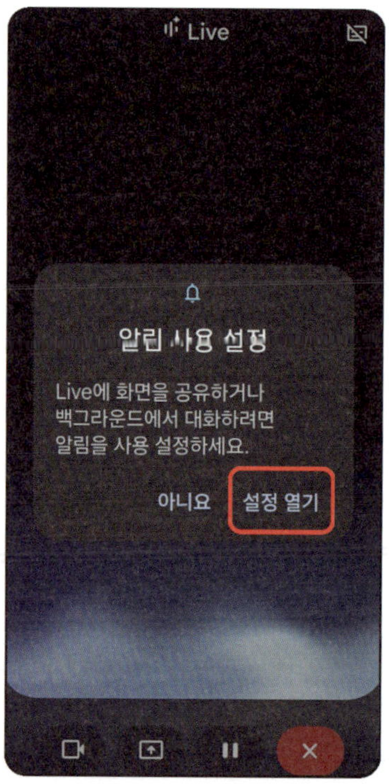

2 구글 알림 허용이 되어있지 않아 안내창이 뜨면 **설정 열기**를 눌러요.

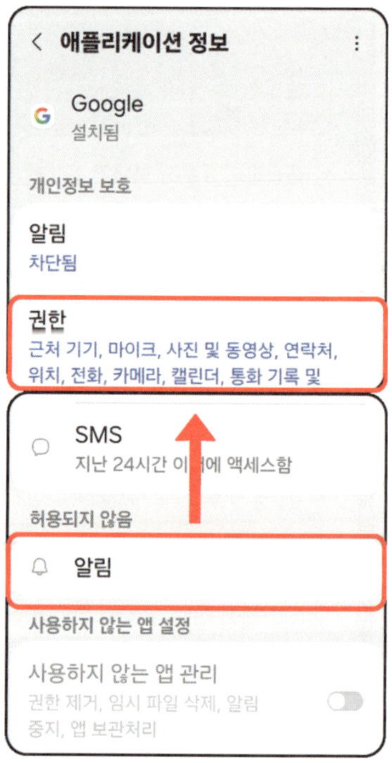

3 구글 애플리케이션 정보창이 열리면 **권한**을 눌러요. 화면을 올리고 **알림**을 눌러요.

Gemini (제미나이) - 라이브 채팅 - 화면 공유

제미나이 앱을 사용하다가 설명이나 도움이 필요할 때 화면 공유기능을 이용하면 같은 화면을 함께 보며 실시간으로 안내를 받을 수 있습니다.

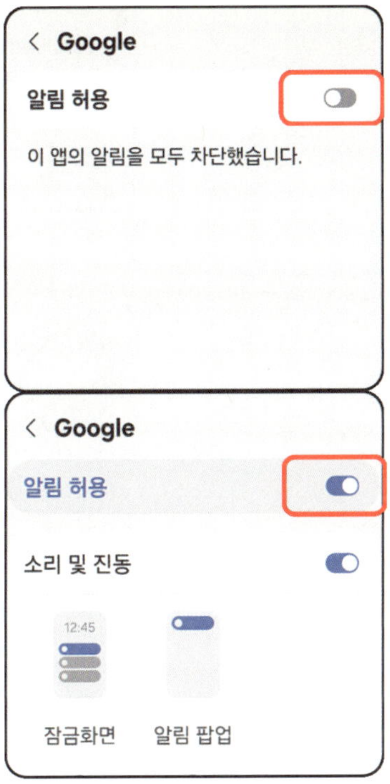

4 **알림 허용** 버튼을 켜요.

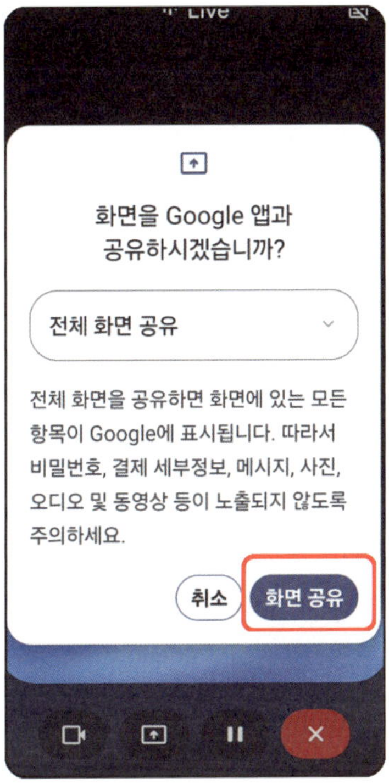

5 **화면 공유**를 눌러요. 스마트폰화면이 보입니다.

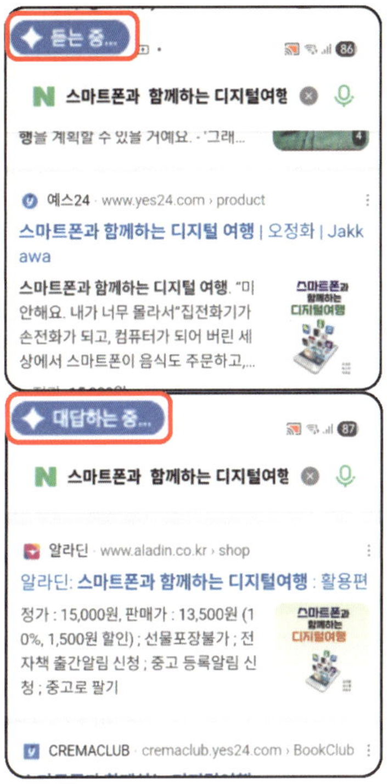

6 스마트폰 화면을 보면서 제미나이와 대화할 수 있어요.

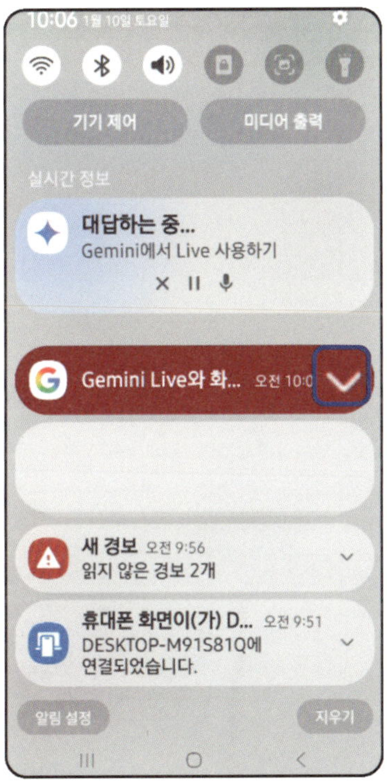

7 알림창에서 라이브채팅 **펼침버튼**을 눌러요.

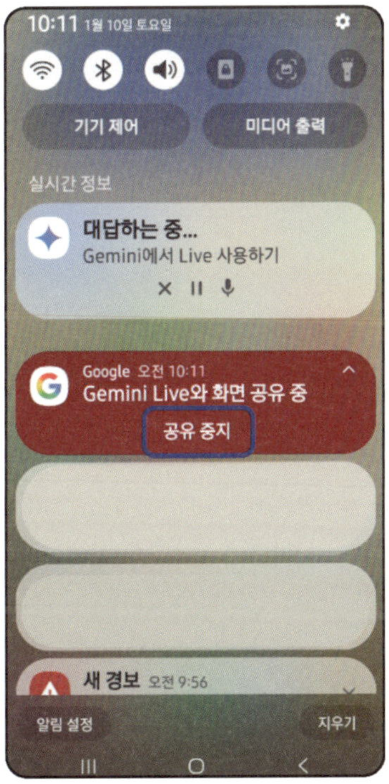

8 **공유 중지**를 눌러요.

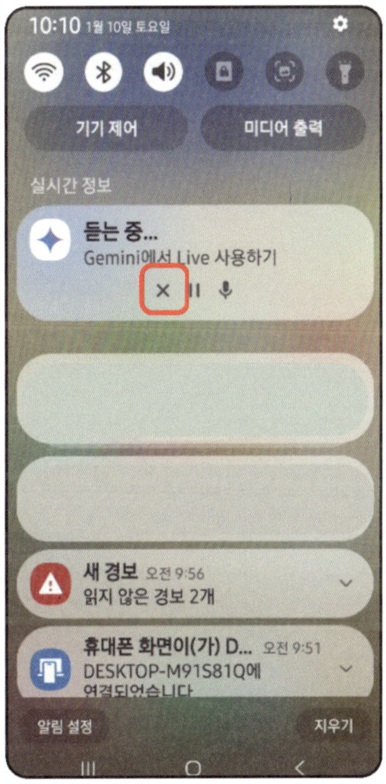

9 알림창에서 ✕를 눌러 닫아요.

3장 교통앱

네이버지도 - 홈화면

네이버지도는 길찾기, 내비게이션, 실시간 교통 정보를 제공해 주고
자동차·대중교통·도보 이동을 쉽고 정확하게 안내해 주는 지도 앱입니다.

발견 내 주변 또는 전국트렌드를 볼수 있어요.

예약 호텔, 기차, 항공권 예약등을 할 수 있어요.

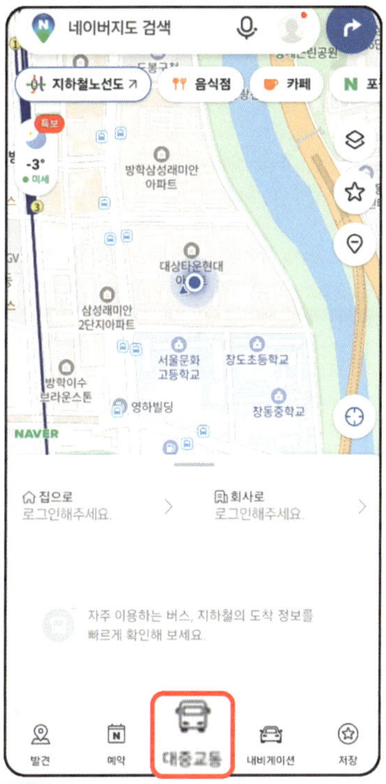

대중교통 버스, 지하철로 길찾기

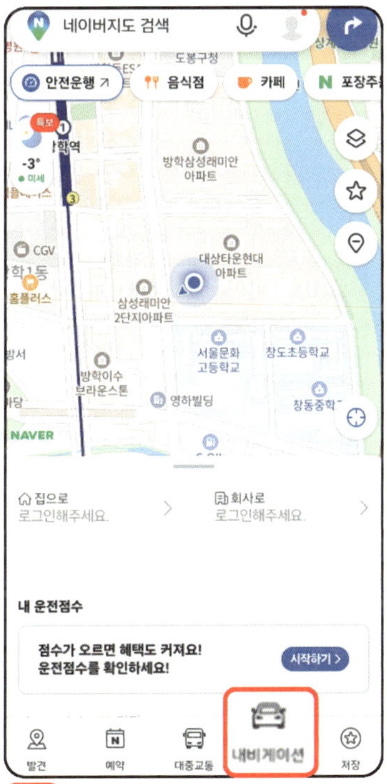

내비게이션 자동차 길 안내

저장 맛집 또는 자주 방문하는 장소를 저장할 수 있어요.

네이버 로그인을 하면 내 프로필 보여요.

집 주소 등록 예약, 자주 가는 장소를 볼 수 있어요.

네이버지도 – 지도 정보

지도 상에서 원하는 지역의 실시간 교통 상황을 CCTV 화면으로 확인할 수 있는 기능. 도로의 정체나 교통 사고 여부 등을 실시간으로 파악할 수 있습니다.

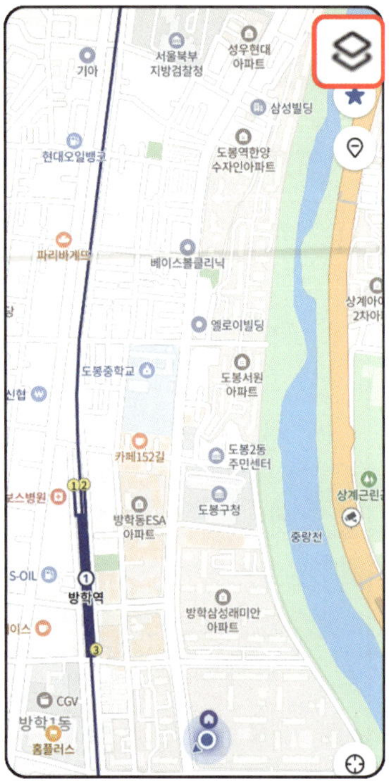

1 레이어를 눌러요.

2 지도 추가 정보에서 를 눌러요. X를 눌러 창을 닫아요.

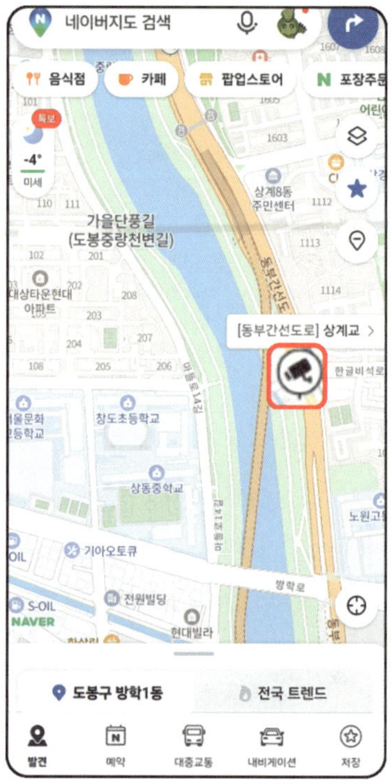

3 를 누르면 위치표시가 나와요. CCTV가 있는 장소를 눌러요.

4 실시간으로 거리 상황을 볼 수 있어요. 화면을 톡 누르고 X를 눌러요.

1 교통정보를 눌러요. X를 눌러 창을 닫아요.

2 빨강 – 교통 정체
초록 – 교통 원활

네이버지도 - 지도 정보

백화점, 대형마트, 병원 같은 큰 건물 안 구조를 층별로 보여 주어 매장과 화장실, 출입구 위치까지 쉽게 찾게 해주는 기능입니다. (지원되는 건물만 보여줍니다)

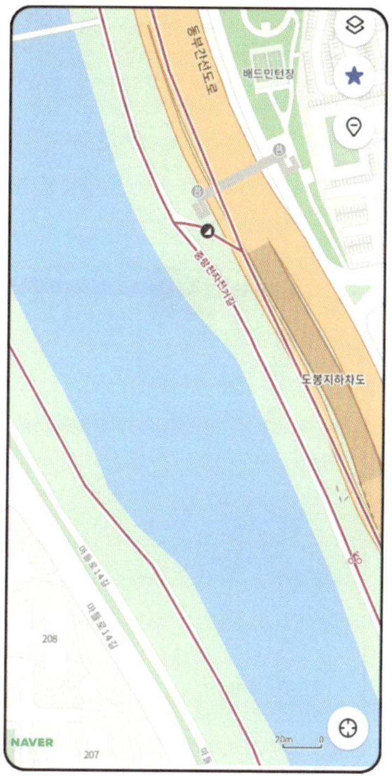

1 자전거 전용길을 보기 위해 를 눌러요. X를 눌러 창을 닫아요

2 자전거 길이 빨간색으로 표시되어 있습니다.

1 실내지도를 눌러요.

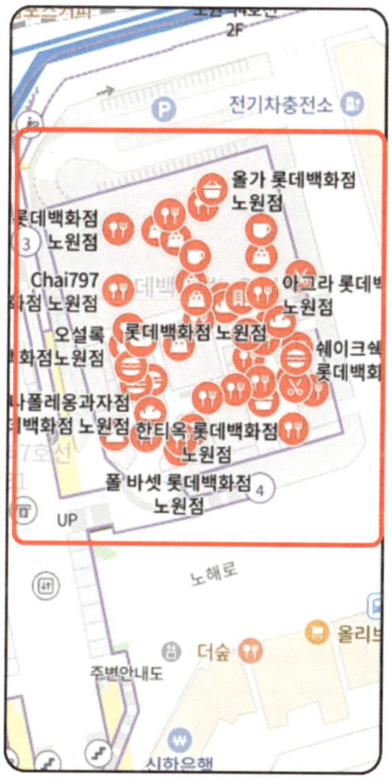

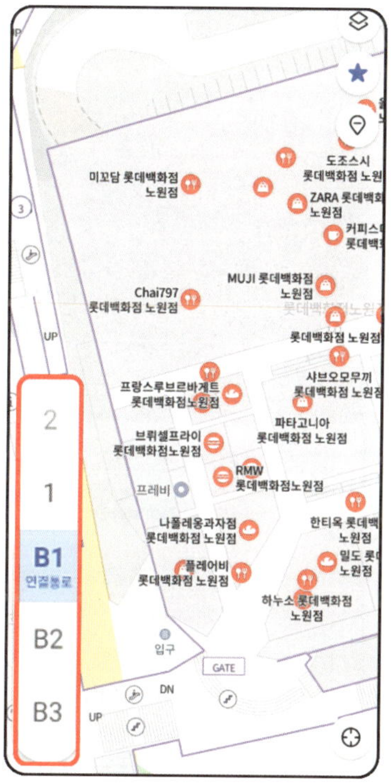

2 실내지도 제공되는 곳은 보라색 테두리가 있어요.

3 확대를 하면 자세히 볼 수 있어요.

4 층을 누르면 각층의 실내지도를 볼 수 있어요.

네이버지도 - 거리뷰

실제 도로 위에서 주변 환경을 360도 파노라마 사진으로 촬영하여 보여주는 서비스로, 원하는 지역의 거리나 건물을 생생하게 확인할 수 있습니다.

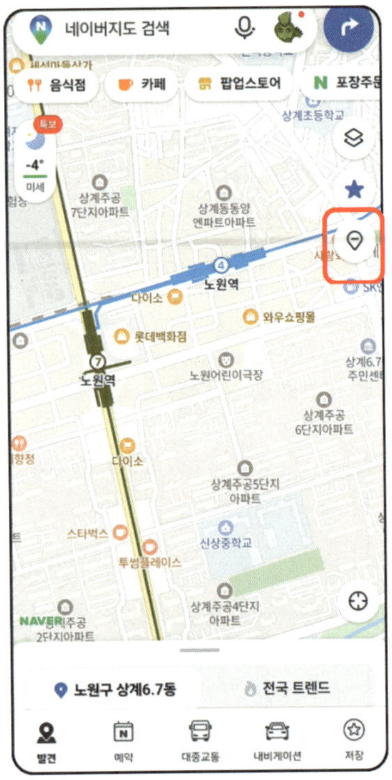

1 거리뷰를 눌러요.

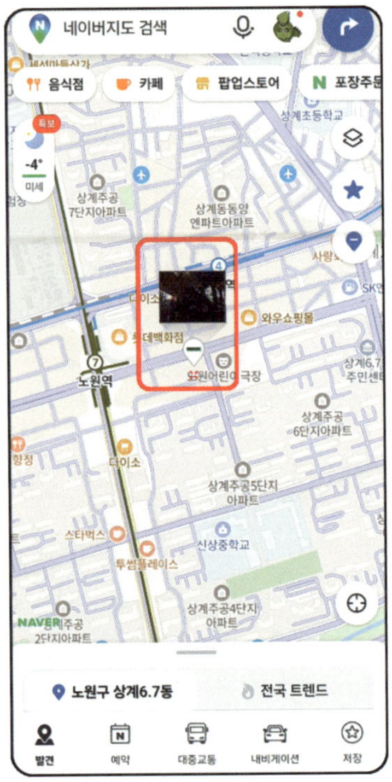

2 거리뷰를 원하는 위치에 놓고 사진을 눌러주세요.

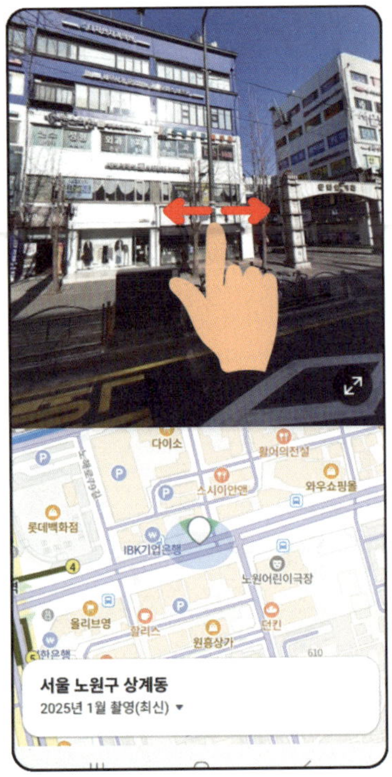

3 좌.우로 돌려 주변을 볼 수 있어요.

촬영한 날짜를 볼 수 있어요.

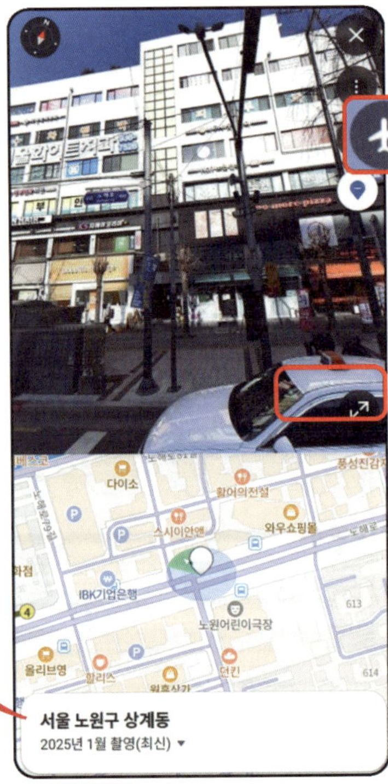

서울 노원구 상계동 2025년 1월 촬영(최신) 를 눌러요.
를 눌러요.

비행기 뷰로 볼 수 있어요.

티머니GO – 고속·시외버스 예매

버스·지하철·택시·기차·고속버스 등 다양한 교통수단을
한 번에 조회하고 예약·결제까지 할 수 있는 교통 통합 앱입니다.

1 ▶에서 티머니GO를 검색하고 **설치 및 열기**를 눌러요.

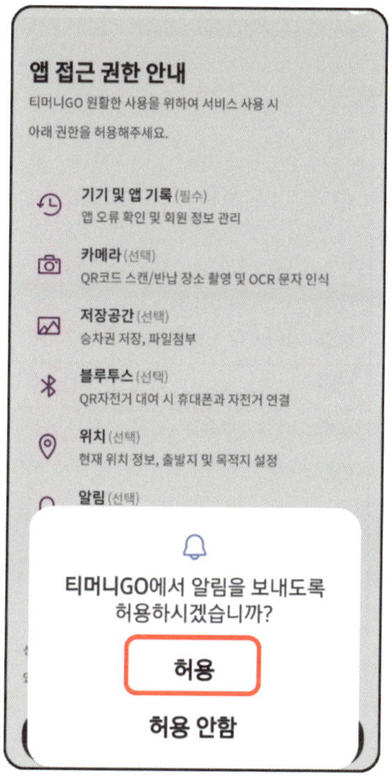

2 **허용**을 눌러요.

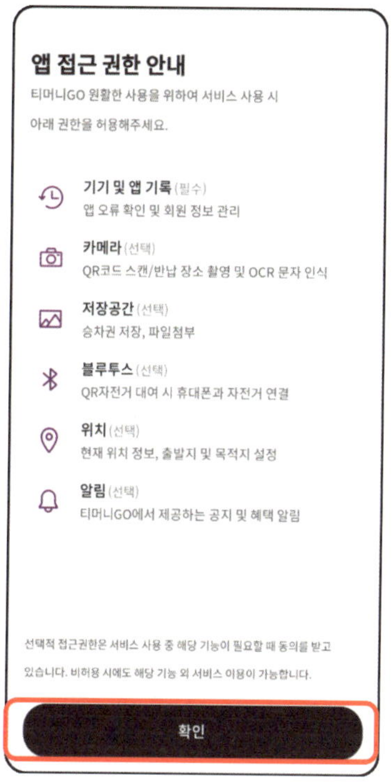

3 앱 접근 권한 안내 **확인**을 눌러요.

4 **고속.시외**를 눌러요.

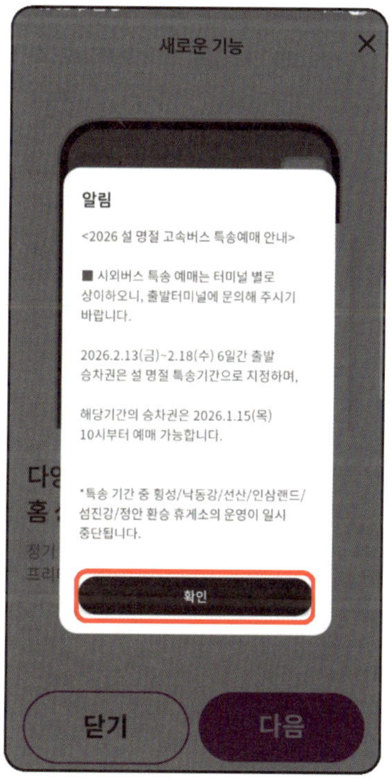

5 알림이 나오면 **확인**을 눌러요.

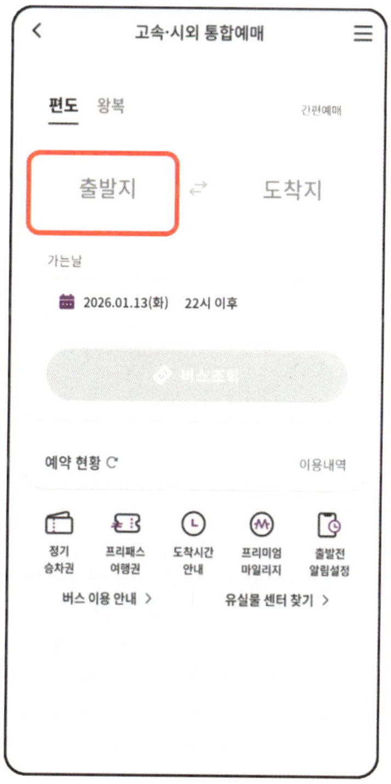

6 **출발지**를 눌러요.

티머니GO – 고속 · 시외버스 예매

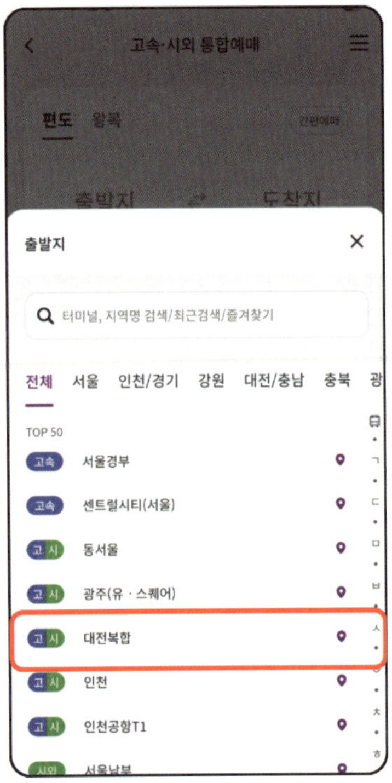

7 **출발지**를 선택해요.

8 **도착지**를 선택해요.

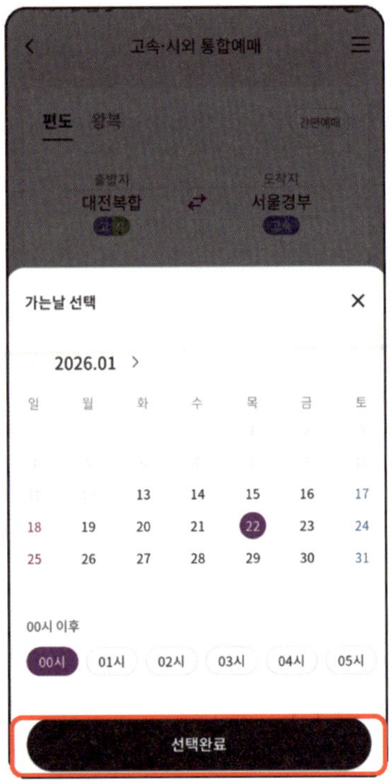

9 날짜 시간을 선택하고 **선택 완료**를 눌러요.

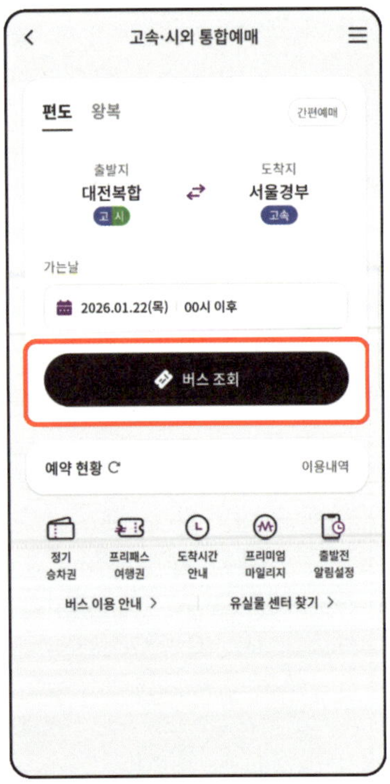

10 **버스 조회**를 눌러요.

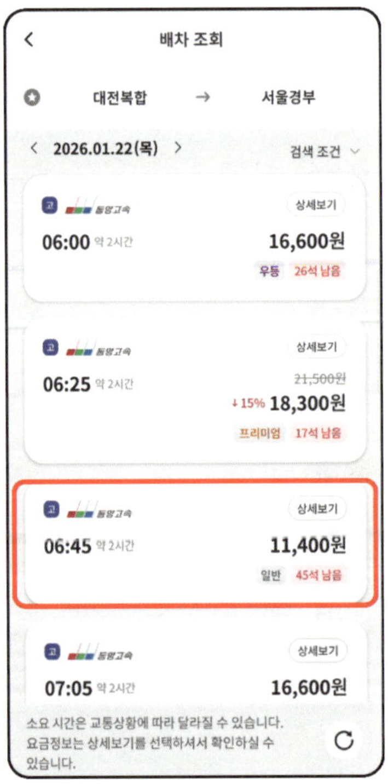

11 **시간**을 선택해요.

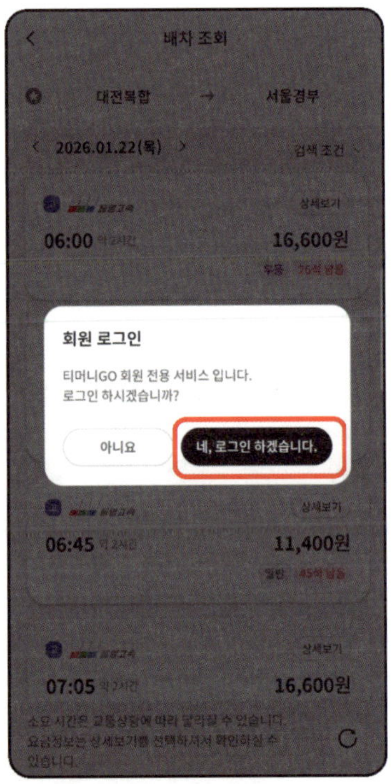

12 **네, 로그인 하겠습니다.** 를 눌러요.

티머니GO – 고속 · 시외버스 예매

카카오톡 로그인을 하시면 회원가입을 쉽게 하실 수 있습니다.

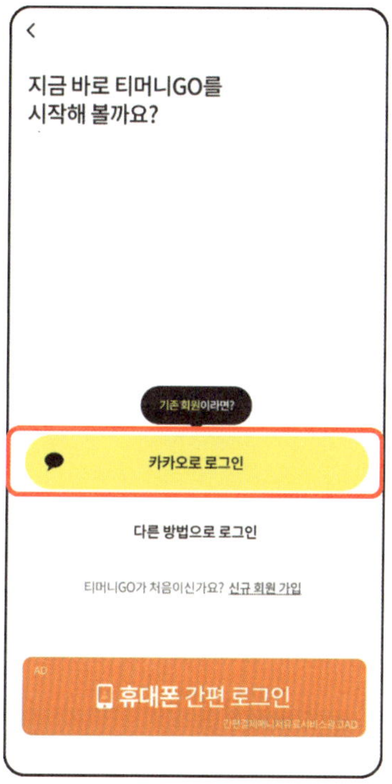

13 **카카오로 로그인**을 눌러요.

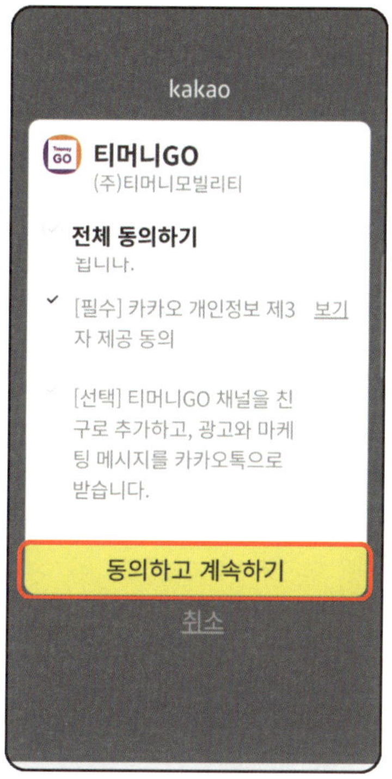

14 **동의하고 계속하기**를 눌러요.

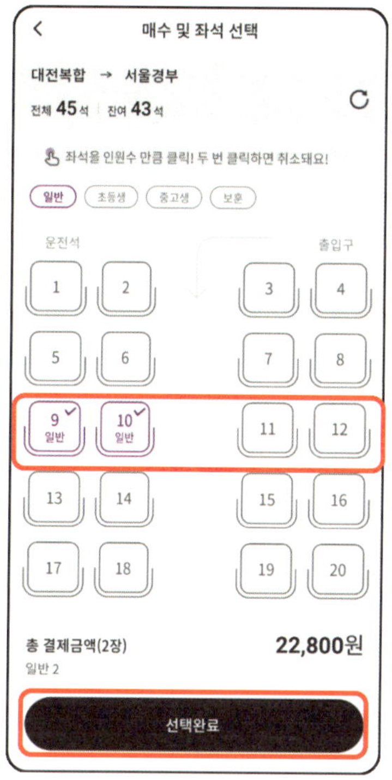

15 좌석을 선택하고 **선택 완료**를 눌러요.

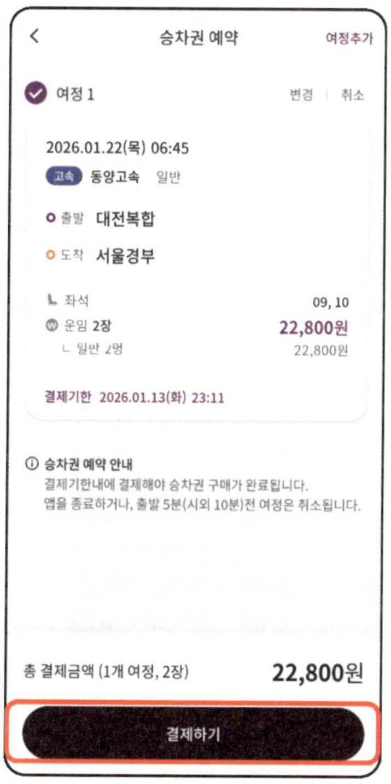

16 **결제하기**를 눌러요.

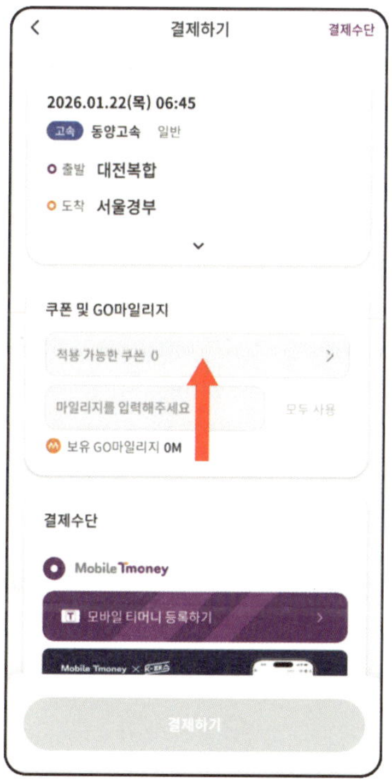

17 화면을 위로 밀어 올려요.

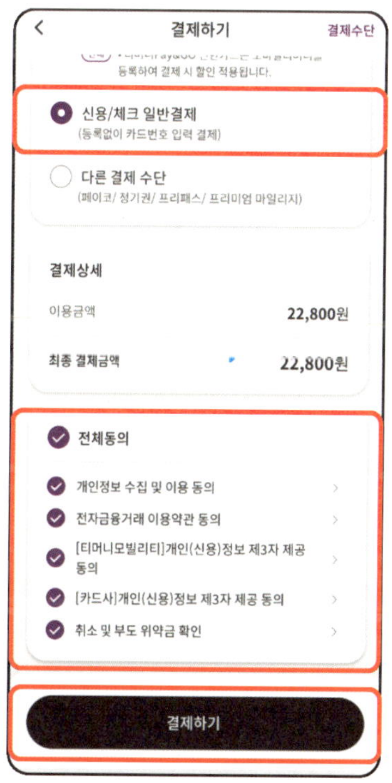

18 **결제수단**을 선택 하고 **전체동의 체크**하고**결제하기**를 눌러요.

티머니GO – 고속 · 시외버스 예매

결제하기위해 카드 등록을 직접하실 수 있습니다.
예매 후 승차시 QR코드를 사용합니다.

1 **앱 사용 중에만 허용**을 눌러요.

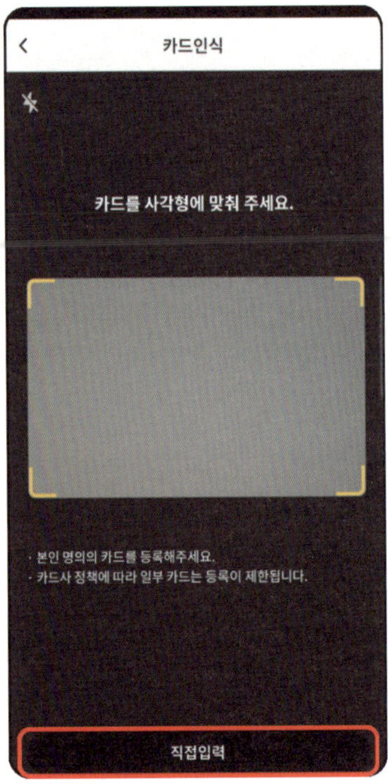

2 **직접입력**을 눌러요.

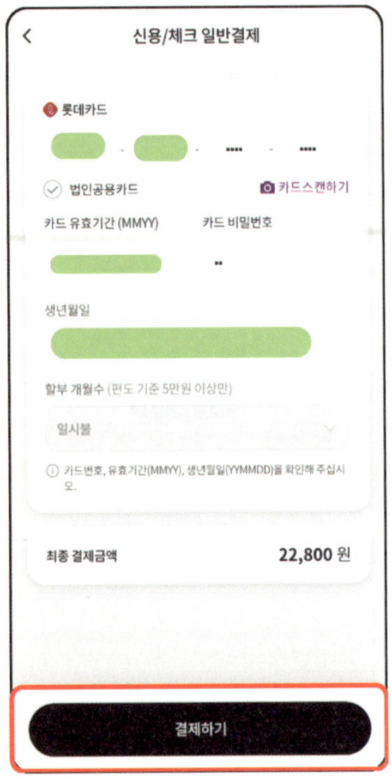

3 카드번호, 유효기간, 생년월일을 입력하고 **결제하기**를 눌러요.

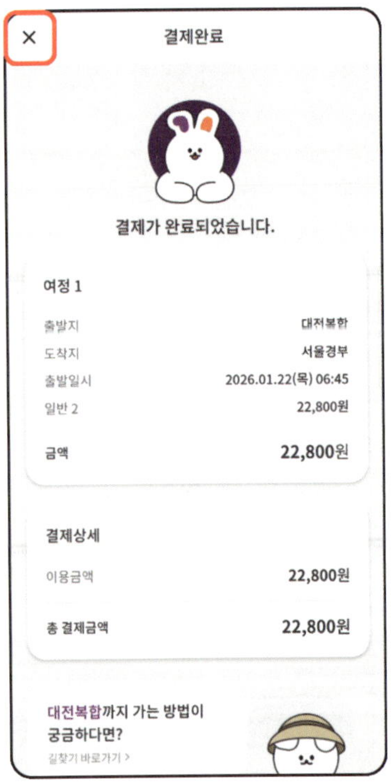

4 **X**를 눌러요.

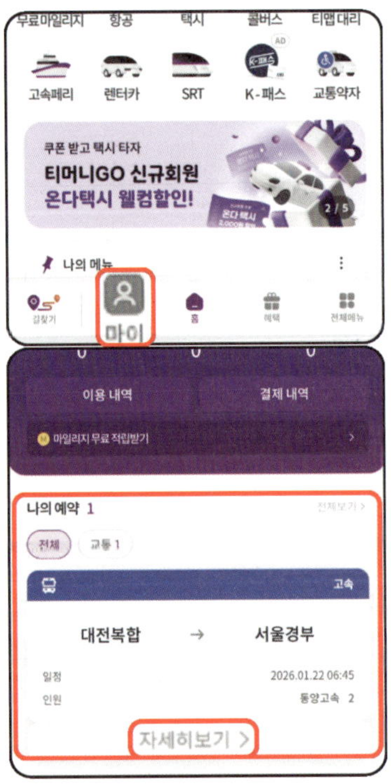

5 홈에서 **마이**를 눌러요. 나의 예약에서 **자세히보기**를 눌러요.

6 **돋보기**를 누르면 QR이 크게 보여집니다.

코레일톡 - 기차 예매

코레일톡은 한국철도공사 앱으로 가입이 어려울 때는 비회원으로 열차표를 예매할 수 있습니다. 비회원은 마일리지가 적립되지 않습니다.

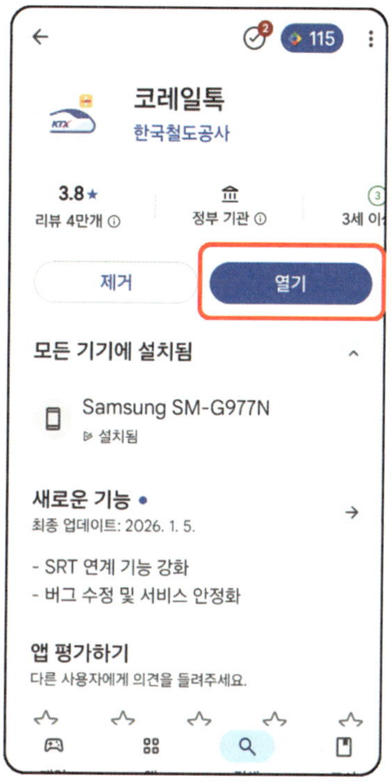

1 ▶ 에서 코레일톡을 검색 후 **설치** 후 **열기**를 눌러요.

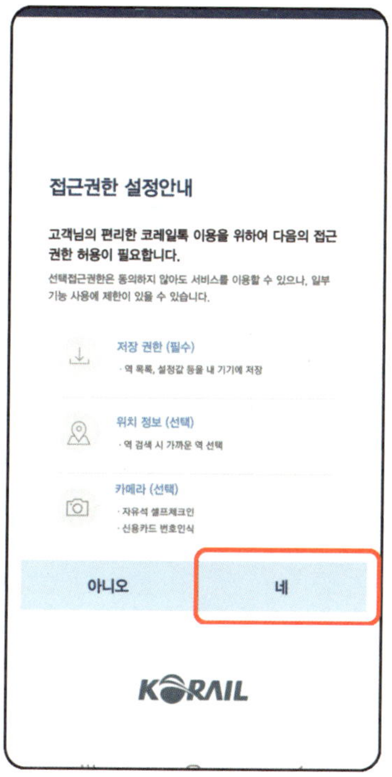

2 **네**를 눌러요.

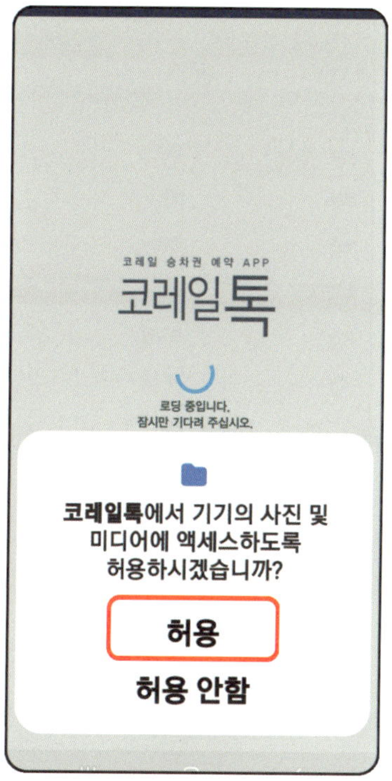

3 **허용**을 눌러요.

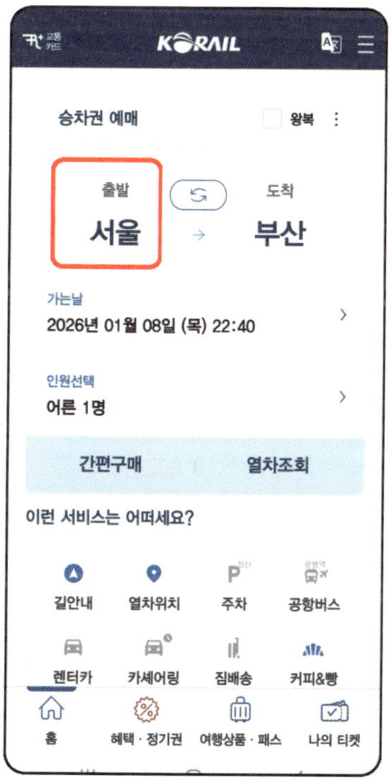

4 **출발**을 눌러요.

5 **출발 역 이름**을 눌러요.

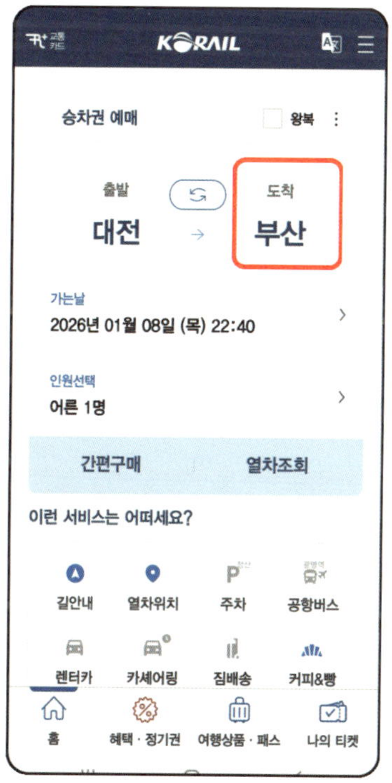

6 **도착**을 눌러요.

코레일톡 – 기차 예매

1 도착 역 이름을 눌러요.

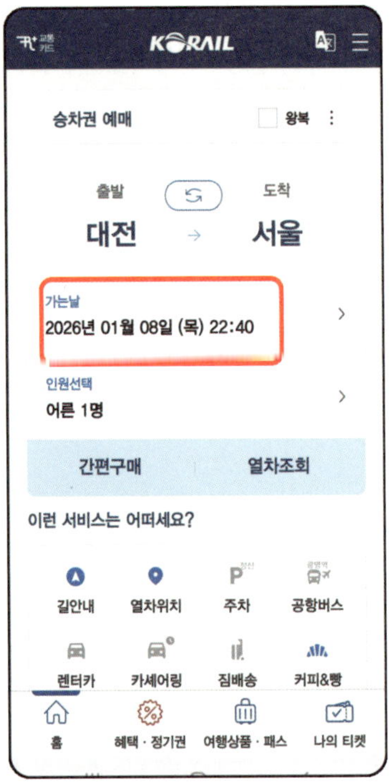

2 가는날을 눌러요.

3 출발 날짜와 출발 시간을 선택하고 확인을 눌러요.

4 인원선택을 눌러요.

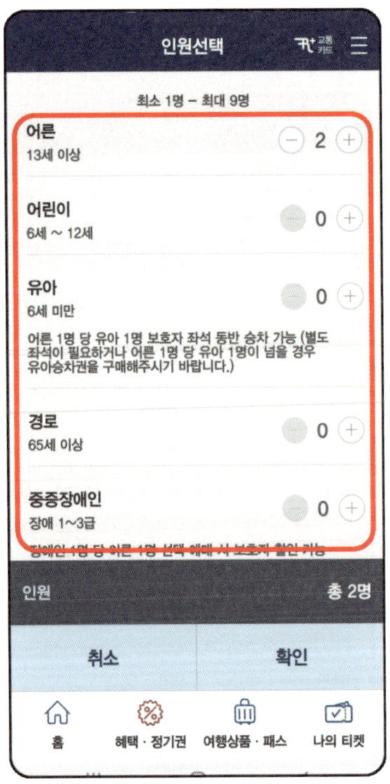

5 + 눌러서 인원 추가를 할 수 있어요. 확인을 눌러요.

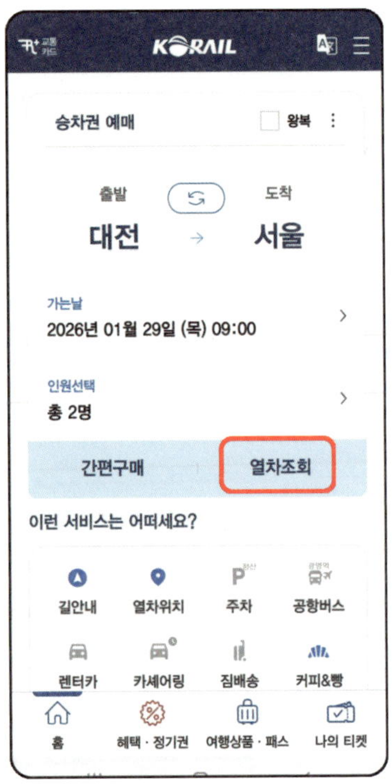

6 열차조회를 눌러요.

코레일톡 – 기차 예매

1 예매하려는 **열차**를 눌러요.

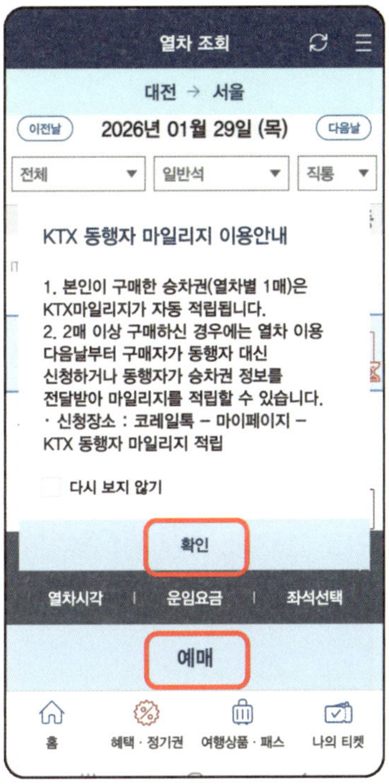

2 안내 읽고 **확인**을 눌러요. **예매**를 눌러요.

3 **좌석 선택**을 눌러요.

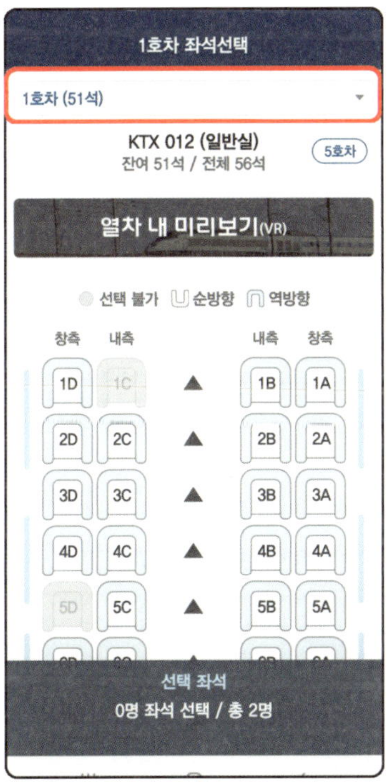

4 위에 **호차**를 누르면 다른 호차도 보입니다.

5 예매하려는 **열차호차**를 선택합니다.

6 화면을 위로 올려 달리는 열차와 같은 방향인 순방향 좌석을 찾습니다.

코레일톡 – 기차 예매

1 순방향 좌석을 **인원수 맞게 선택**하고 **선택완료**를 눌러요.

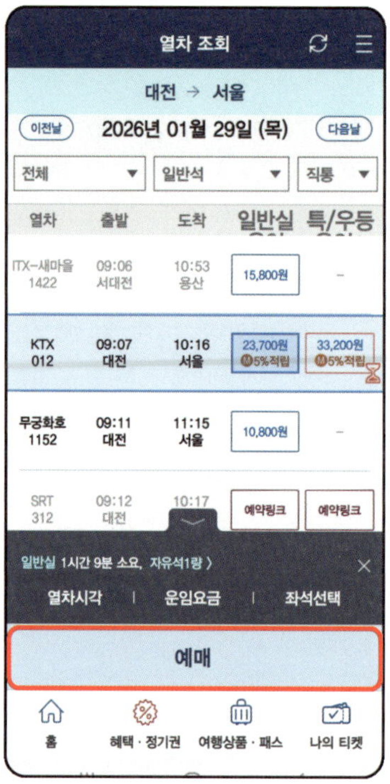

2 **예매**를 눌러요.

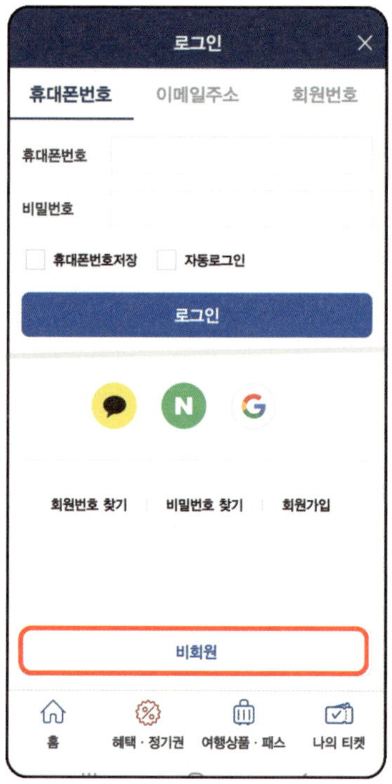

3 **비회원**을 눌러요.

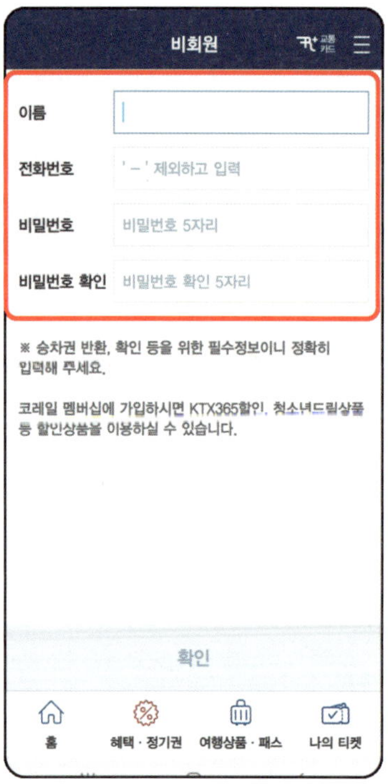

4 **이름,전화번호**와 예매표 확인 및 취소시 사용될 **비밀번호**를 정해서 입력해요.

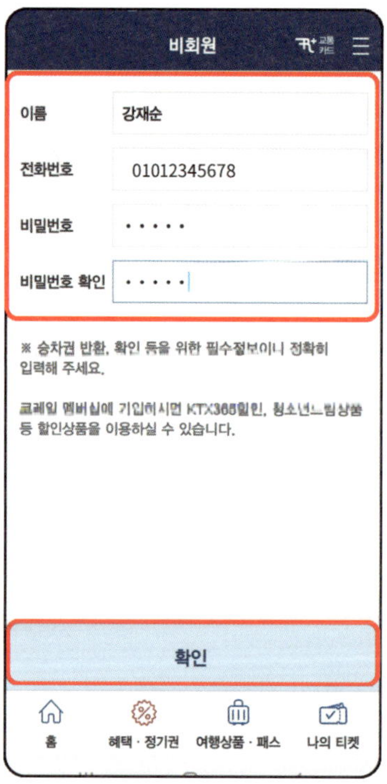

5 비밀번호는 **5자리 이상**으로 만들고 **꼭 기억**해야 해요. **확인**을 눌러요.

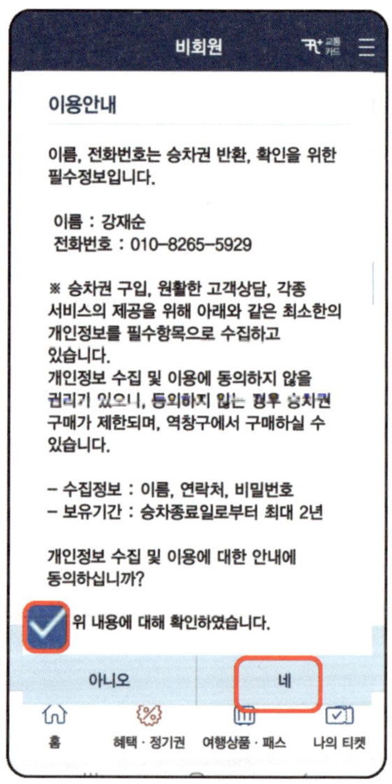

6 **내용 확인** 후 ☑하고 **네**를 눌러주세요.

코레일톡 - 기차 예매

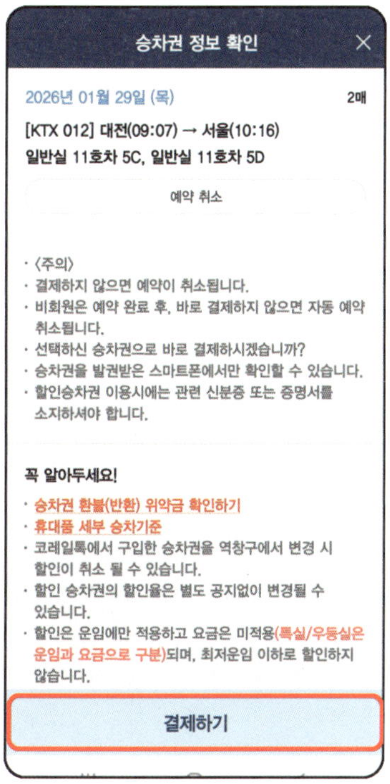

1 **결제하기**를 눌러요.

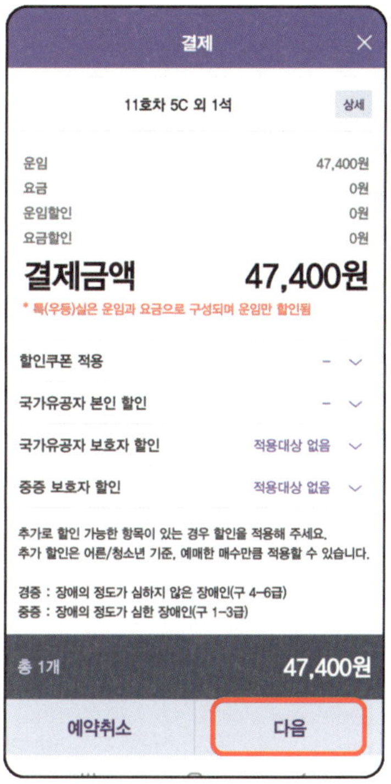

2 **다음**을 눌러요.

3 화면을 위로 올려요.

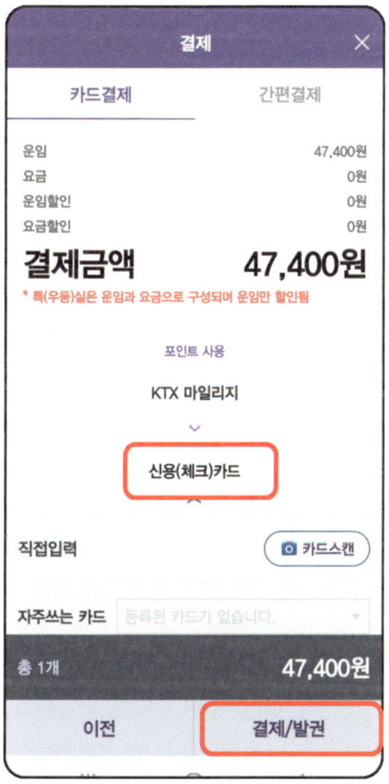

4 **신용(체크)카드**를 누르고 **결제/발권**을 눌러요.

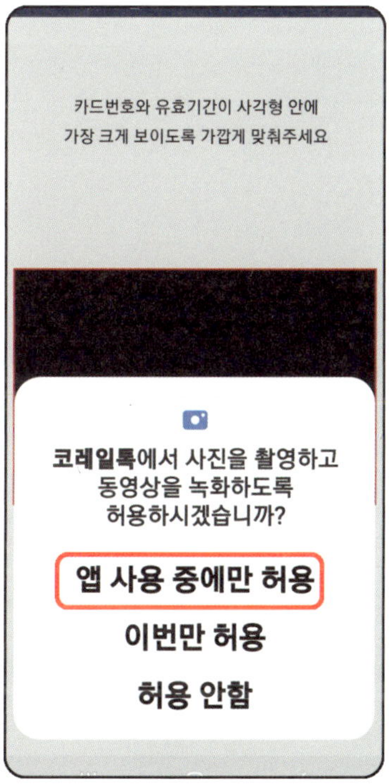

5 **앱 사용 중에만 허용**을 눌러요.

6 카드 화면이 영역 안에 들어가 보이게 해주세요.

코레일톡 – 기차 예매

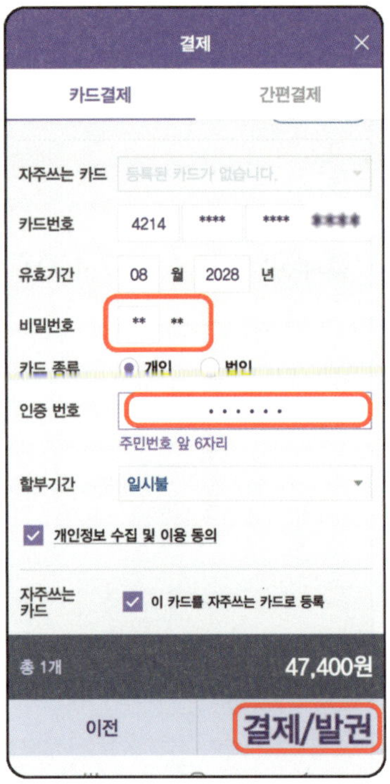

1 비밀번호 **앞 두자리** 입력, 주민번호 **앞자리**를 적고 **결제/발권**을 눌러요.

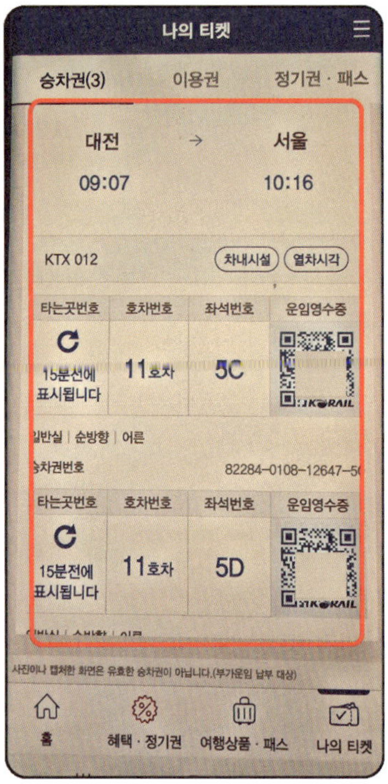

2 예매가 되었어요.

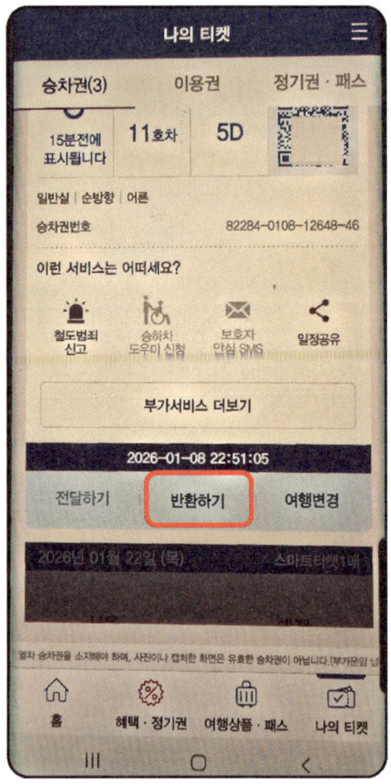

3 화면을 위로 올리면 **반환하기(예매취소)**가 있어요.

코레일톡 – 기차표 반환 (취소)

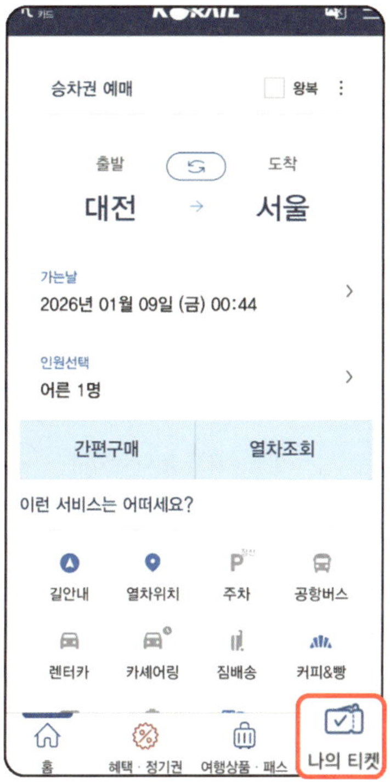

1 **나의 티켓**을 눌러요.

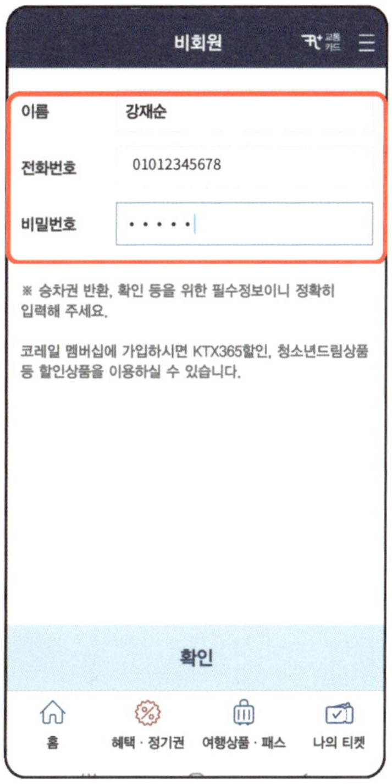

2 **이름, 전화번호,** 예매시 등록한 **비밀번호**를 눌러요.

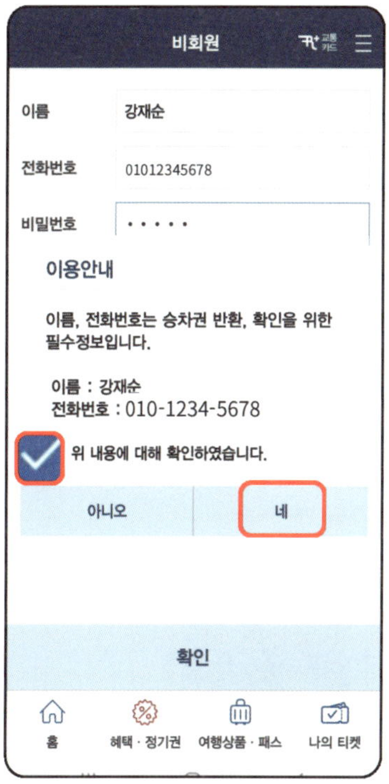

3 ☑ 눌러서 선택하고 **네**를 눌러요.

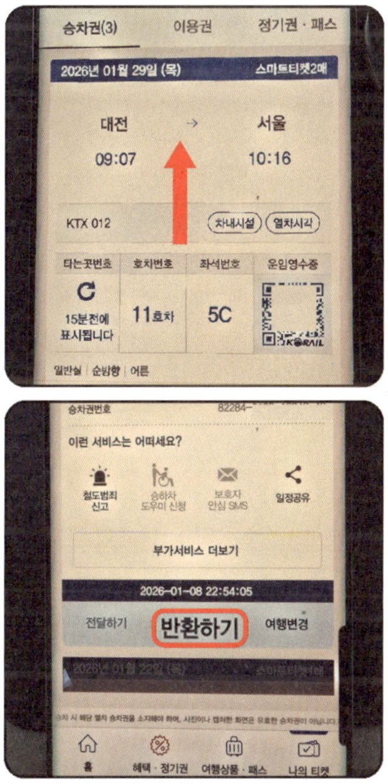

4 예매된 표가 보여요. 화면을 위로 올리면 **반환하기**가 보여요.

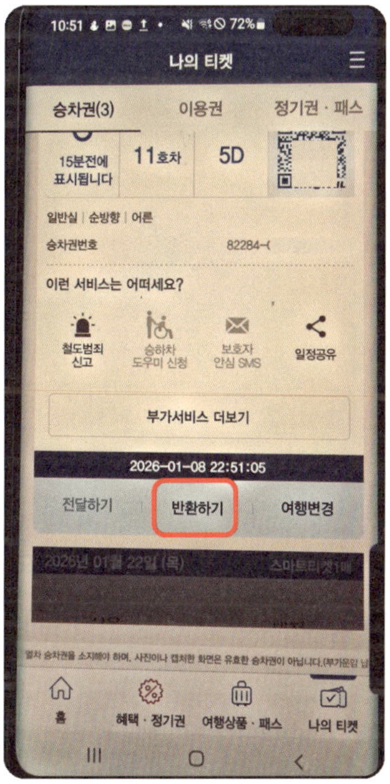

5 **반환하기**를 눌러요.

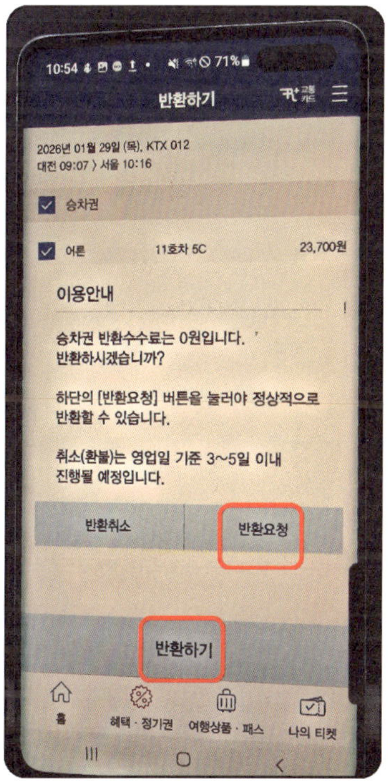

6 **반환요청, 반환하기**를 누르면 예매 취소가 돼요.

네이버 – 항공권 예매

네이버 항공권 예약하기는 여러 항공사의 항공편과 가격을 한눈에 비교하고,
원하는 일정에 맞는 항공권을 쉽고 빠르게 예약할 수 있는 서비스입니다.

1 ☰ 더보기를 눌러요.

2 항공권 을 눌러요.

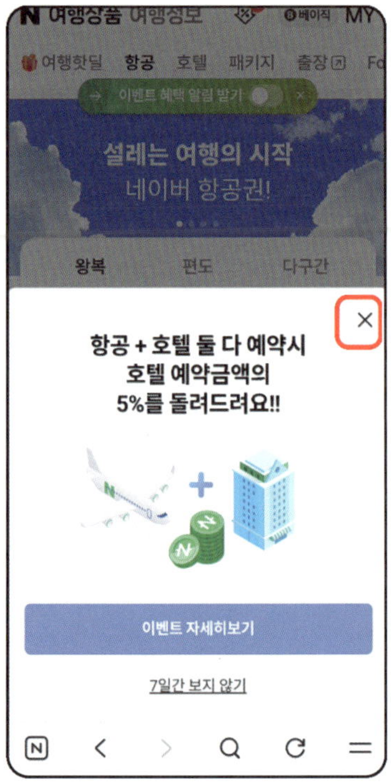

3 X를 눌러요.

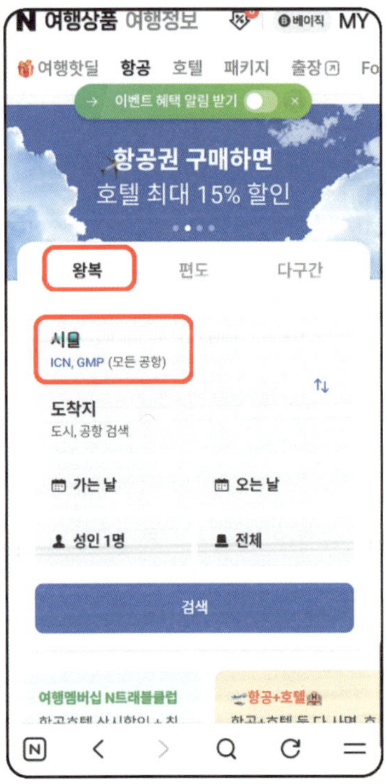

4 서울 ICN, GMP (모든 을 눌러요.

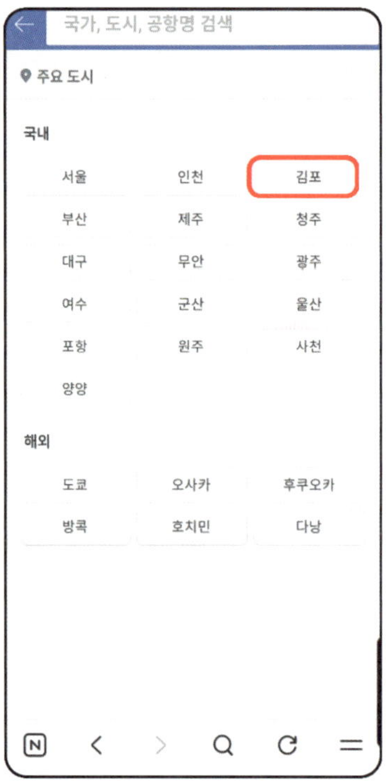

5 출발 공항 이름을 눌러요.

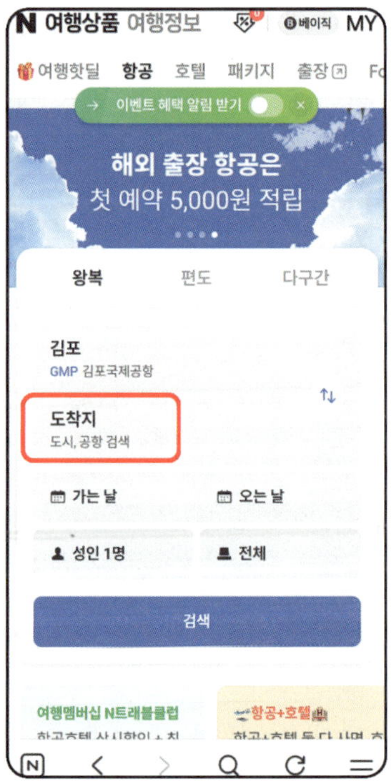

6 도착지 도시, 공항 검색 를 눌러요.

네이버 – 항공권 예매

출발지와 날짜만 입력하면 다양한 항공편을 확인할 수 있어 처음 이용하시는 분도 편리하게 사용할 수 있습니다.

1 **도착 공항** 이름을 눌러요.

2 가는 날을 눌러요.

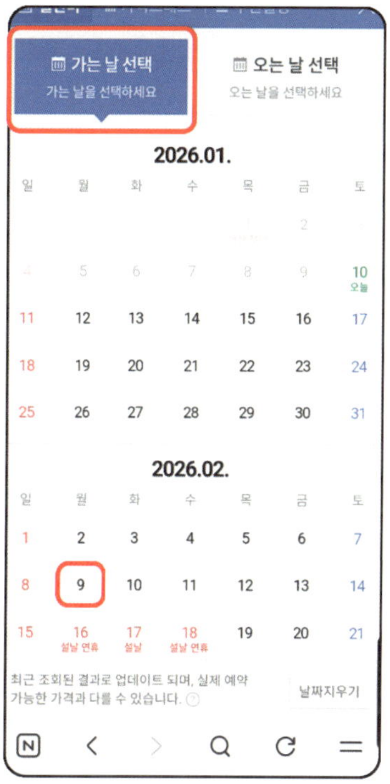

3 **날짜**를 선택해요.

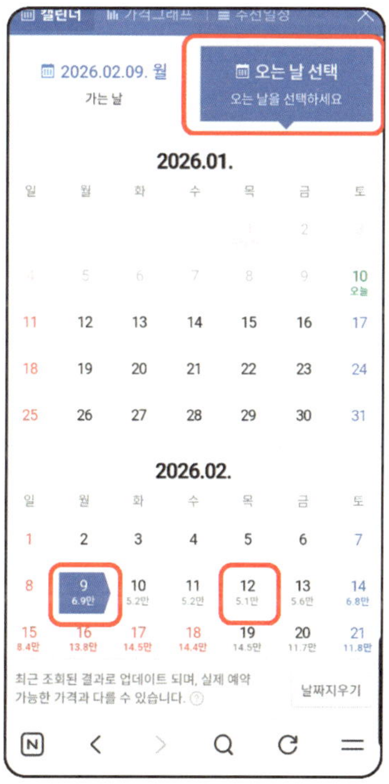

4 오는 날짜를 선택해요.

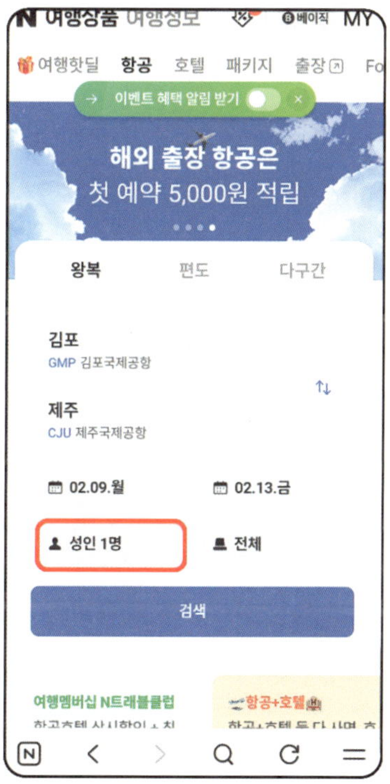

5 성인 1명 을 눌러요.

6 **인원**을 추가하고 **좌석등급**을 눌러요. **적용**을 눌러요

네이버 - 항공권 예매

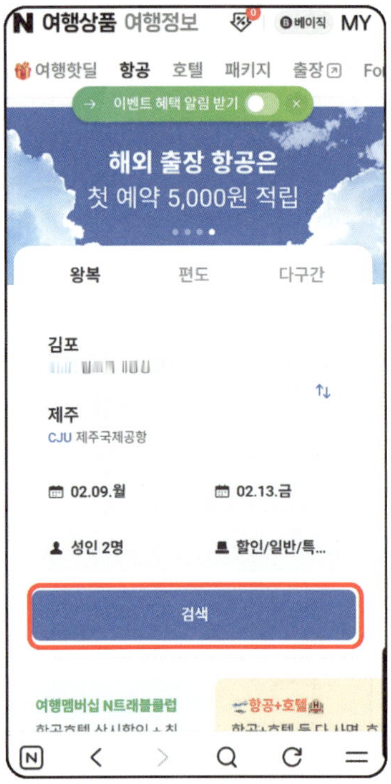

1 **검색**을 눌러요.

2 화면을 위로 올려서 여러 항공사를 볼 수 있어요.

3 **항공사**와 **시간**을 선택해요.

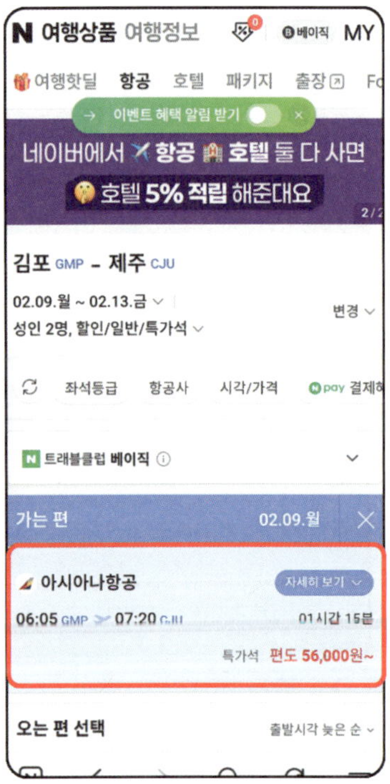

4 가는 편이 선택되었어요.

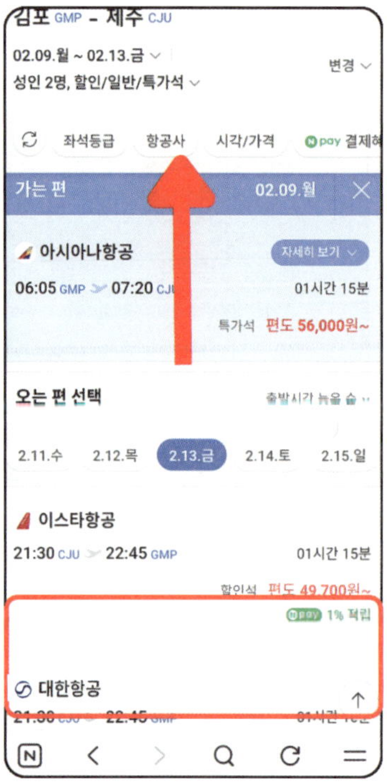

5 화면을 위로 올려서 오는 편 **항공사와 시간**을 선택해요.

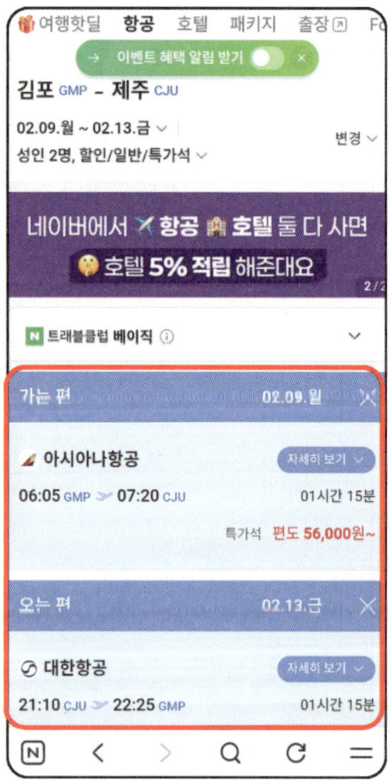

6 가는 편과 오는 편이 선택 되었어요. 화면을 위로 올려서 이용할 수 있는 여행사를 확인해요.

네이버 – 항공권 예매

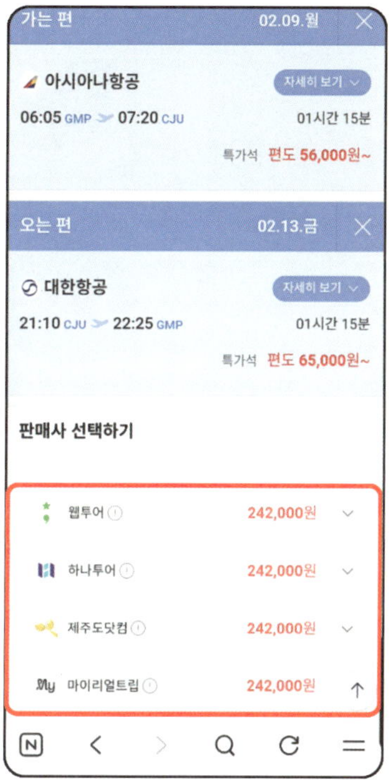

7 선택하려는 **여행사** ⌵ 를 눌러요.

8 여행사**예약**을 눌러요.

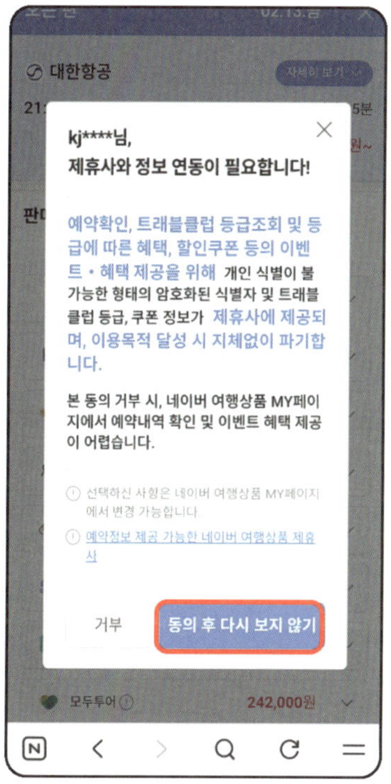

9 제휴사와 연동되도록 **동의 후 다시 보지 않기**를 눌러요.

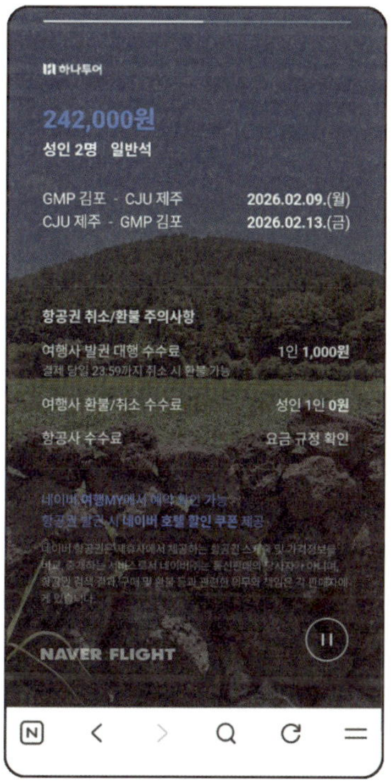

10 여행상품 금액과 주의사항에 대한 안내가 잠깐 보여요.

11 예약내용을 확인해요.

12 **예약하기**를 눌러요.

4장
번역 앱

네이버 파파고

음성 인식 및 번역 기능을 제공하며, 쉽고 빠르게 번역 결과를 확인할 수 있어 해외 여행이나 외국어 공부 등 다양한 상황에서 유용하게 사용할 수 있습니다

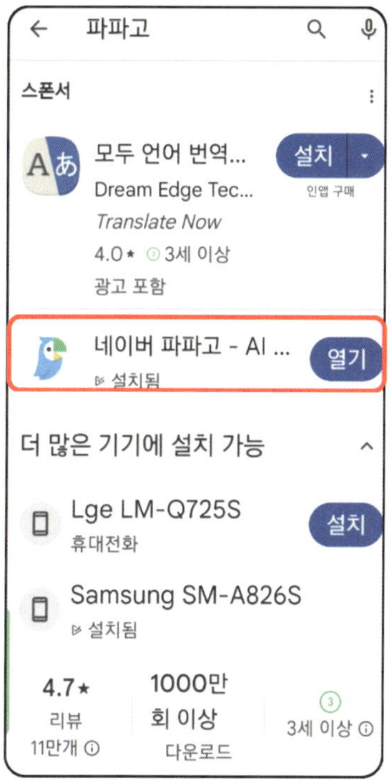

1 에서 네이버 파파고를 **설치 후 열기**를 눌러요.

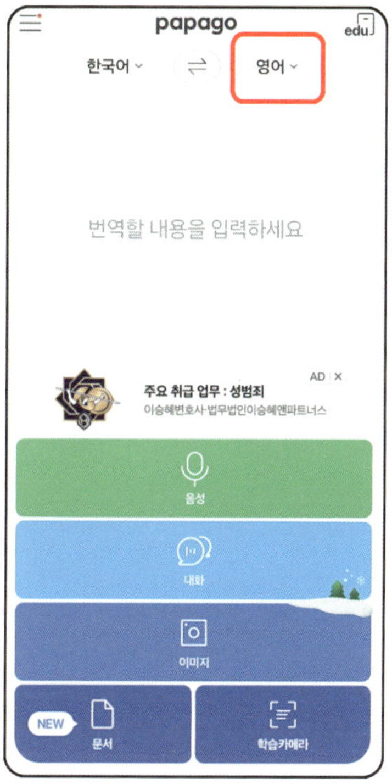

2 **오른쪽 언어**를 눌러요.

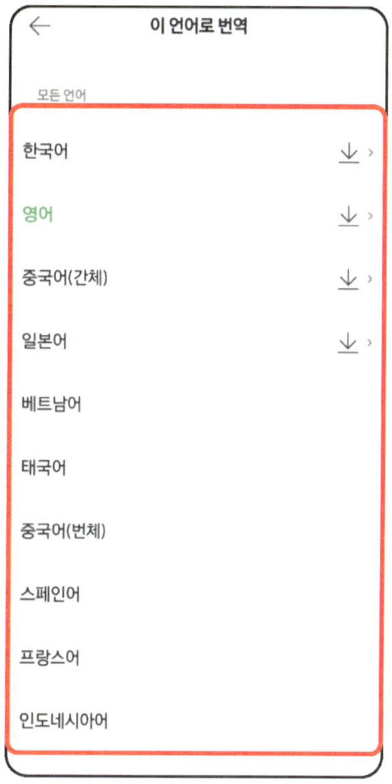

3 번역할 언어를 선택할 수 있어요.

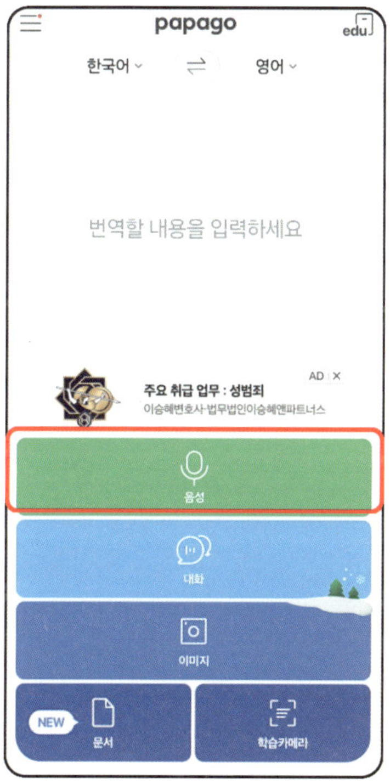

1 번역하려는 내용을 입력해 보세요.

2 한글 문장을 영어로 번역하고, 단어의 뜻도 소개되었어요.

3 (뒤로가기)를 눌러서 번역 홈 화면으로 이동해요.

네이버 파파고

대화 모드는 상대방과 주고받은 대화를 번역해주는 기능으로 자연스러운 대화를 이어나갈 수 있습니다.

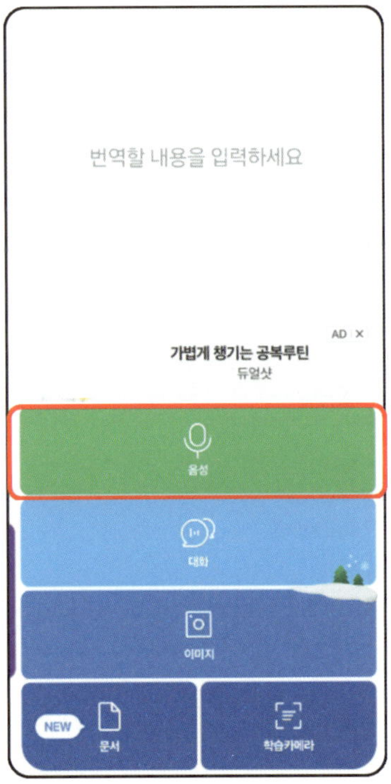

1 을 눌러요.

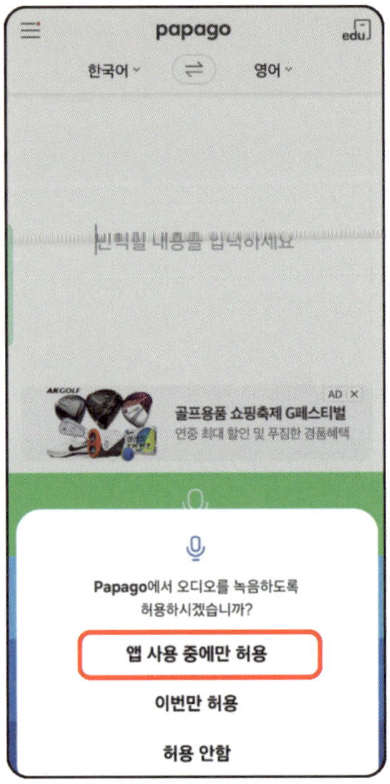

2 **앱 사용 중에만 허용**을 눌러요.

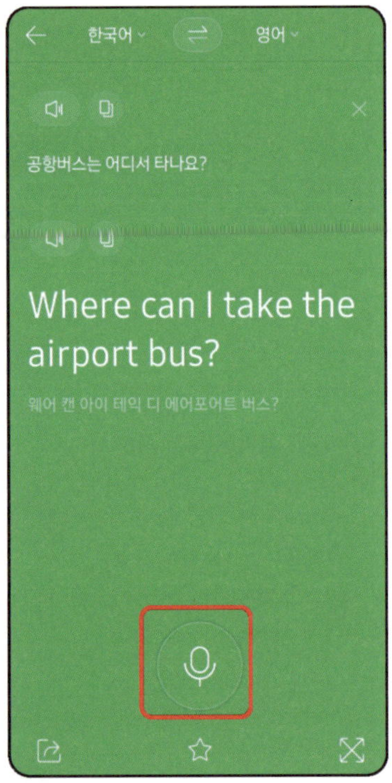

3 를 눌러 질문을 해요.

4 를 누르고 발음을 들어 보세요. 눌러서 첫 화면으로 가요.

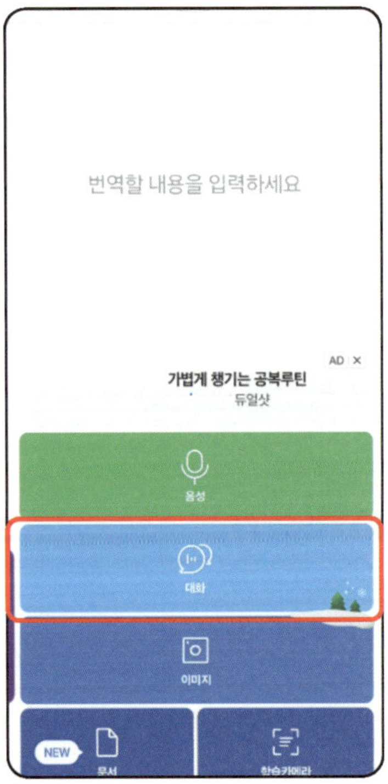

1 를 눌러 동시 대화를 시작해 볼까요.

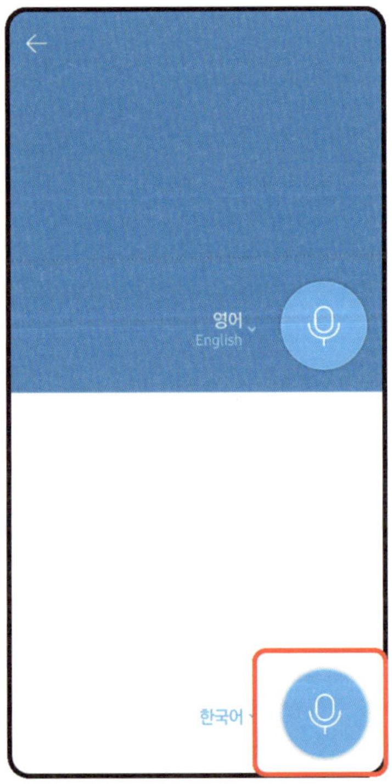

2 한국어를 눌러 대화를 해요.

네이버 파파고

파파고 앱 다운로드를 통해 모바일에서 바로 이용할 수 있습니다

3 한국어로 인사를 하는 중입니다.

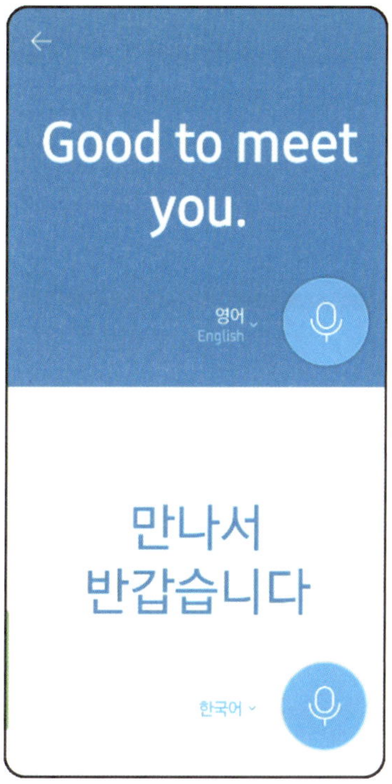

4 한국어와 번역이 동시에 보여집니다.

5 상대방이 를 눌러 대화를 시작합니다.

6 상대방이 답변을 하고 있는 중입니다.

7 상대방의 언어가 한국어로 번역되어 동시에 보여집니다.

외국인과 대화할 때 아래는 한국어로, 위는 번역할 언어로 설정해 둡니다.

내가 말하고 나면 즉시 번역되어 상대에게 보여줄 수 있어요.

상대방 역시 마이크를 누르고 대화를 하면 한국어로 번역된 것을 볼 수 있어요.

구글 번역기

전 세계 다양한 언어를 자동 번역하는 모바일 앱으로, 외국어 문장이나 단어를 손쉽게 번역할 수 있습니다.

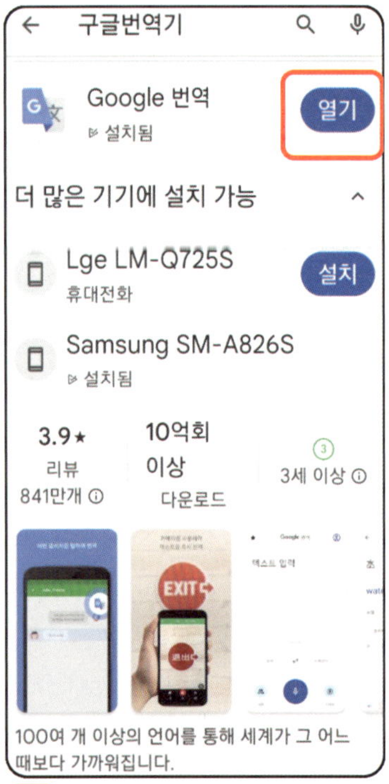

1 에서 **구글 번역**을 검색해서 **설치** 후 **열기**를 눌러요.

2 한국어를 영어로 번역합니다. 글을 입력해보세요.

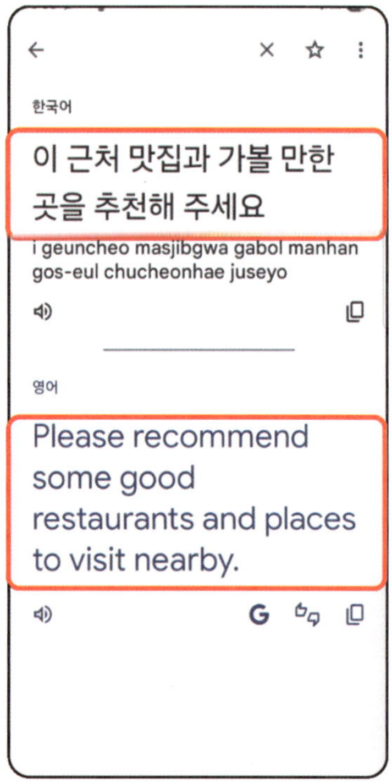

3 영어로 번역됩니다.

1 다른 언어로 바꾸기 위해 **오른쪽 언어**를 눌러요.

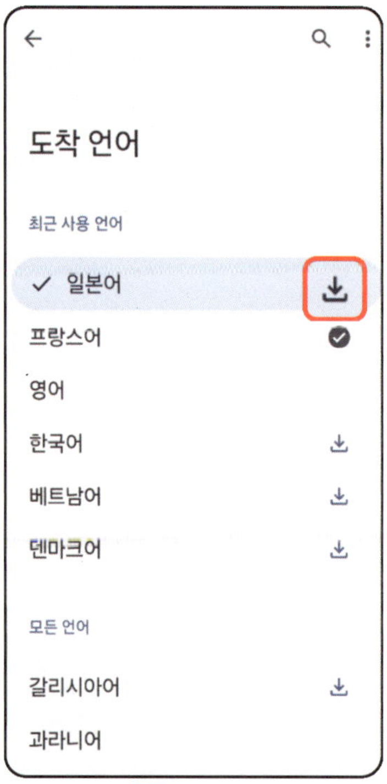

2 **일본어** 다운로드를 눌러요.

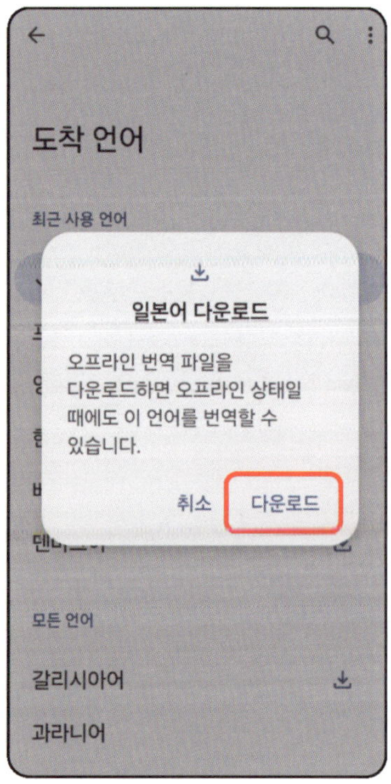

3 **다운로드**를 눌러 설치해 주세요.

구글 번역기

언어를 다운로드하면 인터넷이 연결되지 않은 상태에서도 번역기능을 실행할 수 있어요.

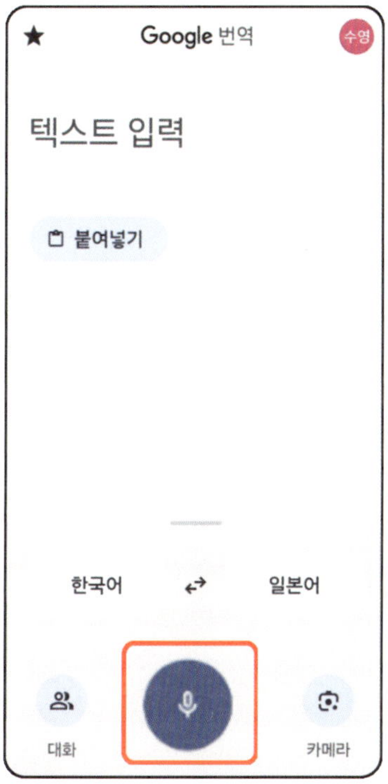

1 (마이크)를 눌러요.

2 번역할 말이 끝나면 (정지) 눌러요.

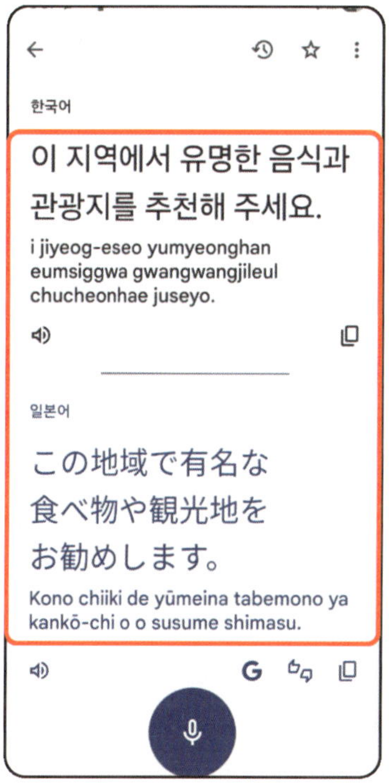

3 질문의 내용을 일본어로 번역해 줍니다.

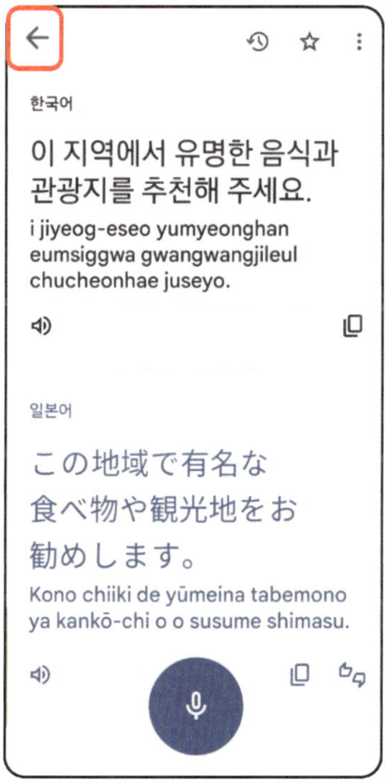

4 번역이 끝나면 (←) 를 눌러 직전화면으로 돌아옵니다.

5 (⇄) 를 눌러서 시작 언어와 도착 언어를 변경하고, **카메라**를 눌러요.

6 일본어 위에 스마트폰을 올려보세요. 번역된 문장을 볼 수 있어요.

삼성 통역 (빠른설정창 통역)

스마트폰 기기에 따라 지원되지 않을 수 있습니다.

1 빠른설정창을 열어서 통역을 눌러요.

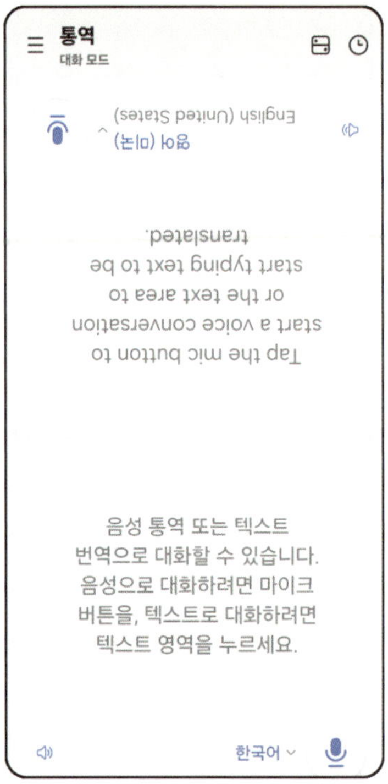

2 상대방이 볼 수 있도록 나뉘어진 통역화면이 열려요.

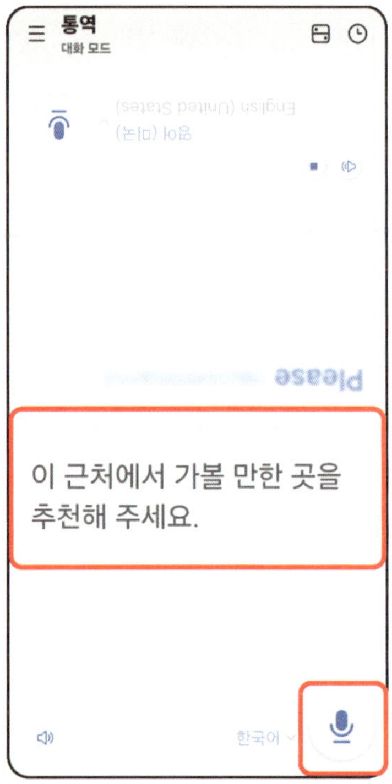

3 한국어 **마이크**를 눌러 말해보세요.

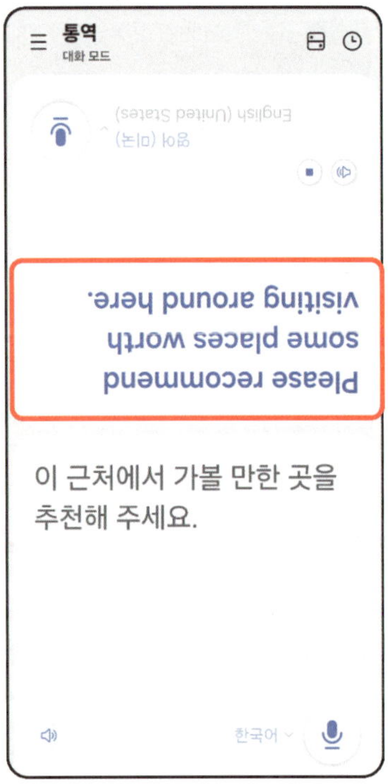

4 말하는 내용이 영어로 번역되어요.

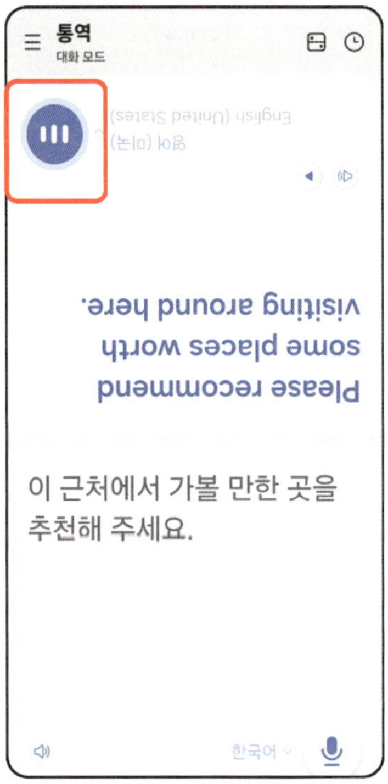

5 번역이 끝나면 **영어마이크**가 자동으로 켜지면서 영어로 말하는 것을 들어요.

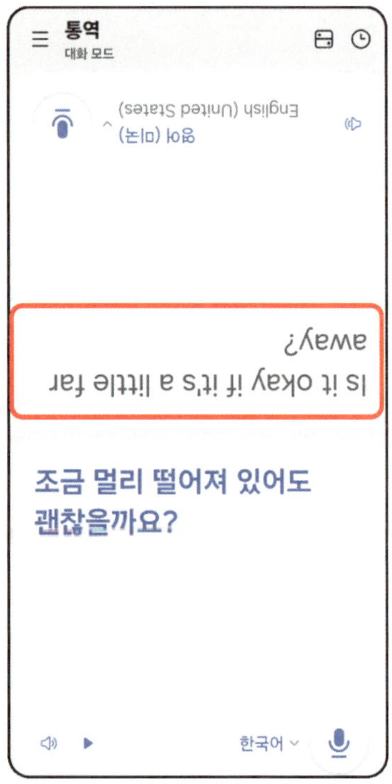

6 상대방이 영어로 말하는 내용이 번역되어요.

삼성 통역 (빠른설정창 통역)

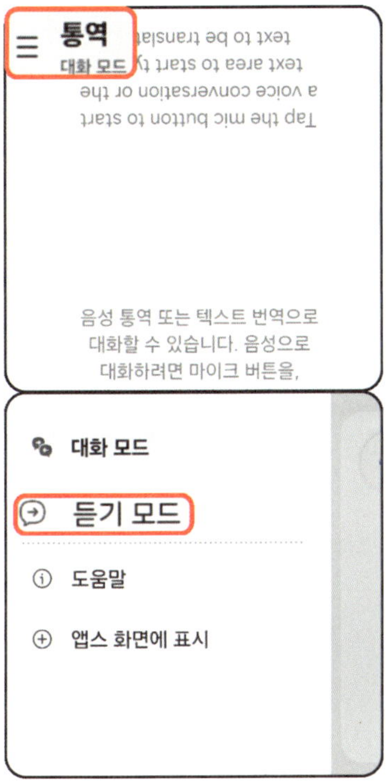

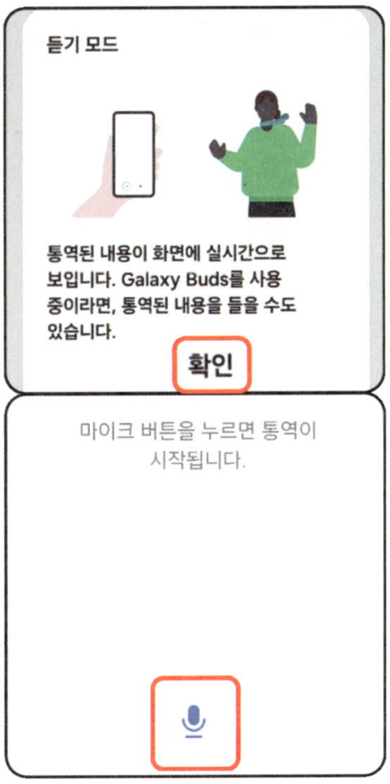

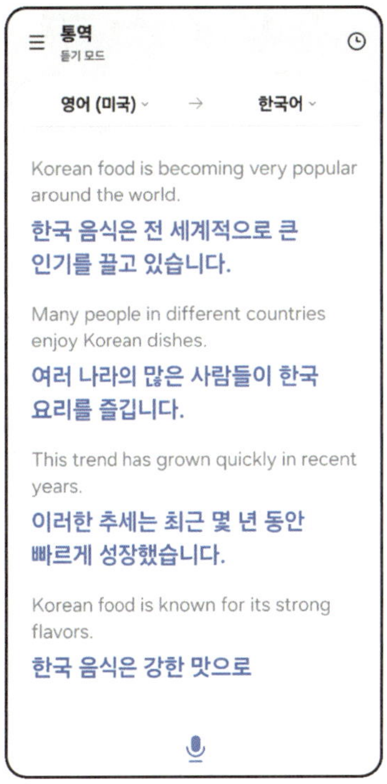

1 통역 대화 모드을 눌러요.
2 **듣기 모드**를 눌러요.

3 **확인**을 눌러요. **마이크**를 누르고 영어를 들려줘요.

4 들리는 영어를 입력해 주고 번역도 해 줍니다.

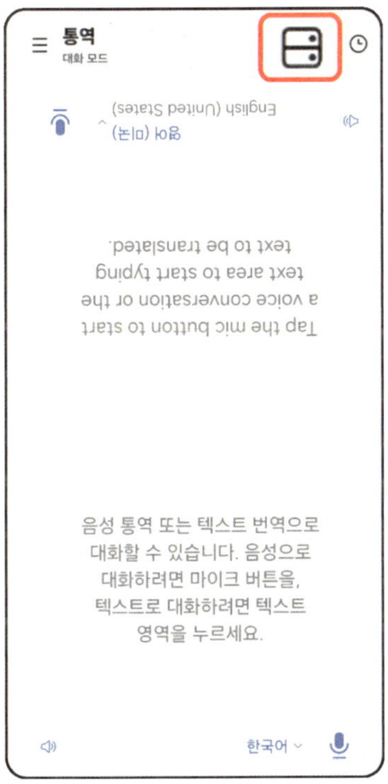

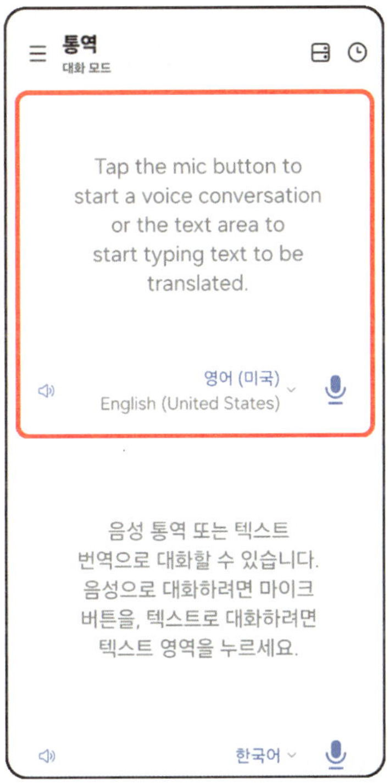

1 버튼을 눌러요.

2 대화창 방향이 바뀌어요.

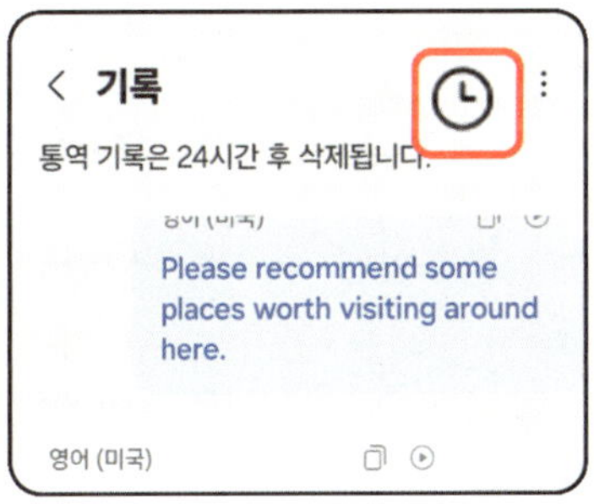

버튼을 누르면 대화 기록이 보여요.

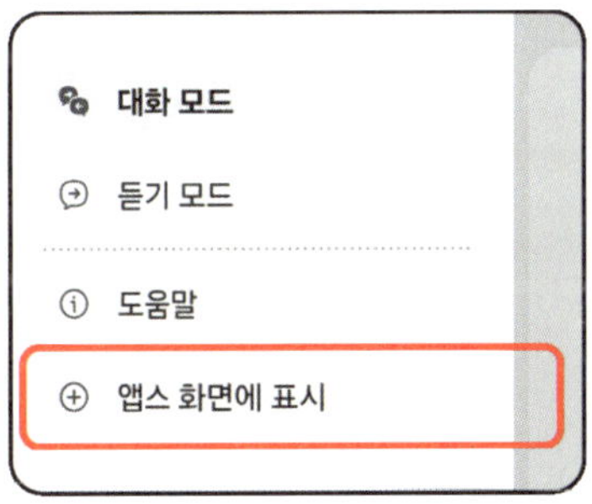

앱스 화면에서 표시를 누르면 통역 아이콘이 앱스 화면에서 보여요.

5장
카카오톡 (활용편)

카카오톡

카카오톡 - 카카오계정 확인

여러 앱에서 회원 가입 시 이메일 주소를 입력하는 경우가 있습니다.
카카오 계정에 등록한 나의 이메일을 확인하는 방법입니다.

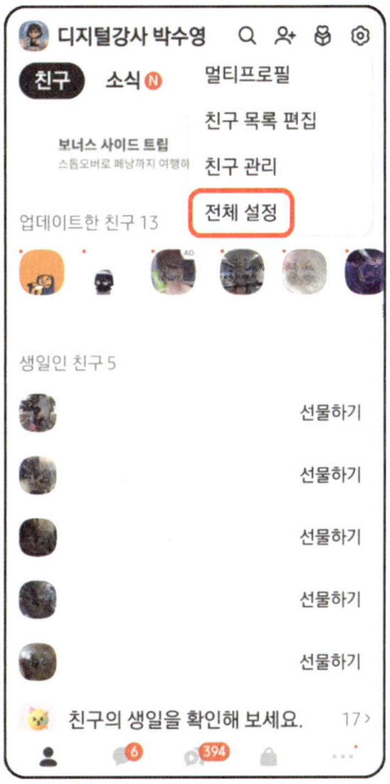

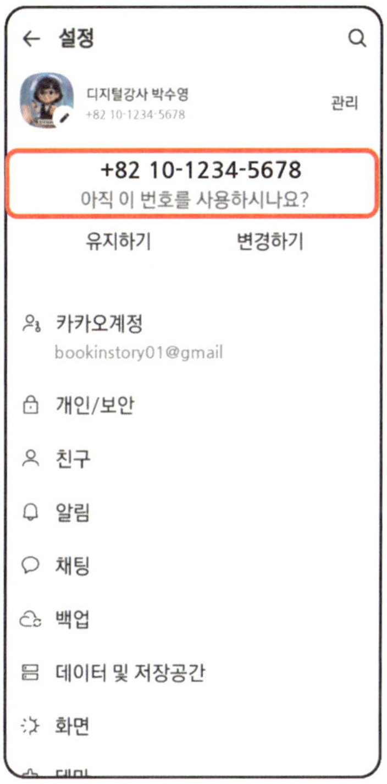

1 카카오톡 친구탭에서 설정을 눌러요.

2 전체설정을 눌러요.

3 카카오계정을 확인해요.

카카오톡 - 글자크기

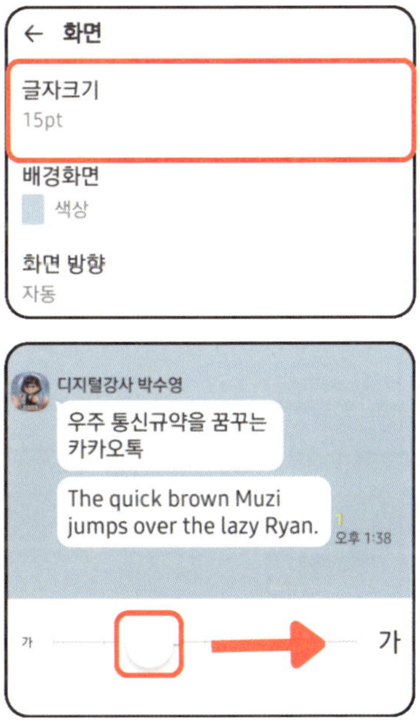

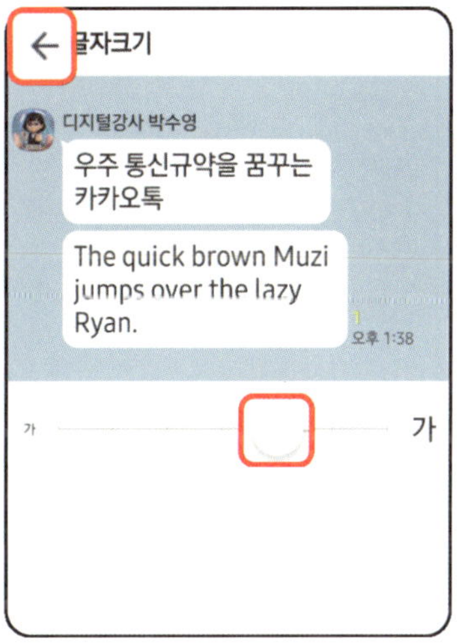

1 카카오톡 글자를 키우기 위해 화면을 눌러요.

2 글자크기를 눌러요. ◯를 오른쪽으로 옮겨서 글자를 키워요.

3 글자가 커졌어요. 대화의 내용을 편하게 읽을 수 있어요. ←를 눌러 직전 화면으로 돌아갑니다.

카카오톡 – 카카오페이 등록

카카오에서 제공하는 모바일 결제 서비스입니다. 통장이나 신용카드를 등록해 두고, 간편하게 물건을 사고 돈을 지불하는 방법이에요.

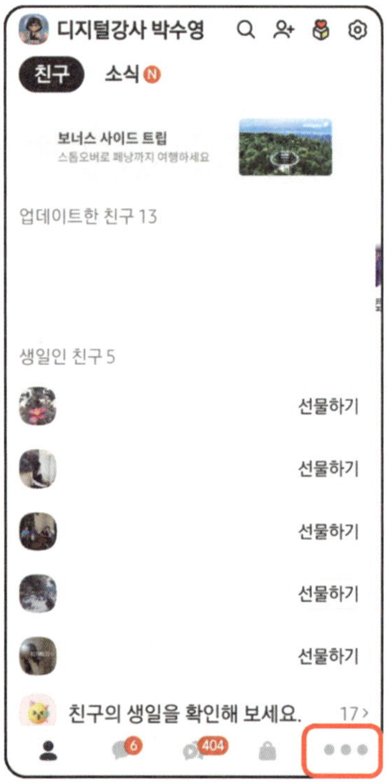

1 아래의 ••• **더보기**를 눌러요.

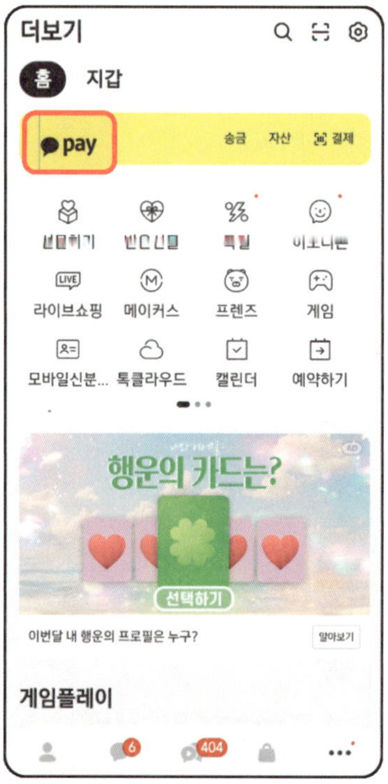

2 pay **페이**를 눌러요.

3 **설정**을 눌러요.

4 화면을 위로 밀어 올리고 **결제 수단**을 눌러요.

5 **등록하기**를 눌러요.

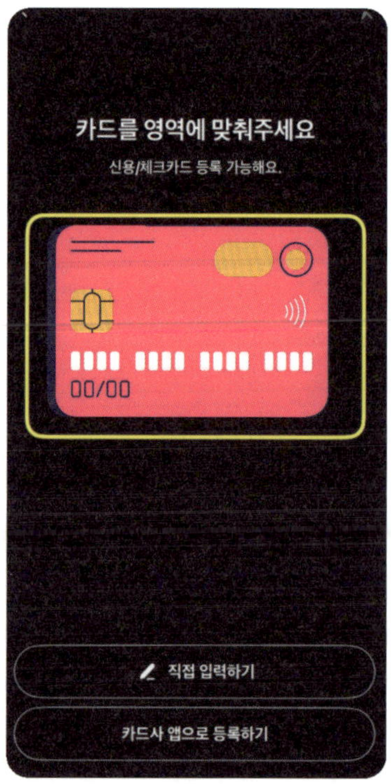

6 **노란 선 안에 카드**가 잘 보이게 해주세요.

카카오톡 - 카카오페이 등록

카드 등록을 하실때 CVC번호는 카드 뒷면 서명란 옆에 있는 번호 입니다.

1 카드 정보를 확인하고 **다음**을 눌러요.

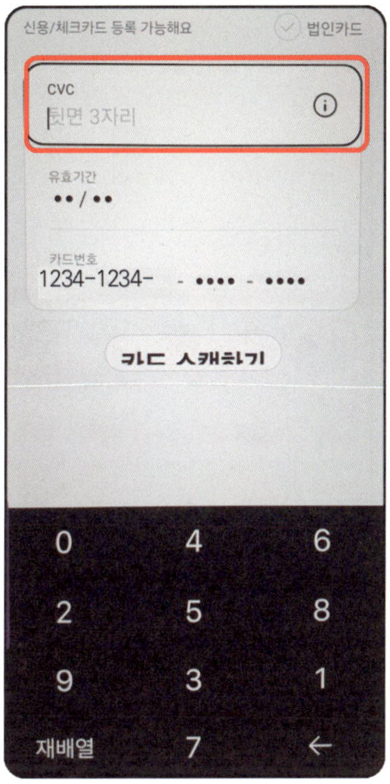

2 카드 뒷면 서명란에 있는 **CVC**를 입력해요.

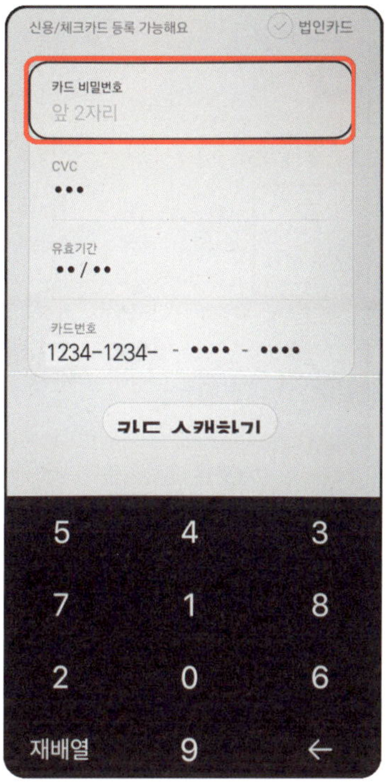

3 **비밀번호 앞 2자리**를 입력해요.

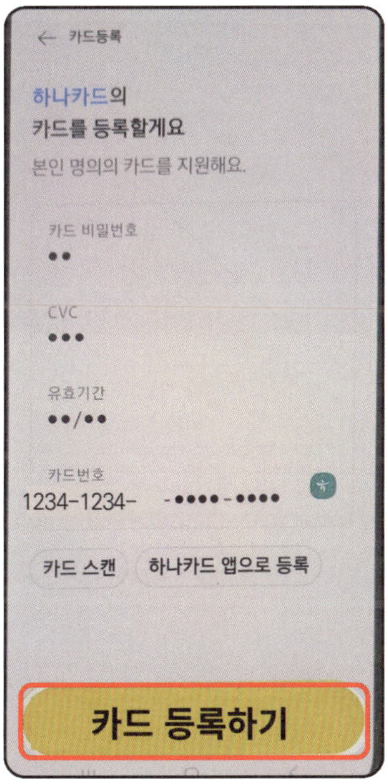

4 **카드 등록하기**를 눌러요.

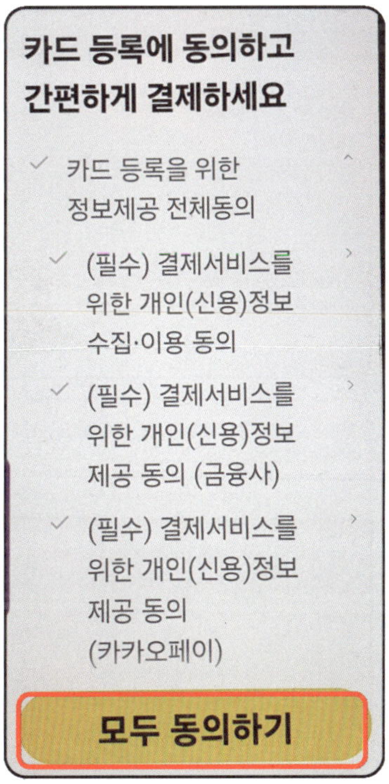

5 **모두 동의하기**를 눌러요.

6 카드가 등록 되었어요.

카카오톡 – 선물하기

상품을 선택하고 상대방의 카카오톡 계정으로 선물을 전송하면 받는 사람이 직접 배송지를 입력하거나 교환권을 받아 사용할 수 있어요.

1 더보기에서 선물하기를 눌러요.

2 을 눌러요.

3 주고 싶은 선물을 눌러요.

4 선물하기를 눌러요.

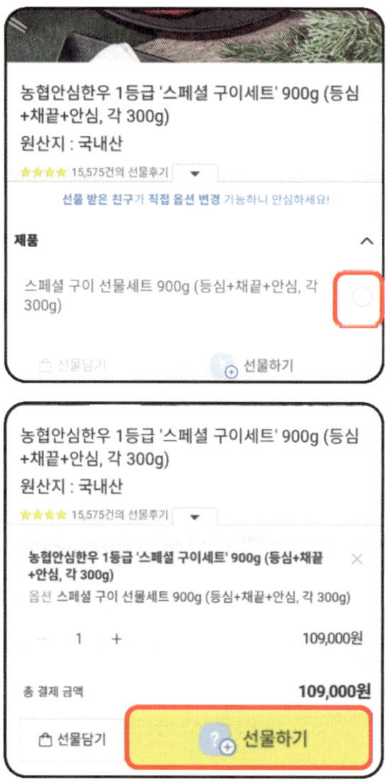

5 구매할 제품 종류를 선택하고 선물하기를 눌러요.

6 보내줄 친구 이름을 눌러요.

카카오톡 – 선물하기

7 선물하기 를 눌러요.

8 인사카드를 선택하고, 결제수단 보기 를 눌러요.

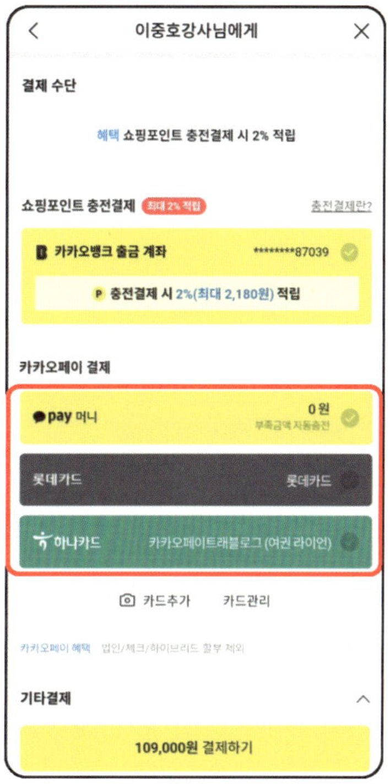

9 결제카드를 선택해요.

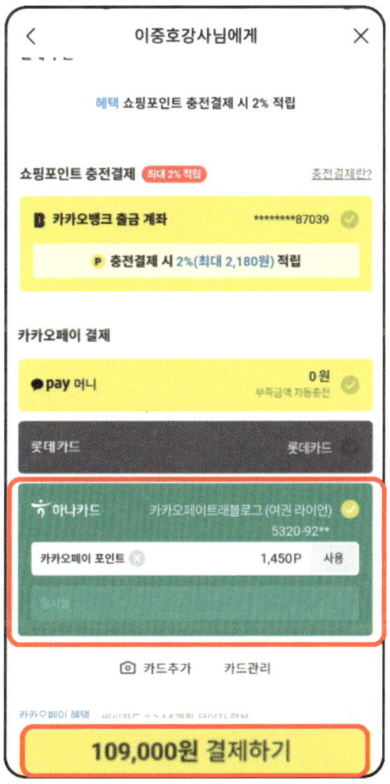

10 카드가 선택되었어요. 결제하기를 눌러요.

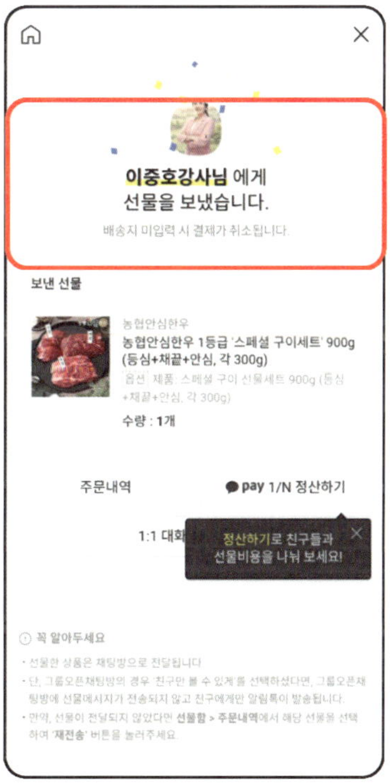

11 결제가 완료 되었어요.

12 친구채팅화면에 선물이 보내졌어요.

카카오톡 – 받은 선물 사용하기

친구에게 받은 선물을 사용해 볼까요.
카카오톡에서 오른쪽 아래 〈더보기〉를 눌러 주세요.

1 받은선물을 눌러요.

2 선물을 선택해요.
구입처를 꼭 확인해요.

3 상품을 선택하고 결제시 바코드를 보여줘요.

카카오톡 – 톡클라우드

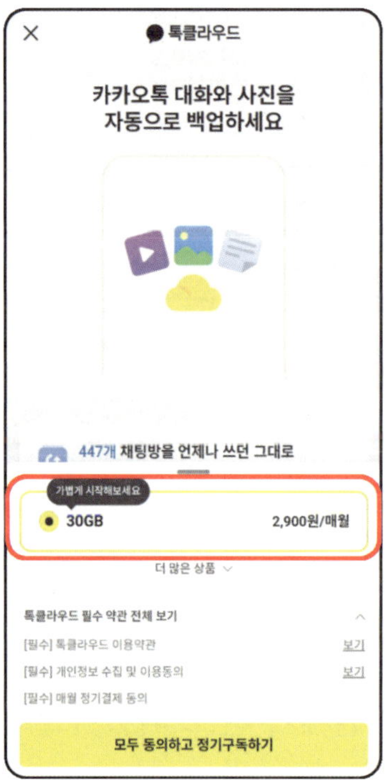

1 톡클라우드를 눌러요

2 정기구독(유료)입니다.

카카오톡 톡클라우드

카카오톡 대화/사진/동영상/파일을 자동으로 백업하고, 새 기기에서도 그대로 복원해 줍니다.
즉, "카톡 전용 백업 보관함"입니다.
톡클라우드는 매월 비용을 지불하는 유료 서비스입니다.

카카오톡 – 일반채팅

대화창에서는 텍스트, 이미지, 동영상, 음성 파일 등을 주고받을 수 있으며, 그룹 채팅을 통해 여러 사람과 동시에 대화를 나눌 수도 있습니다.

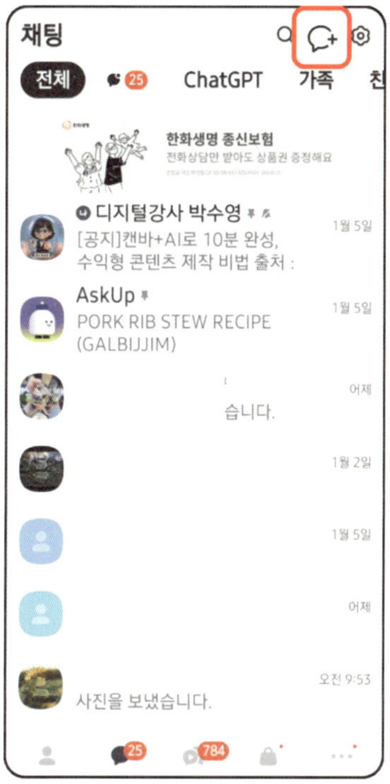

1 채팅 탭을 선택 후 (새로운채팅)을 눌러요.

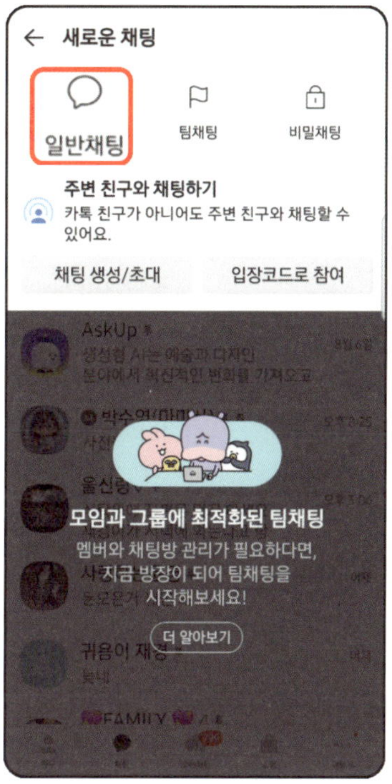

2 일반채팅을 눌러요. 우리가족 그룹채팅방을 만들어 봅니다.

3 대화상대를 선택하고 다음을 눌러요.

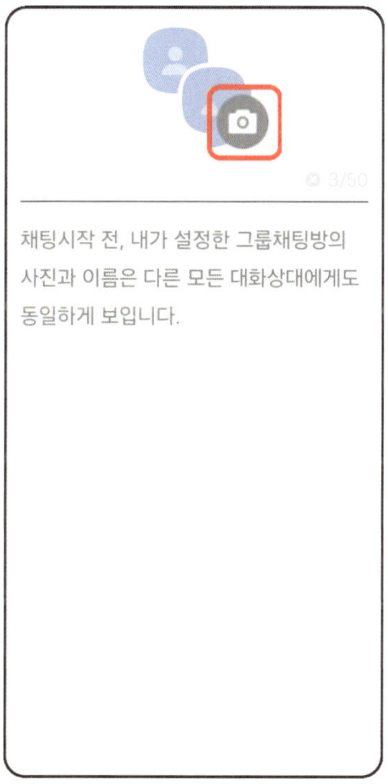

4 채팅방의 프로필을 등록하기 위해 를 눌러요.

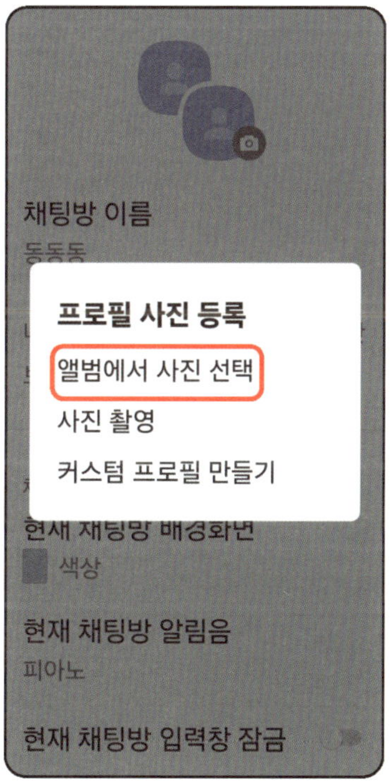

5 앨범에서 사진 선택을 눌러요.

6 앨범에서 사진을 선택해요.

카카오톡 – 일반채팅

가족 또는 친구들과 함께 채팅방을 만들어 소소한 일상을 공유해 보세요.

7 **확인**을 눌러요.

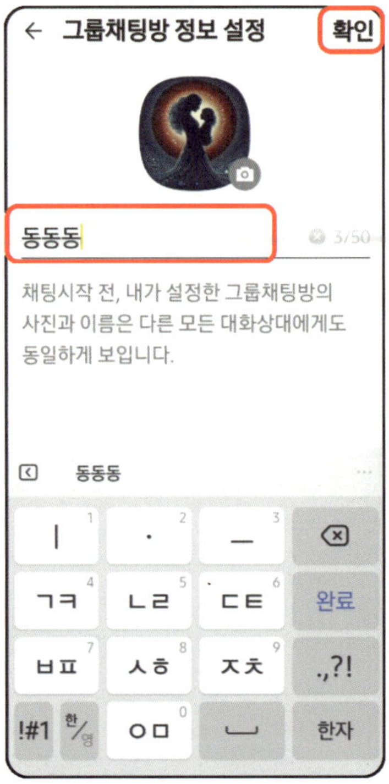

8 **채팅방 이름**을 입력하고 **확인**을 눌러요..

9 **다시 열지 않음**을 눌러요.(알림창 닫기)

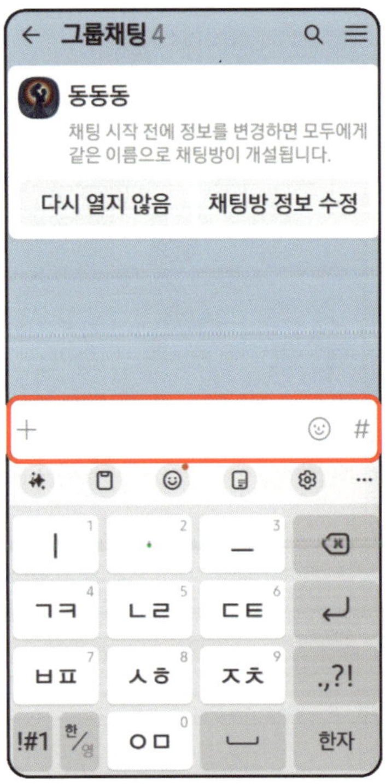

10 **채팅창**에서 이모티콘이나 메시지를 보내요.

11 그룹 채팅방이 생겼어요.

카카오톡 – 팀채팅

여러 사람이 함께 대화를 나눌 수 있는 그룹 채팅방 중 하나로, 그룹채팅과 달리 관리자가 있어서, 대화 가리기, 팀원 내보내기를 할 수 있습니다.

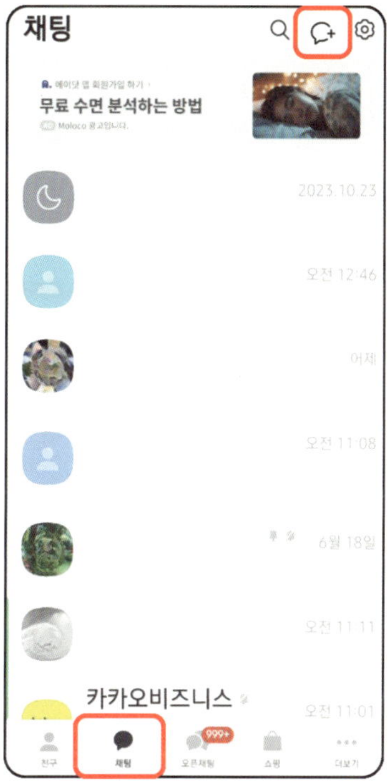

1 **채팅탭** 상단의 [ ] 를 눌러요.

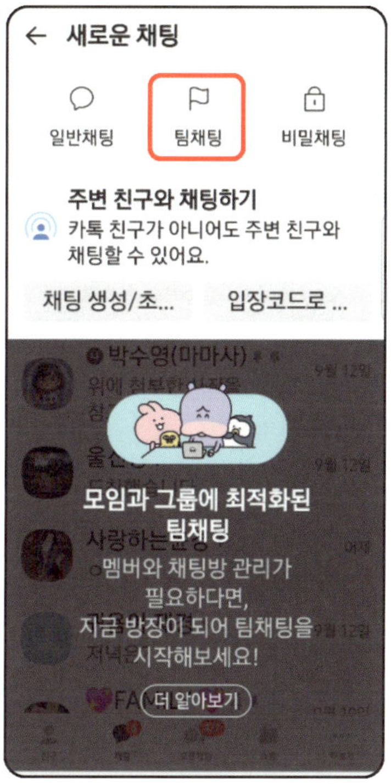

2 **팀채팅**을 눌러요.

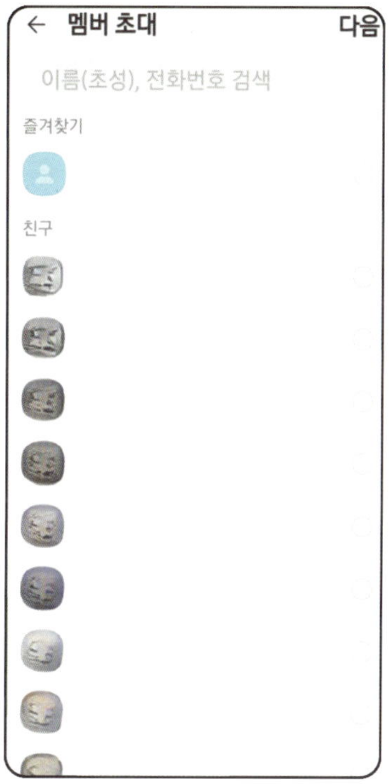

3 카카오톡 친구 목록입니다.

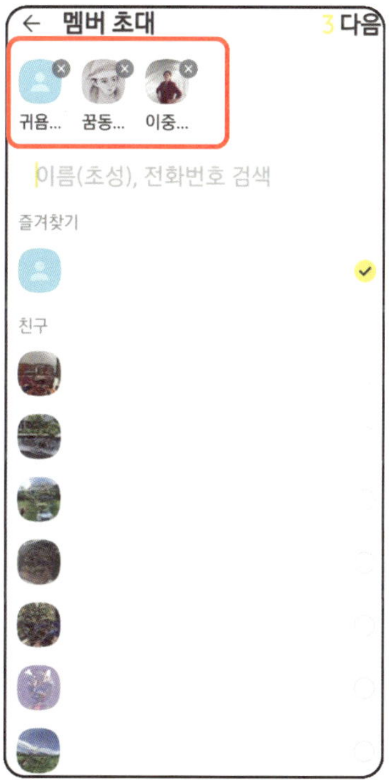

4 멤버를 선택하고 **다음**을 눌러요.

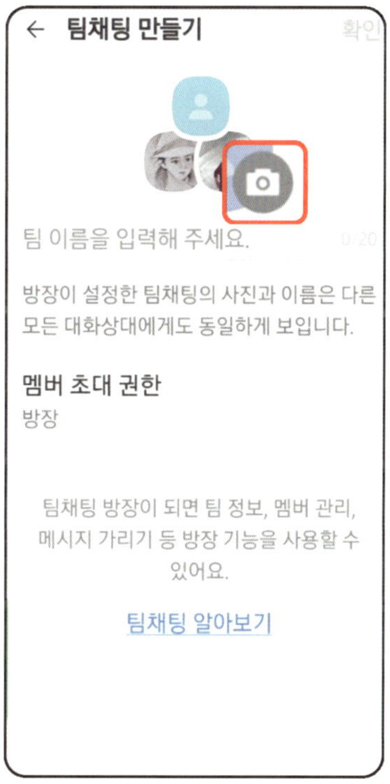

5 [ ] **카메라**를 눌러요.

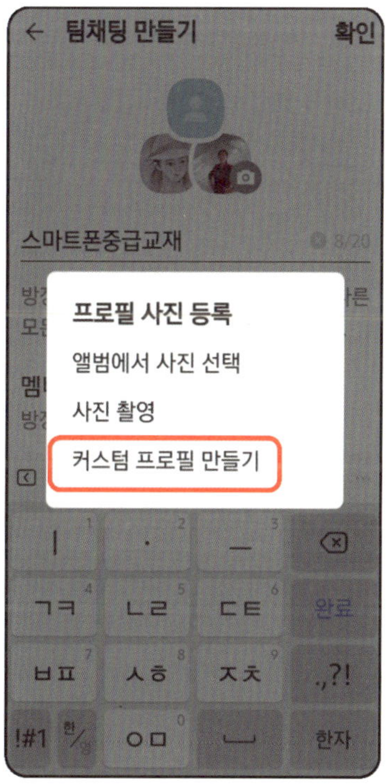

6 **커스텀프로필 만들기**를 눌러요.

팀채팅 커스텀 프로필 만들기

커스텀 프로필 : 채팅방의 프로필을 캐릭터, 배경색, 폰트를 원하는 것으로 선택하여 직접 만드는 것

1 하단의 ☺ 을 눌러요.

2 **이모티콘**을 선택해요.

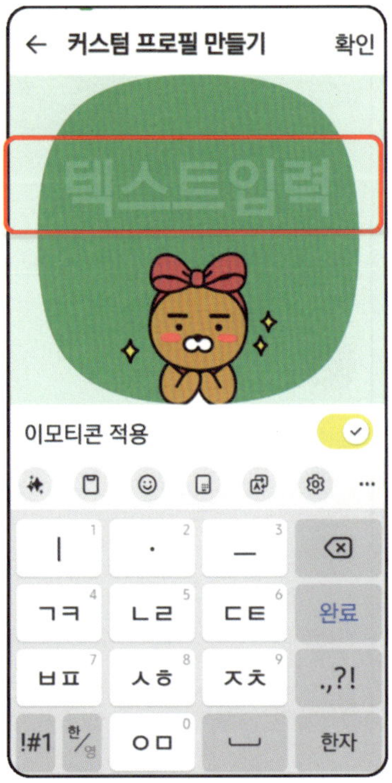

3 팀채팅방의 **이름**을 입력해요.

4 커스텀 프로필 이름을 입력하고 **확인**을 눌러요.

5 **팀채팅 이름**을 입력하고 **확인**을 눌러요.

6 인사를 나누면서 채팅을 시작해요.

팀채팅 내보내기

팀채팅방에서 특정 사용자를 제외시키는 기능입니다. 특정 사용자의 메시지를 차단하거나, 사용자가 더 이상 팀채팅방에 참여하지 않도록 할 수 있습니다.

1 팀채팅방 우측 상단의 ☰을 눌러요.

2 **팀채팅 관리**를 눌러요.

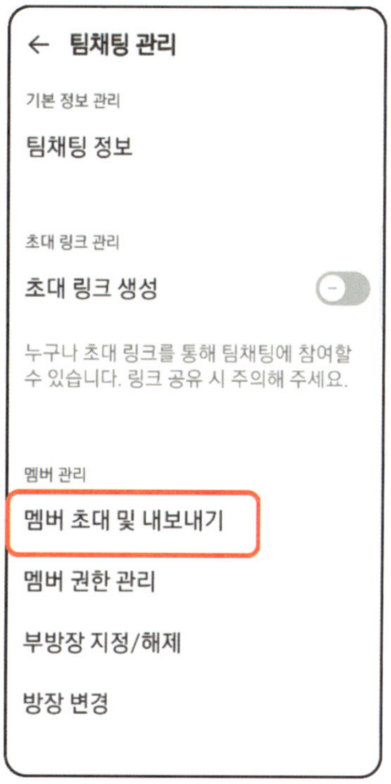

3 **멤버 초대 및 내보내기**를 눌러요.

4 내보내기 할 친구를 선택해서 **내보내기**를 눌러요.

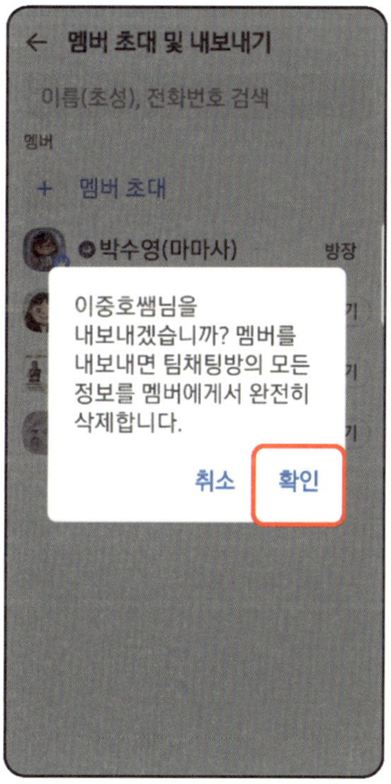

5 **확인**을 눌러요.

6 내보기가 되었습니다.

카카오톡 – 오픈채팅방 만들기

카카오톡 오픈채팅은 카카오톡 메신저를 통해 불특정 다수의 사람들과 자유롭게 채팅을 즐길 수 있는 온라인 공간입니다.

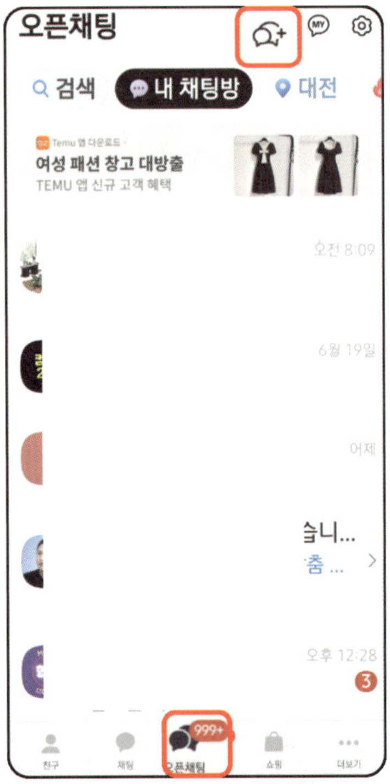

1 오픈채팅 탭에서 대화 시작하기를 눌러요.

2 그룹 채팅을 눌러요.

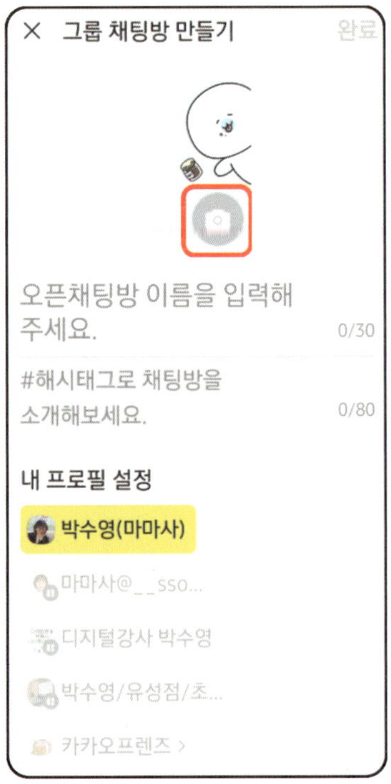

3 를 눌러요.

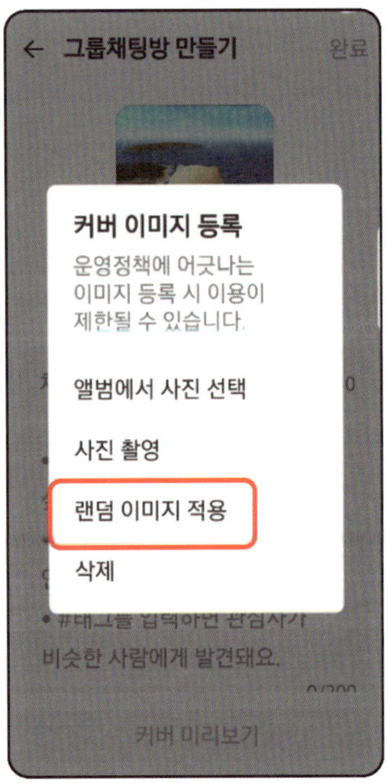

4 랜덤 이미지 적용을 눌러요.

5 채팅방 이름을 입력하고 위로 올려요.

6 채팅방 주제를 선택하고 위로 올려요.

카카오톡 -오픈채팅방 만들기

7 기본프로필로만 참여 허용을 비활성화해요

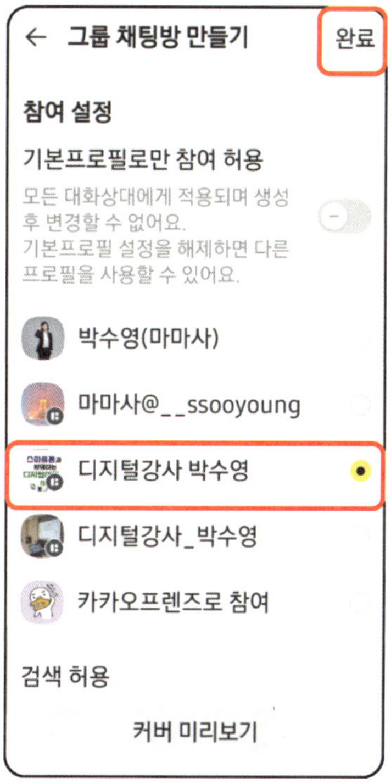

8 원하는 프로필을 선택 후 완료를 눌러요.

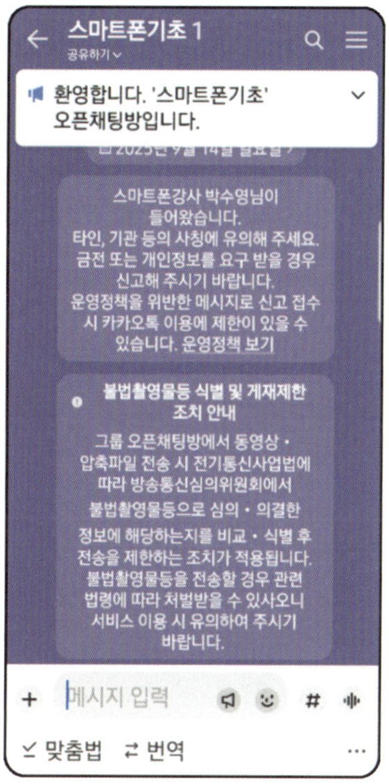

9 오픈 채팅방이 만들어 졌어요.

카카오톡 오픈 채팅방의 장점은 다음과 같습니다.

- 다양한 주제의 모임에 참여할 수 있습니다.
- 실시간으로 빠르게 소통할 수 있습니다.
- 자신의 이름 대신 별명을 사용할 수 있습니다.
- 스마트폰만 있으면 어디서나 간편하게 참여할 수 있습니다.
- 다른 사람들과의 대화를 통해 새로운 정보를 얻고 서로 도움을 주고 받을 수 있습니다.
- 개인정보 보호와 보안에 주의해야 하며, 타인에게 피해를 줄 수 있는 행동은 자제해야 합니다.

오픈채팅 - 일정등록, 공지하기

모임, D-day와 같은 일정을 등록하고 언제든 확인할 수 있도록 공지사항으로 등록하는 방법을 알아봅니다.

1 ☰을 눌러요.

2 **일정**을 눌러요.

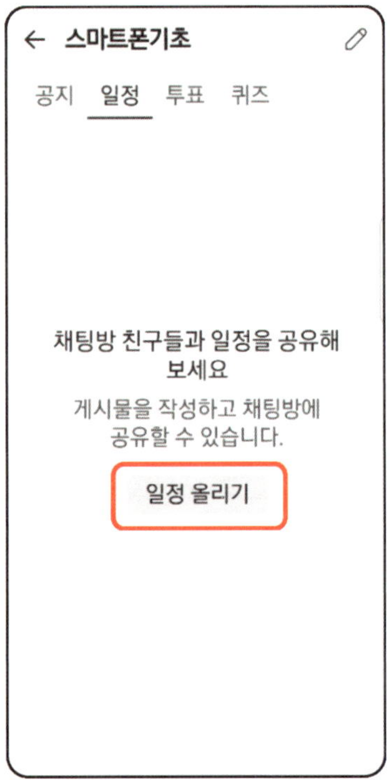

3 **일정 올리기**를 눌러요.

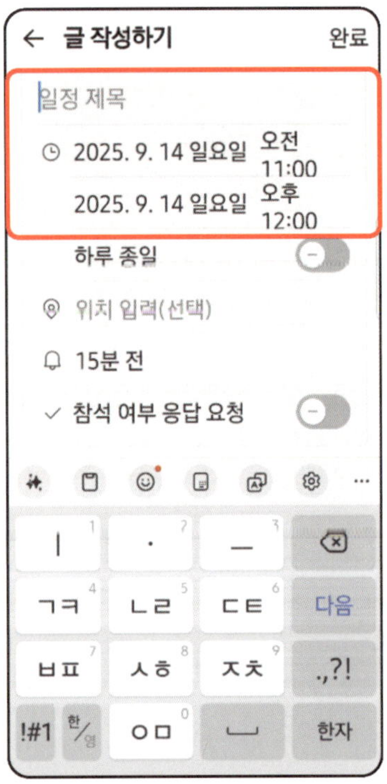

4 **일정 제목란**에 일정을 입력하고 날짜와 시간을 설정해요.

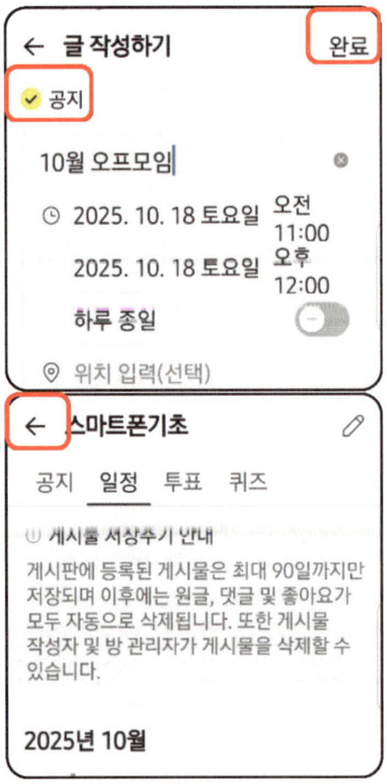

5 **공지**를 선택한 후 **완료**를 누르고 **뒤로가기**를 눌러요.

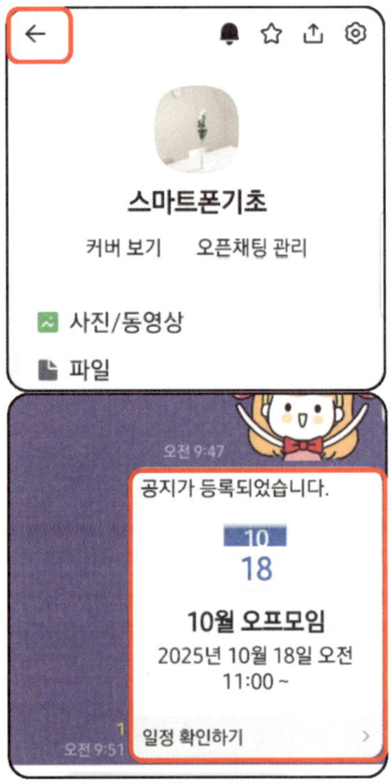

6 뒤로가기를 눌러요. 채팅방에 **일정과 공지**로 등록되었어요.

채팅방 나가는 두가지 방법

방법 1

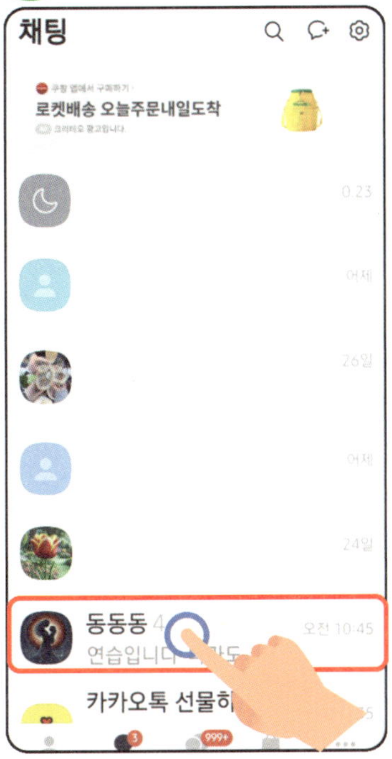

1 카카오톡 채팅방탭에서 **나갈 채팅방**을 꾹~욱 눌러요.

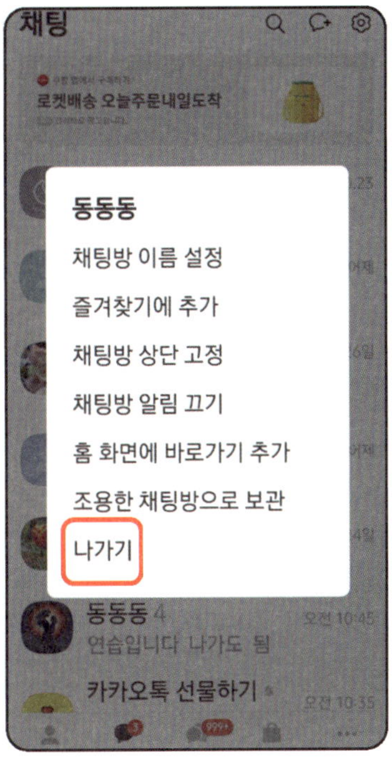

2 **나가기**를 눌러요.

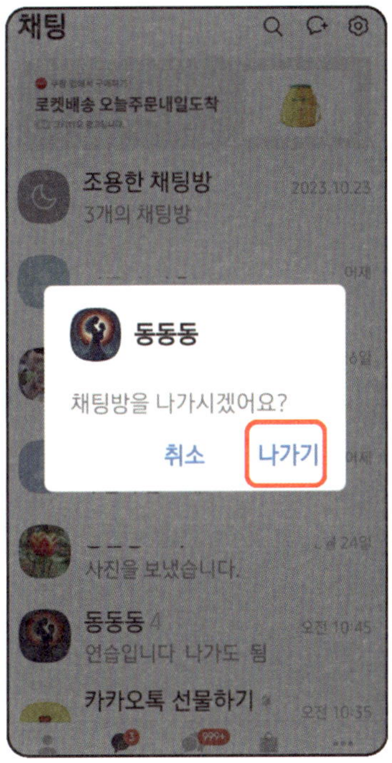

3 **나가기**를 눌러요.

방법 2

조용히 나가기를 체크하고 나가기를 누르면 채팅방에 표시 되지 않습니다.

1 채팅방에서 우측 ☰을 눌러요.

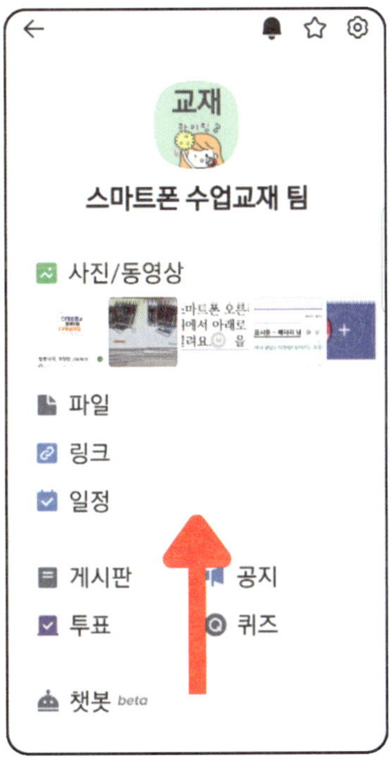

2 화면을 위로 밀어 올려요.

3 **채팅방 나가기** 눌러요.

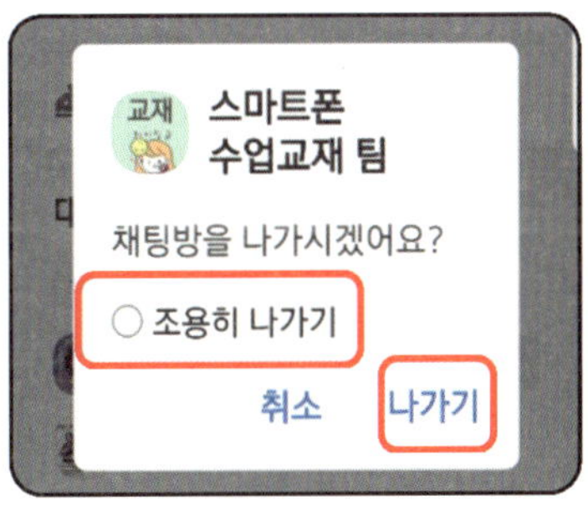

4 **조용히 나가기** 누른 후 **나가기**를 눌러요.

6장
모바일 인증서

PASS(패스) – 설치 및 회원 가입

이동통신 3사(SKT, KT, LG U+)가 공동으로 운영하는 본인 인증 서비스 앱 입니다.
패스 사용 시에 비밀번호가 필요해요. 수첩에 잘 메모해 두세요.

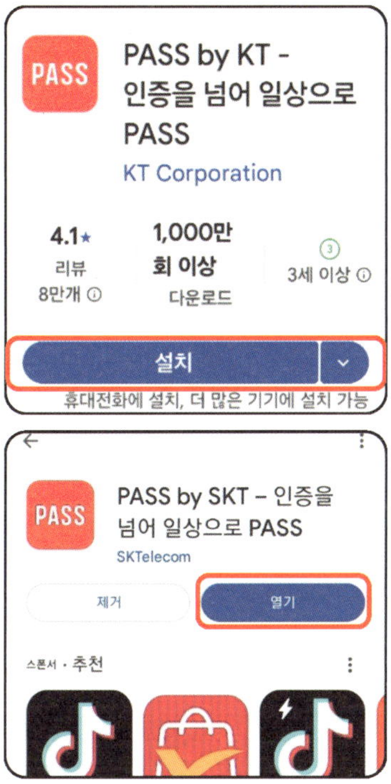

1 에서 패스를 검색하고, 설치 후 열기를 눌러요.

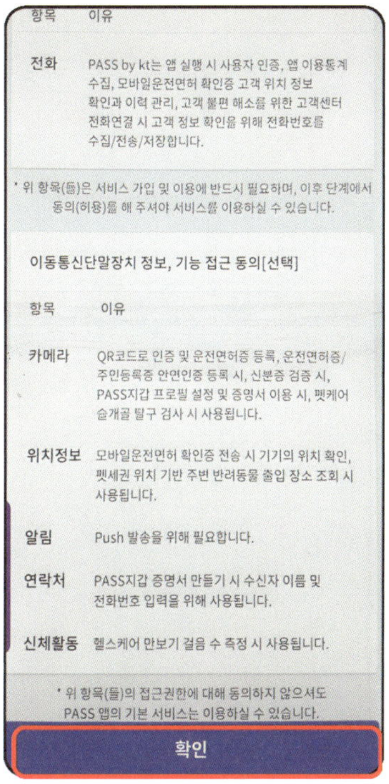

2 권한 동의 확인을 눌러요.

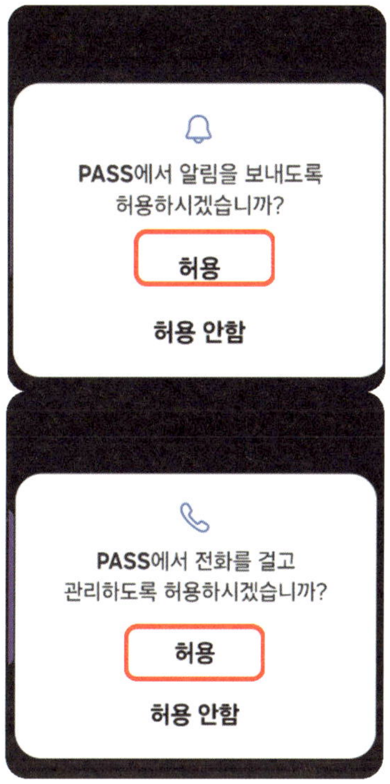

3 허용을 눌러요.

4 이름, 주민등록번호를 입력해요.

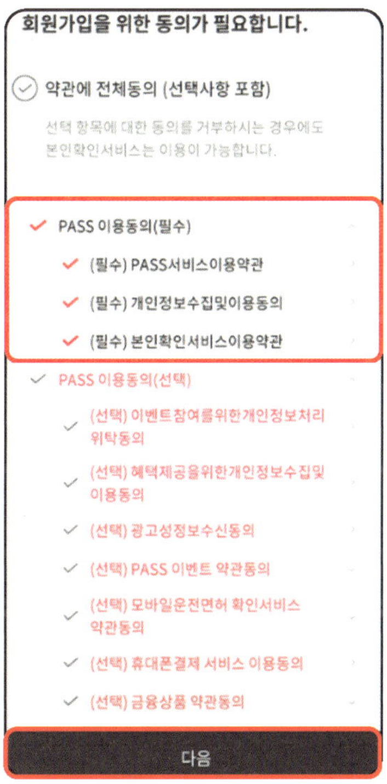

5 PASS 필수 항목 모두 동의를 선택 후 다음을 눌러요.

6 인증번호가 왔어요.

PASS (패스) - 모바일 신분증 등록

패스 앱에서 모바일 신분증을 등록해 두면 실물 신분증 대신 신분 조회를 할 수 있습니다. 병의원에서 사용 가능합니다.

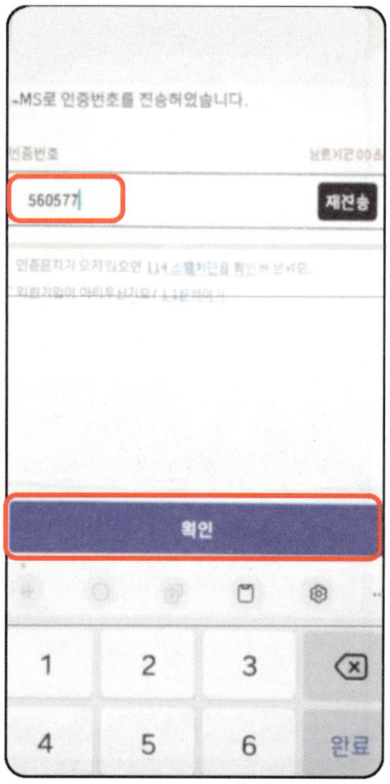

7 메시지로 받은 인증번호를 입력하고 **확인**을 눌러요.

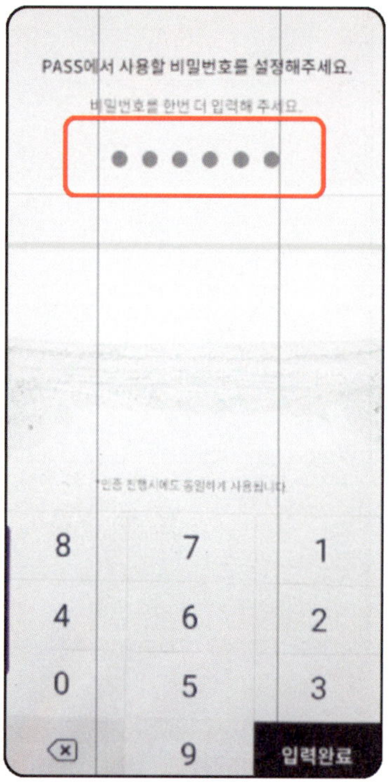

8 패스 앱을 사용할 **비밀번호 6자리 두번** 입력해요.

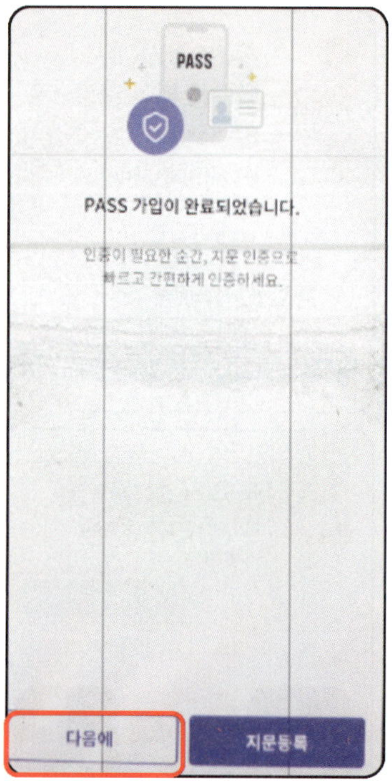

9 **다음에**를 눌러요.

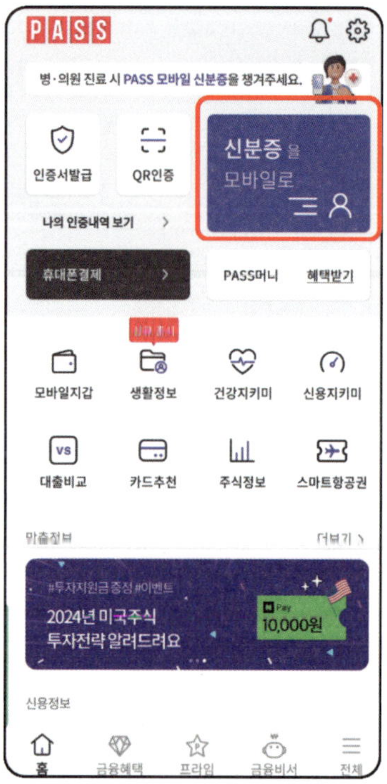

10 **신분증을 모바일로 편리하게** 눌러요.

11 **주민등록증 등록**을 눌러요.

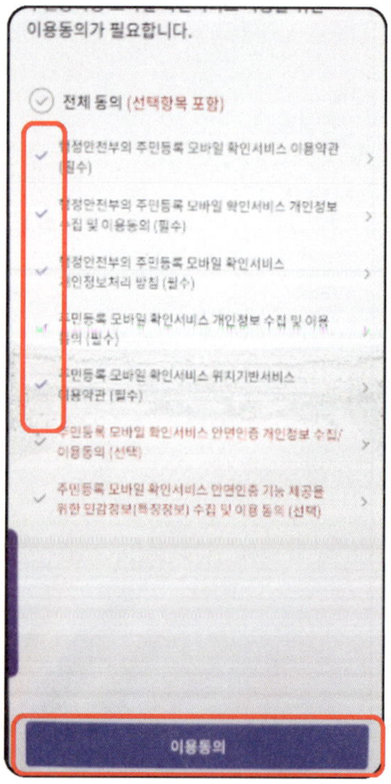

12 필수항목을 선택하고 **이용동의**를 눌러요.

PASS (패스) - 모바일 신분증 등록

모바일 신분증을 사용하면 병의원에서 신분을 증명할 수 있습니다.
스마트폰의 모바일 신분증 앱을 보여주면 됩니다.

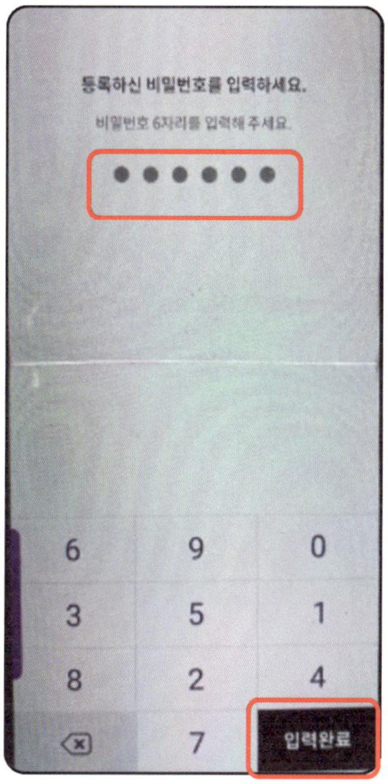

13 **패스 비밀번호 6자리**를 두번 입력하고 **입력완료**를 눌러요.

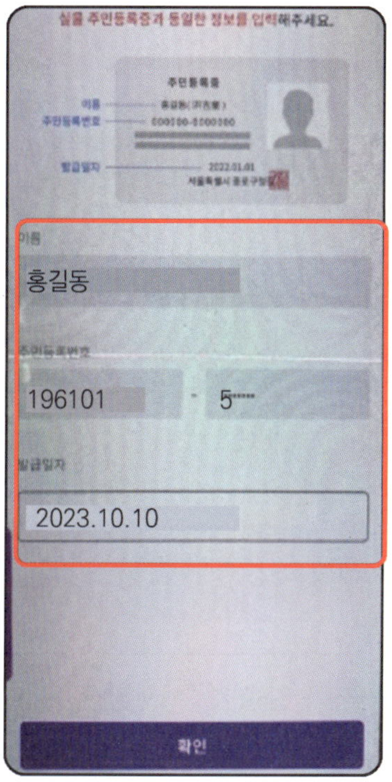

14 **실문 주민등록증과동인한 정보를 입력**해요 .

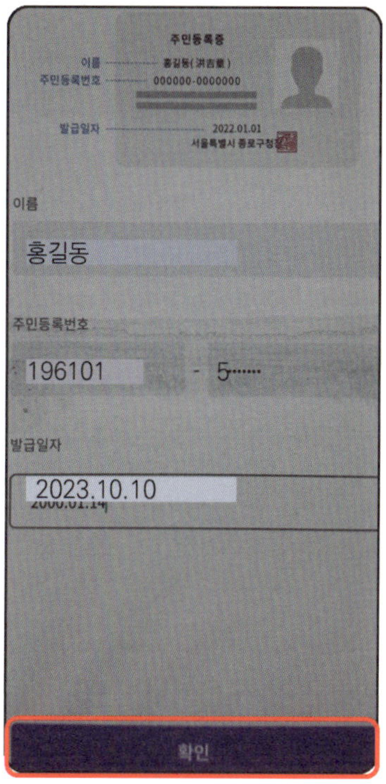

15 **확인**을 눌러요.

16 **동의하고 시작**을 눌러요.

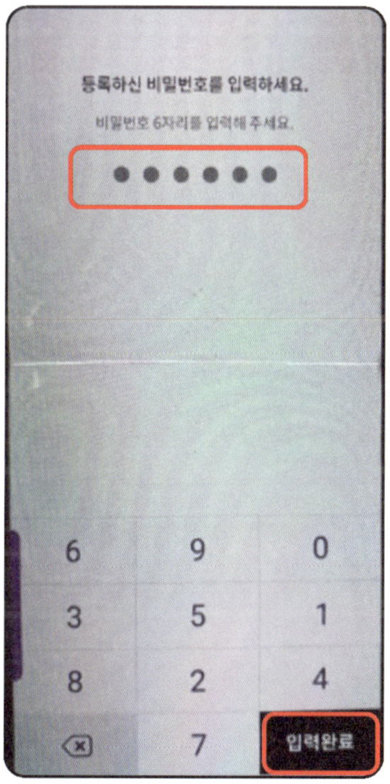

17 **패스 비밀번호 6자리**를 입력하고 **입력완료**를 눌러요.

18 얼굴을 동그라미 안에 맞춰 주세요. 자동 촬영이 시작됩니다.

PASS (패스) - 모바일 신분증 등록

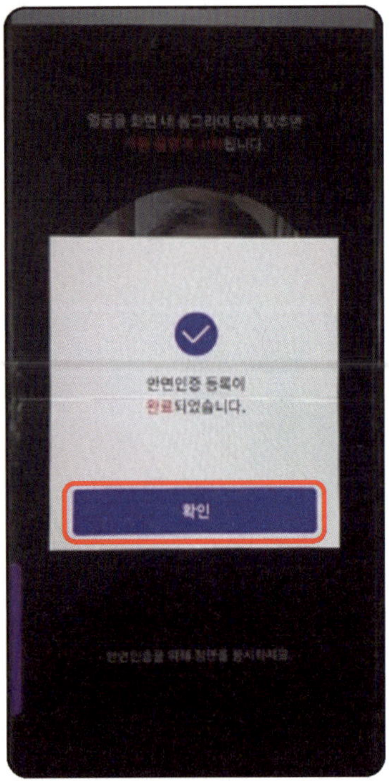

19 **확인**을 눌러요.

20 등록이 완료 되었어요.

모바일 신분증
사용하는 방법

1. 패스앱을 열어요.
2. 모바일 신분증을 눌러요.
3. 비밀번호를 입력해요.
4. 모바일 신분증 화면이 나와요.
5. 상세정보 표시를 누르면 신분증의 자세한 내용을 볼 수 있어요.

모바일 건강보험증

국민건강보험공단에서 제공하는 모바일 앱으로, 스마트폰에서 간편하게 건강보험증을 확인하고 관리할 수 있도록 지원합니다.

1 에서 모바일 건강보험증을 검색하고 **설치 후 열기**를 눌러요.

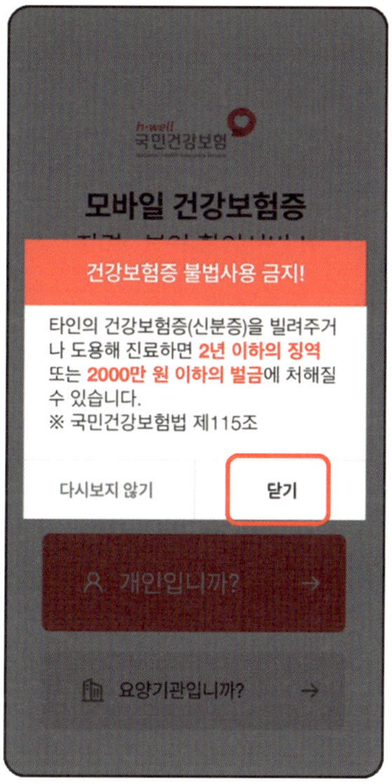

2 건강보험증 불법사용 금지내용을 읽고 **닫기**를 눌러요.

3 **개인입니까?**를 눌러요.

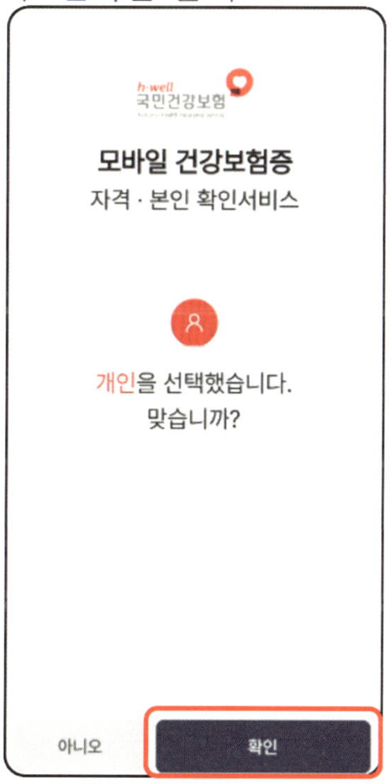

4 **확인**을 눌러요.

5 한국어로 선택하고 **확인**을 눌러요.

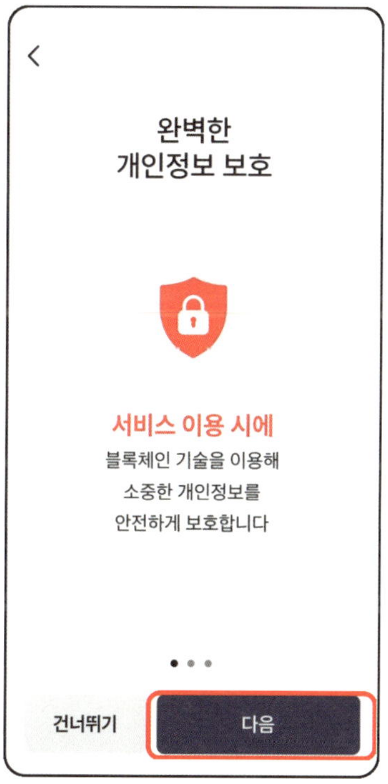

6 **다음**을 눌러요.

모바일 건강보험증

병원 방문 시 신분증 대신 제시하여 본인 확인 용도로 사용할 수 있습니다

7 **다음**을 눌러요.

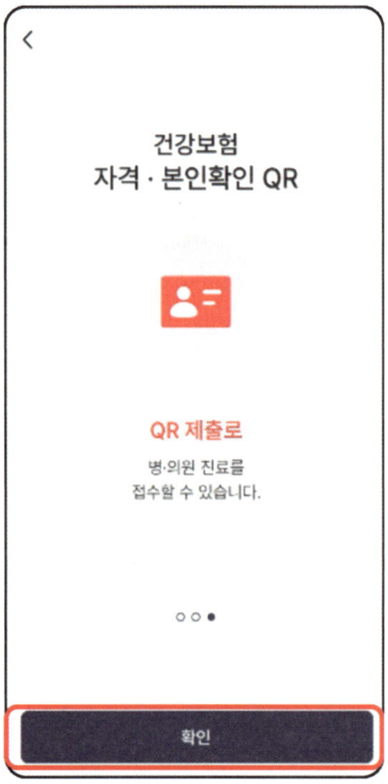

8 **확인**을 눌러요.

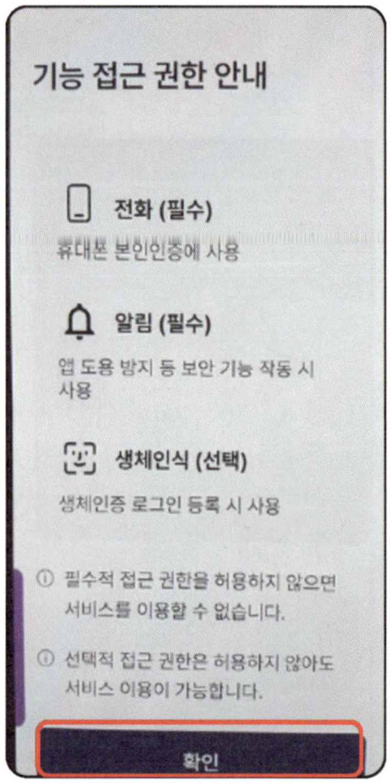

9 **확인**을 눌러요.

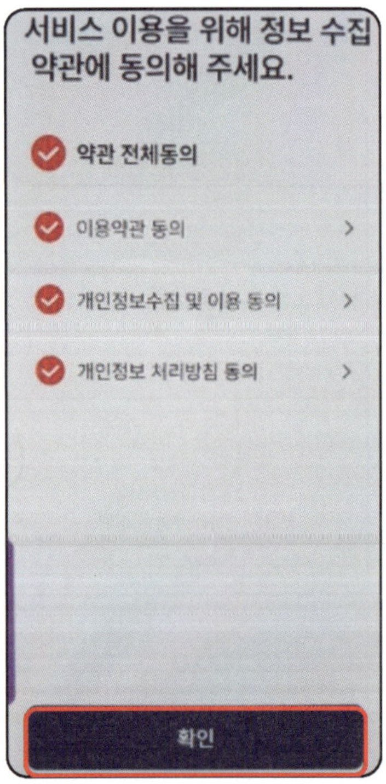

10 **약관 전체 동의**를 선택하고 **확인**을 눌러요.

11 **허용**을 눌러요.

12 **허용**을 눌러요.

모바일 건강보험증

보험 정보가 변경될 때마다 종이 보험증을 재발급받을 필요 없이 자동으로 업데이트가 가능합니다.

1 **본인확인하기**를 눌러요.

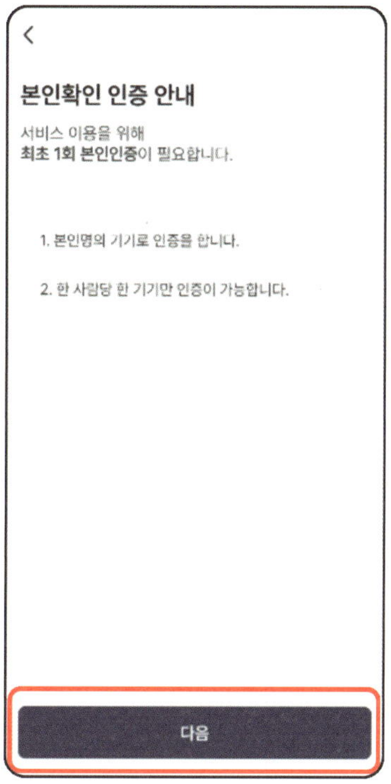

2 **다음**을 눌러요.

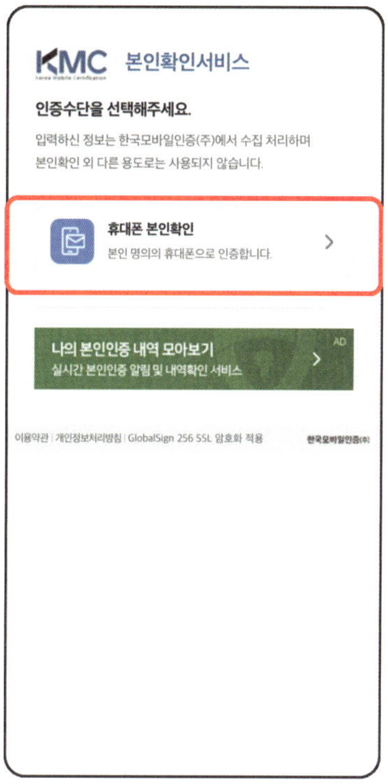

3 **휴대폰 본인확인**을 눌러요.

4 통신사 선택 후 **전체동의** 누르고 **문자로 인증하기**를 눌러요.

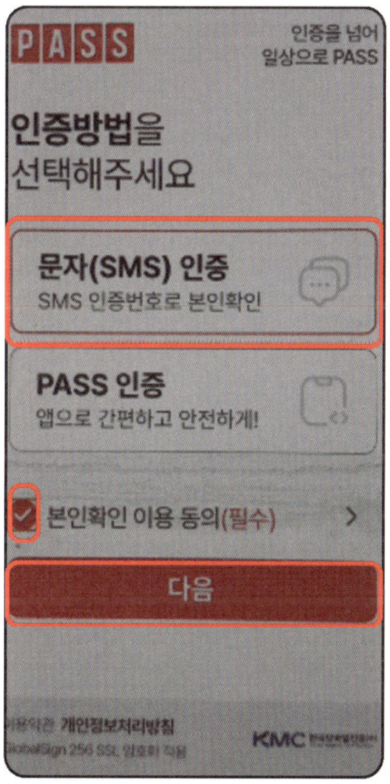

5 **문자로 인증** 누르고 **이용동의** 체크 후 **다음**을 눌러요.

6 **이름, 주민번호, 휴대폰 번호와 보안문자**를 입력하고 **확인**을 눌러요.

모바일 건강보험증

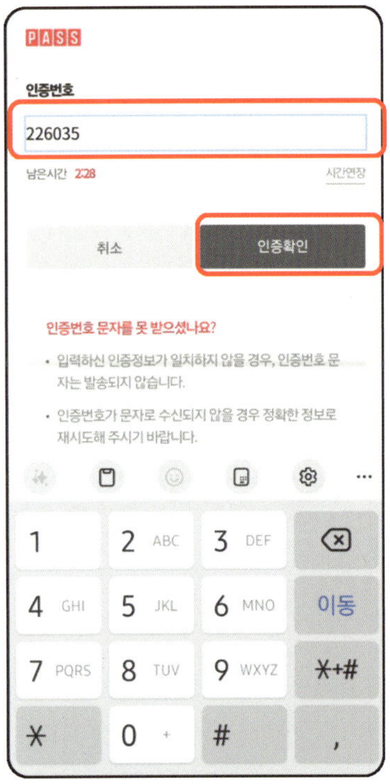

7 **인증번호** 입력하고 **인증확인**을 눌러요.

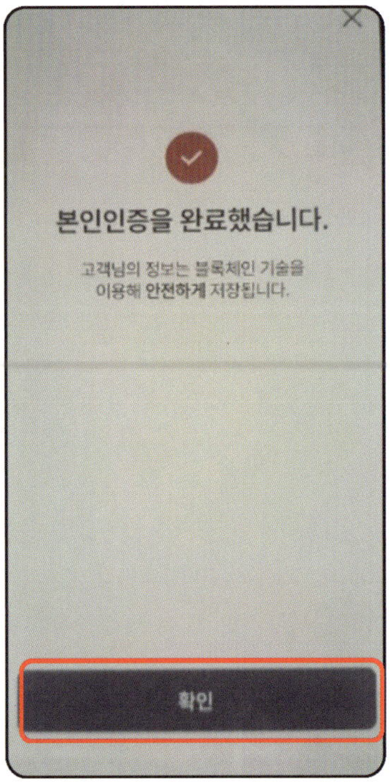

8 **확인**을 눌러요.

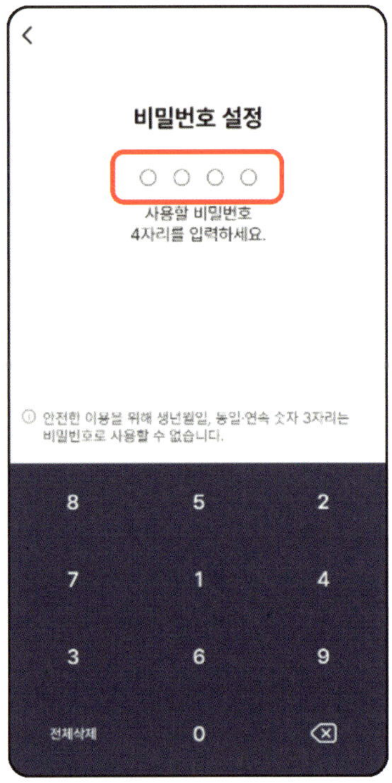

9 **비밀번호**를 입력해요

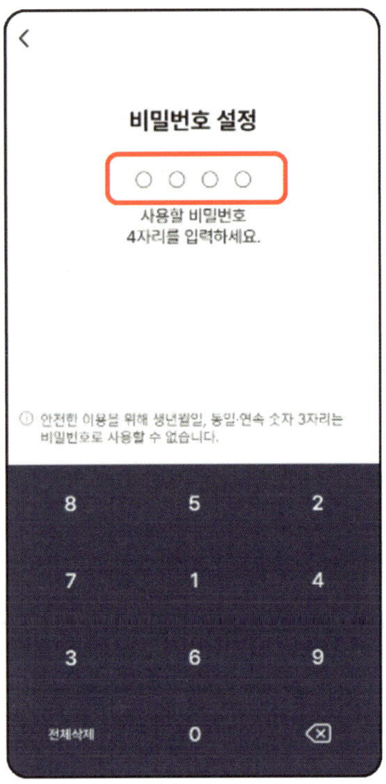

10 **비밀번호**를 다시한번 더 입력합니다.

11 **건강보험증**을 누르면 보험증에 대한 내용을 볼 수 있어요.

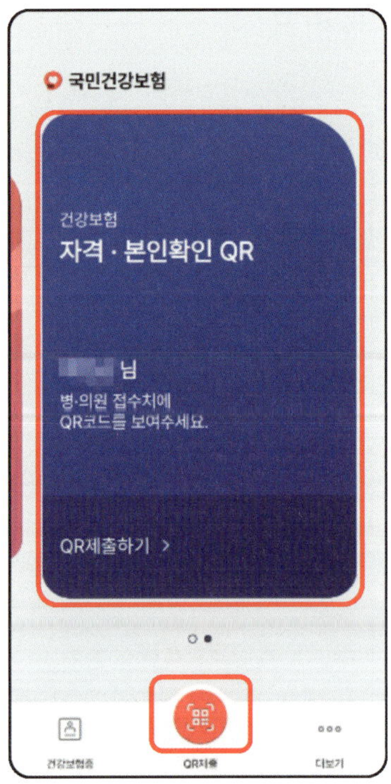

12 **큐알코드나 바코드** 필요할 경우 눌러요.

7장
건강앱

건강e음

삼성헬스

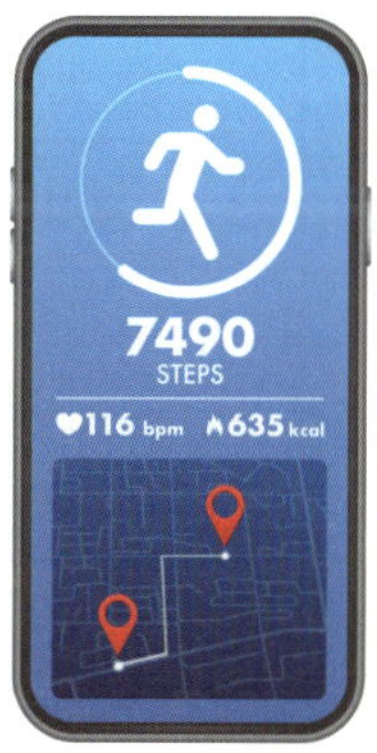

건강e음 – 설치

건강보험심사평가원의 모바일 앱 서비스. 최근 1년간의 의약품 투약 내역 및 개인별 알러지 · 부작용 정보 등을 확인할 수 있는 서비스(조회일 기준)

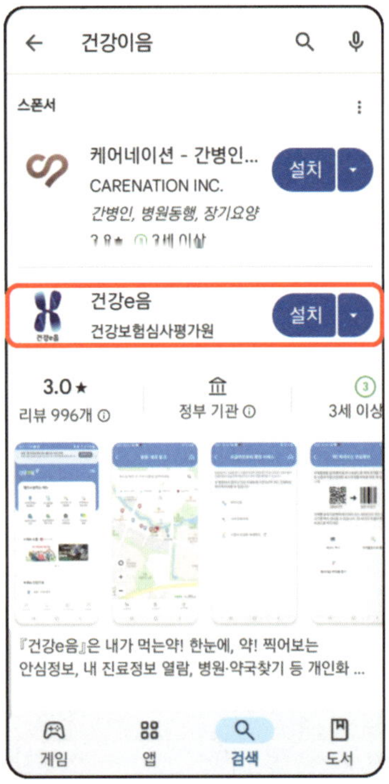

1 ▶에서 건강e음을 검색해서 **설치후 열기**를 눌러요.

2 **확인** 눌러요.

3 **앱 사용 중에만 허용**을 눌러요.

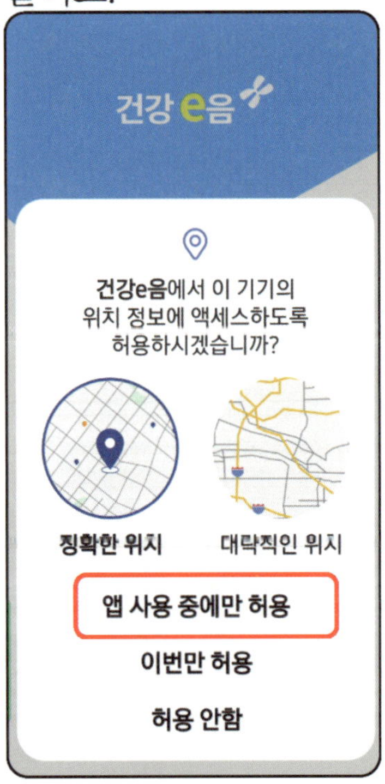

4 **앱 사용 중에만 허용**을 눌러요.

5 **허용 안함**을 눌러요.

6 **허용**을 눌러요.

건강e음 - 로그인(회원가입)

건강e음앱은 건강보험공단에서 제공하는 건강 관련 정보를 제공하는 앱으로, 사용자는 자신의 건강 상태와 관련된 정보를 확인하고 관리할 수 있습니다

7 허용을 눌러요.

8 모두 허용을 눌러요.

9 필수에 체크하고 동의하고 계속하기를 눌러요.

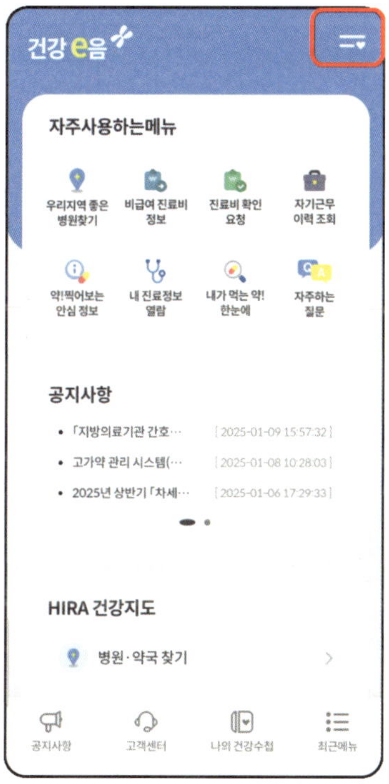

10 우측 상단의 [메뉴]를 눌러요.

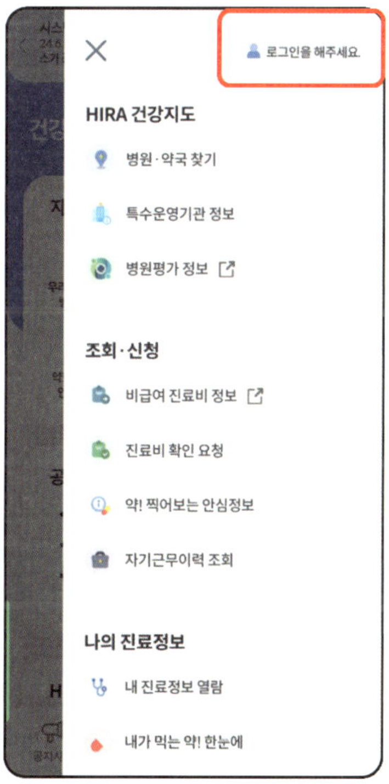

11 로그인을 해주세요를 눌러요.

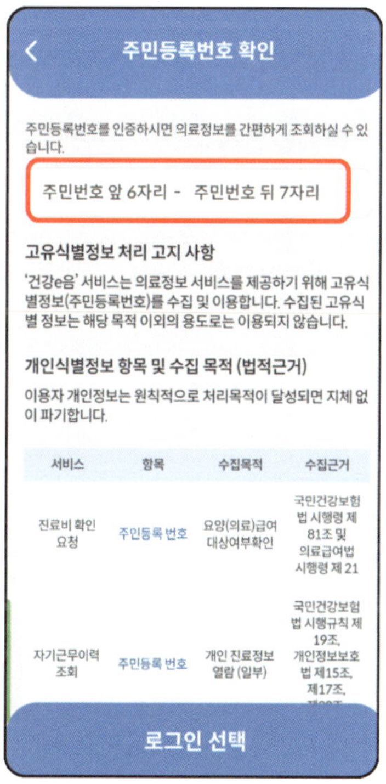

12 주민번호를 입력하는 창이 열려요.

건강e음 - 로그인(회원가입)

건강이음앱을 통해 건강 관련 정보를 제공받을 수 있습니다. 예를 들어, 건강 뉴스, 건강 팁, 건강 관련 연구 결과 등을 제공받을 수 있습니다.

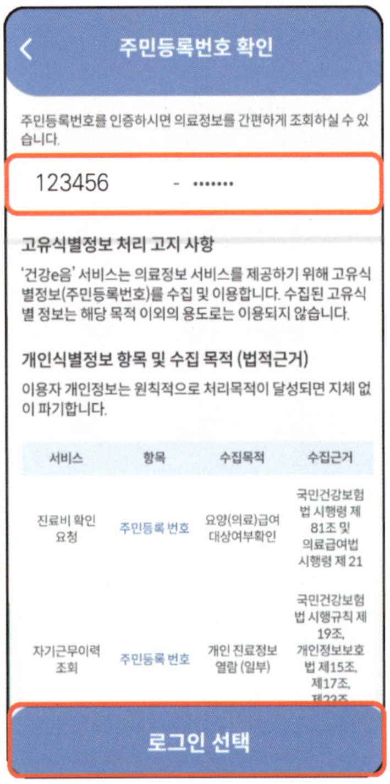

13 **주민번호를 입력**하고 **로그인 선택**을 눌러요.

14 **휴대폰 인증**을 눌러요.

15 사용 중인 통신사를 선택해요.

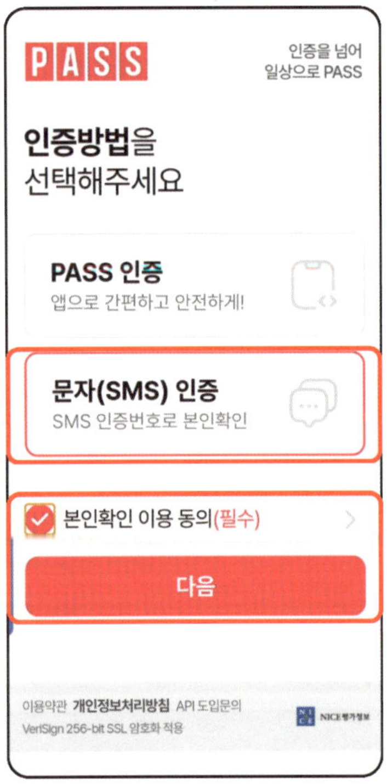

16 **문자(SMS)로 인증**, **본인확인 이용 동의(필수)** 체크 후 **다음**을 눌러요.

17 **이름/주민번호/휴대폰 번호/보안문자**를 입력하고 **확인**을 눌러요.

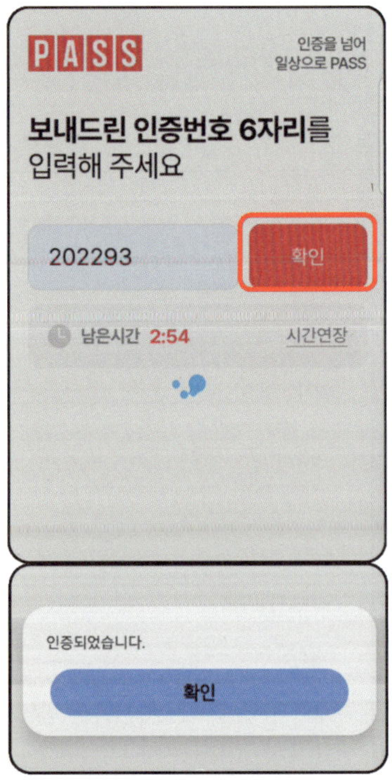

18 문자로 온 **인증번호**를 **입력**하고 **확인**을 눌러요. 또 한번 **확인**을 눌러요.

건강e음 - 활용

건강이음앱을 통해 자신의 건강 상태를 관리할 수 있습니다. 건강 목표를 설정하고, 건강 관련 정보를 수집하고, 건강 관련 활동을 기록할 수 있습니다.

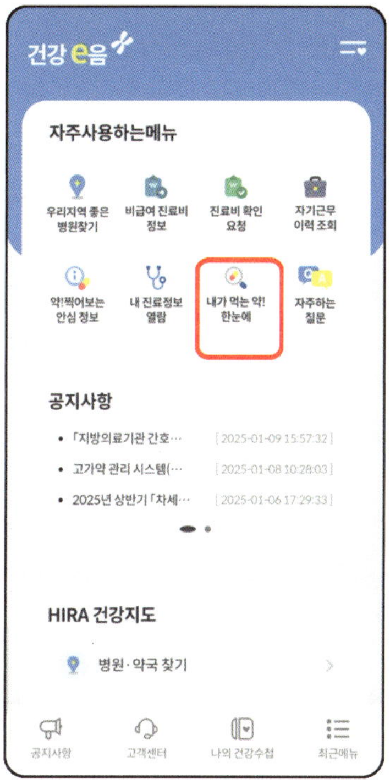

1 **내가 먹는 약 한눈에**를 눌러요.

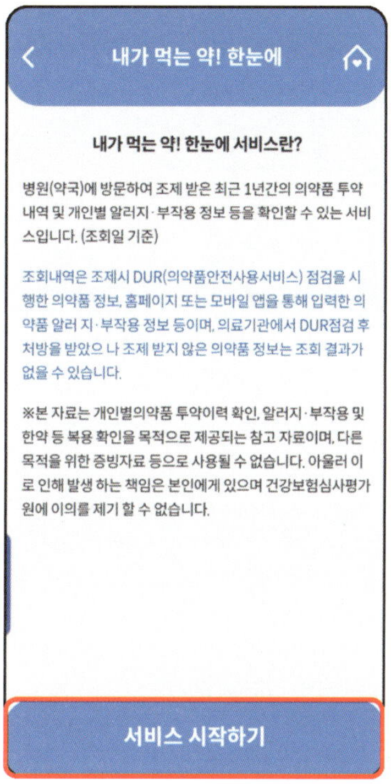

2 **서비스 시작하기**를 눌러요.

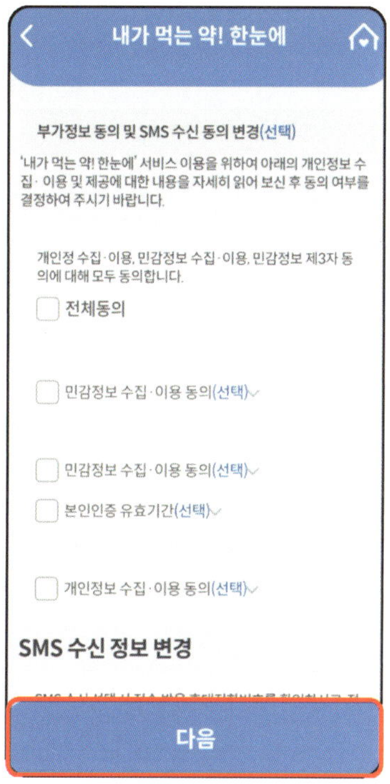

3 **다음**을 눌러요.

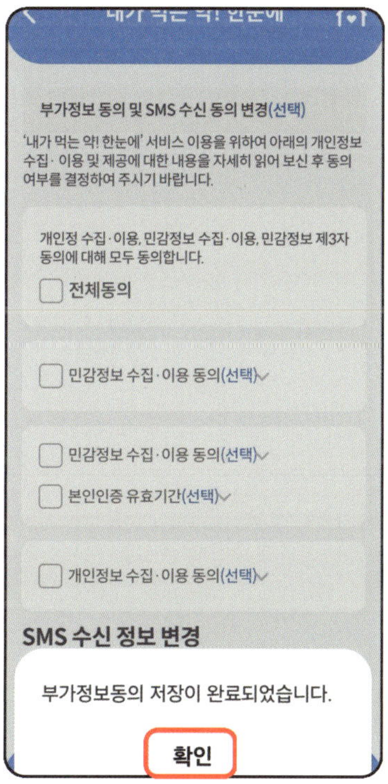

4 **확인**을 눌러요.

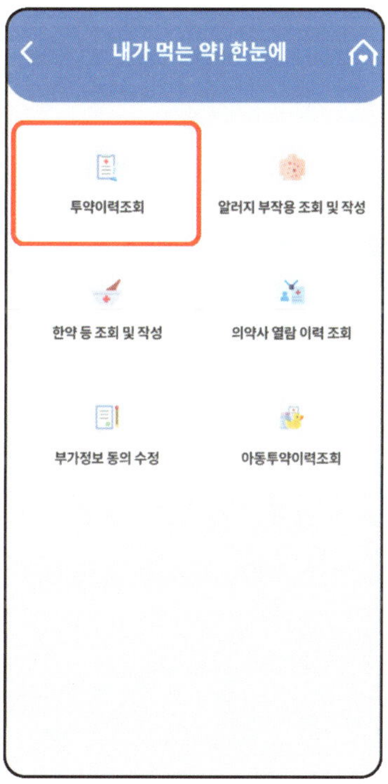

5 **투약이력조회**를 눌러요.

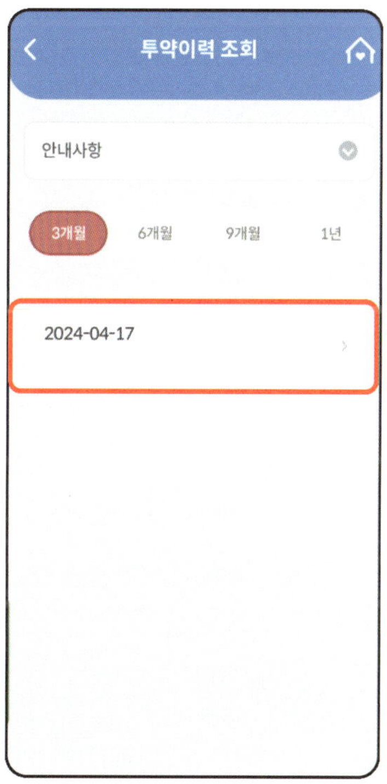

6 방문했던 병원과 약국을 눌러요.

건강e음 - 활용

건강이음앱을 통해 투약이력조회를 할 수 있습니다.

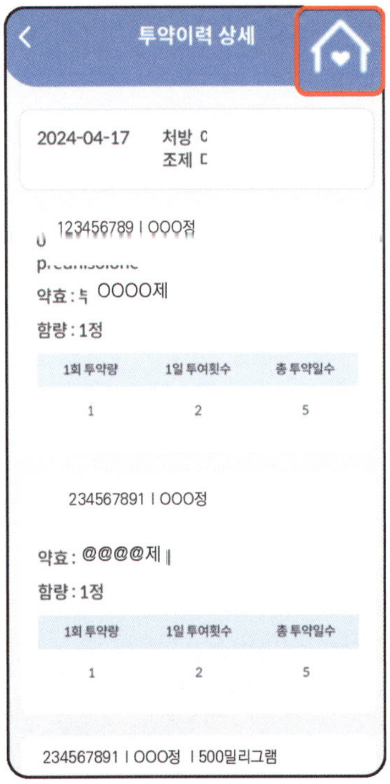

7 처방받은 약의 상세내역을 확인한 후 [홈 아이콘]을 눌러요.

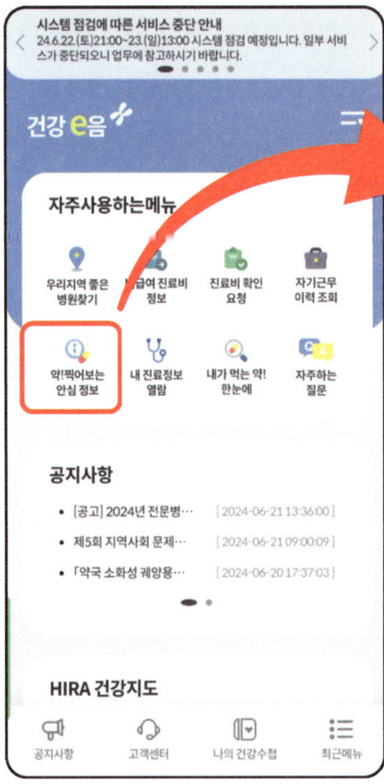

약! 찍어보는 안심정보 눌러요.

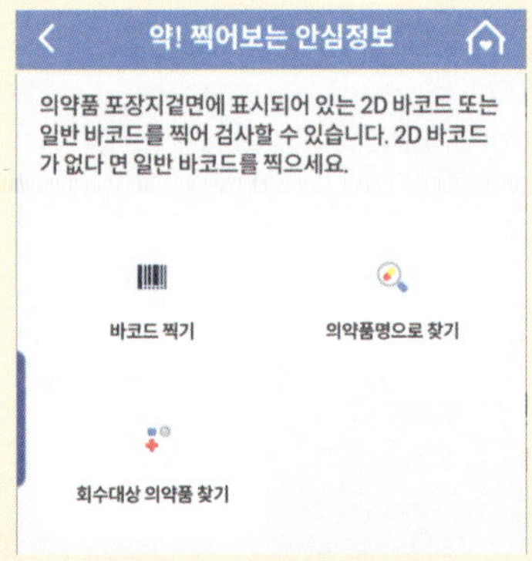

의약품명을 입력하여 찾거나 바코드를 찍어 의약품 기본 정보를 확인할 수 있어요.

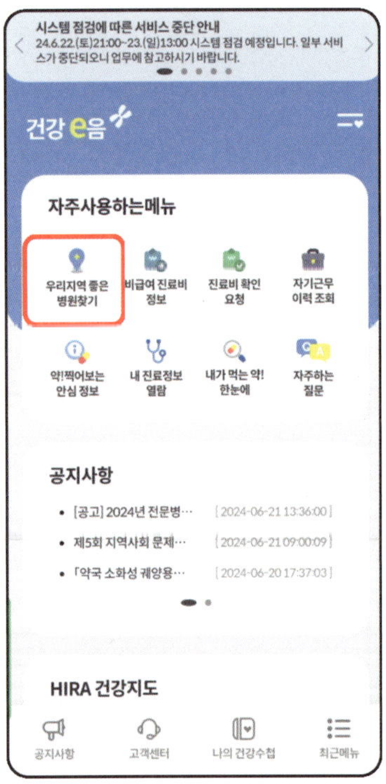

1 우리지역 좋은 병원찾기를 눌러요.

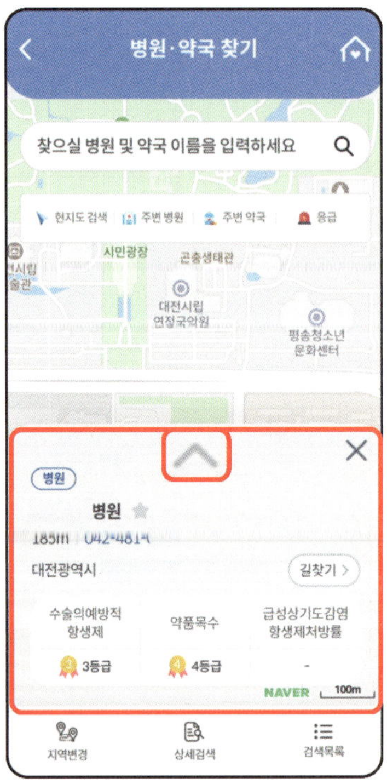

2 [^]를 누르면 병.의원, 약국 목록을 확인할 수 있어요.

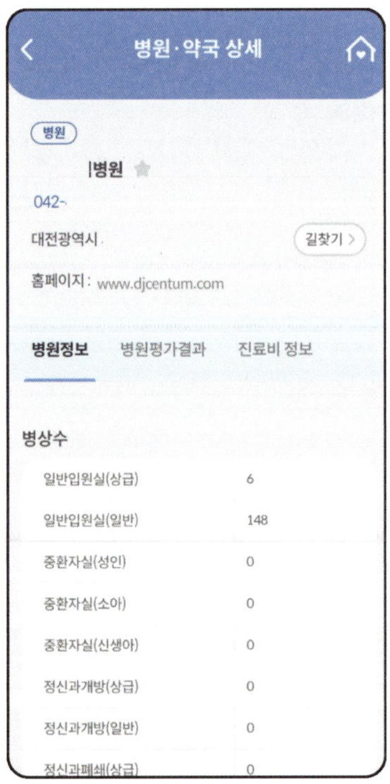

3 선택한 병원에 대한 정보를 확인합니다.

삼성헬스 - 설치

개인 건강 관리 및 운동 추적을 위한 모바일 앱으로, 걸음수, 심박수, 수면 측정, 식단 기록, 체중 감량 목표 설정 등 다양한 기능을 제공합니다.

1 에서 삼성헬스를 검색하고 **설치** 후 **열기**를 눌러요.

2 **시작**을 눌러요.

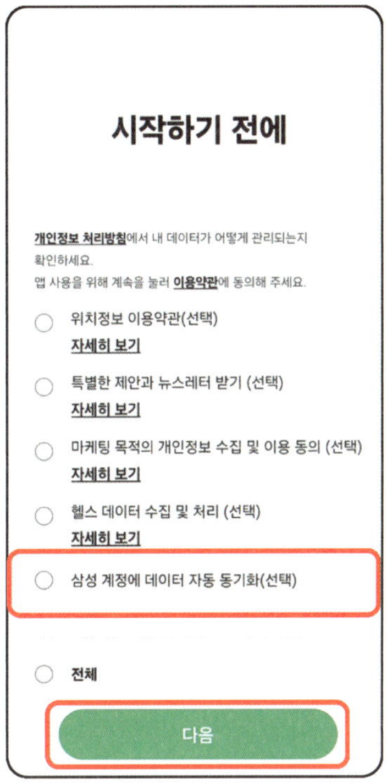

3 **삼성 계정에 데이터 자동 동기화(선택)**하고 **다음**을 눌러요.

4 **계속**을 눌러요.

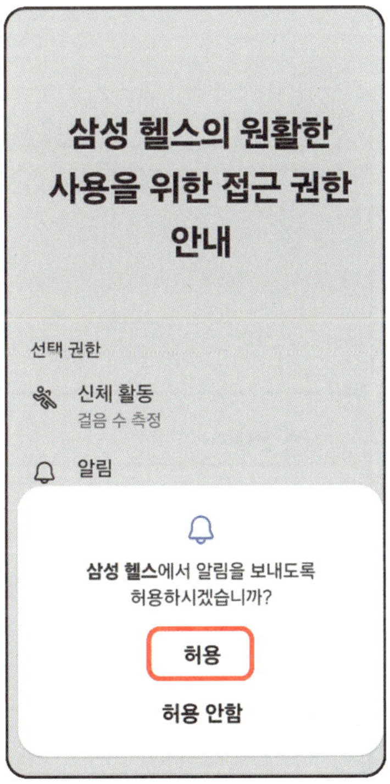

5 **허용**을 눌러요.

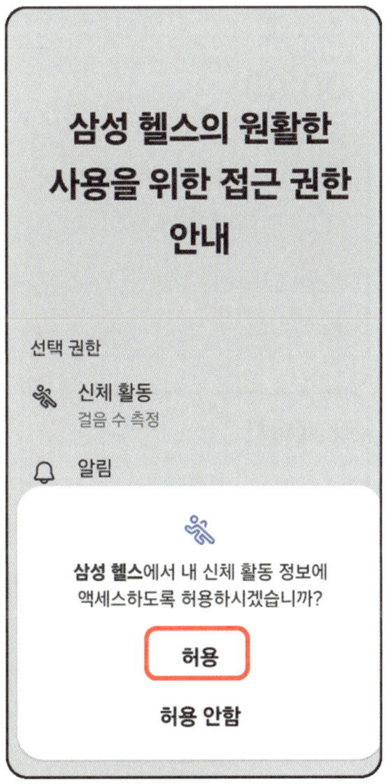

6 **허용**을 눌러요.

삼성헬스 – 내 정보 입력

삼성헬스에서 건강 목표를 운동으로 선택하고, 걷기와 같은 운동의 기록과 변화를 확인하기 위해서 내 페이지에 개인정보를 기록합니다.

1 본인의 **관심사**를 선택하고 **다음**을 눌러요. **시작**을 눌러요.

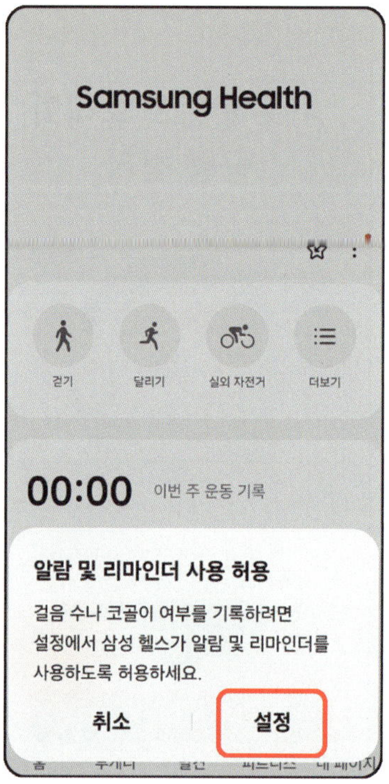

2 **설정**을 눌러요.(관심사 선택에 따라 화면이 달라요.)

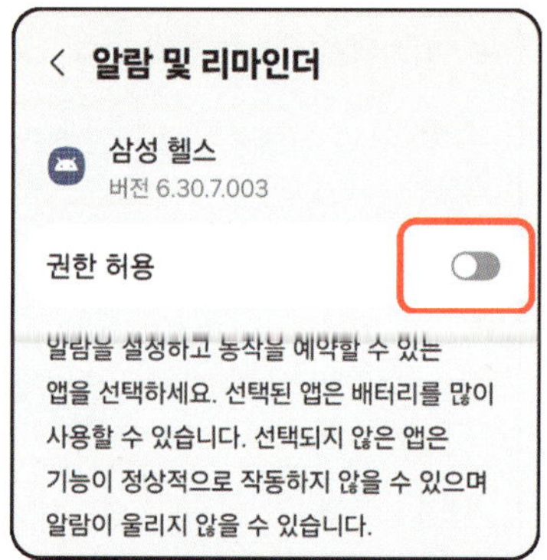

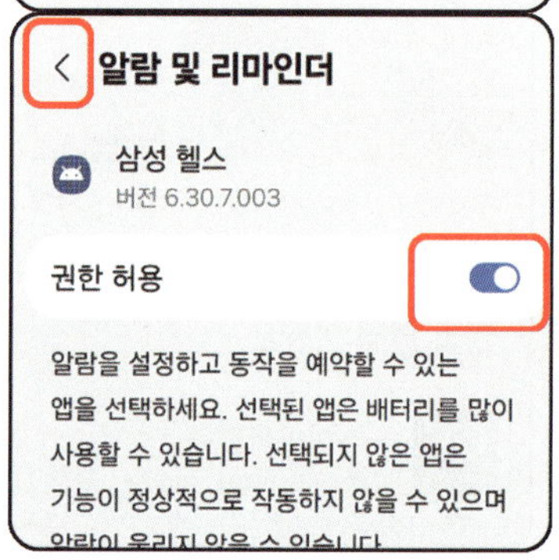

3 권한 허용 버튼을 켜고 < 를 눌러요.

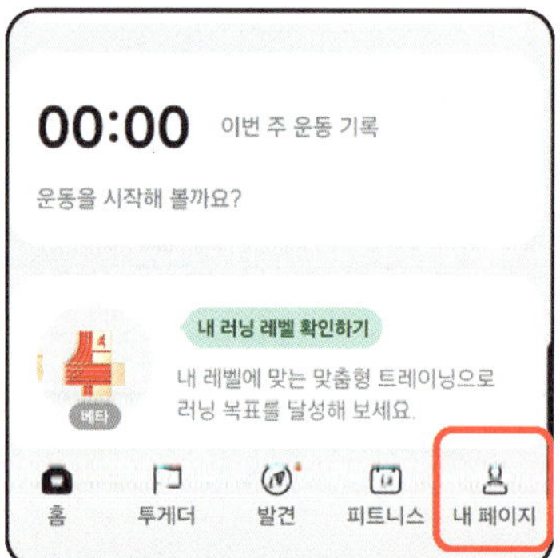

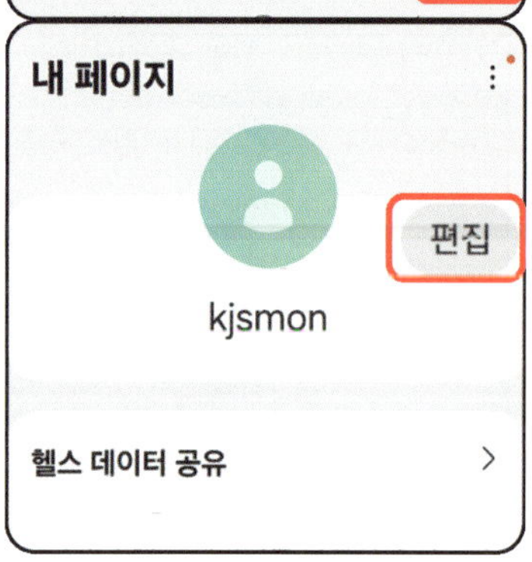

4 **내 페이지**를 눌러요. **편집**을 눌러요.

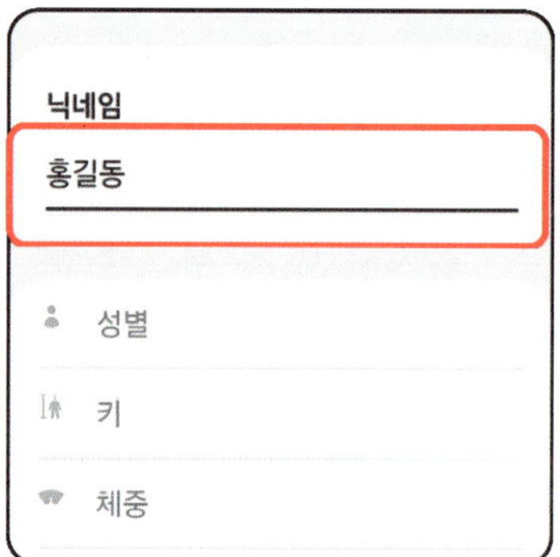

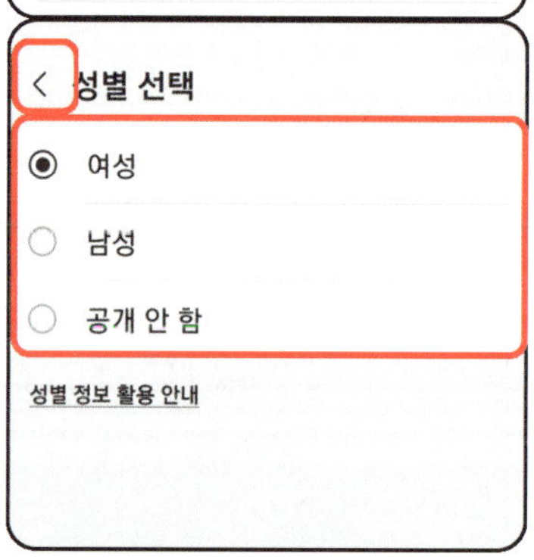

5 **닉네임**을 입력해요. **성별**을 선택 한 후 < 를 눌러요.

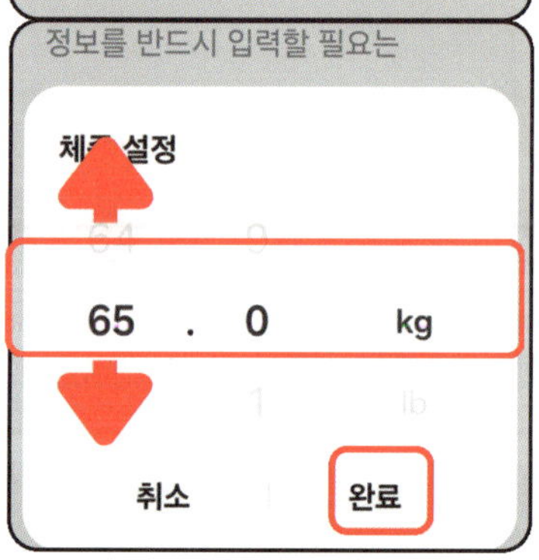

6 숫자를 위 아래로 드래그하여 **키**와 **체중**을 설정한 후 **완료**를 눌러요.

삼성헬스 – 홈 화면 편집

걸음 수, 심장 박동 수, 수면 패턴 등 다양한 건강 지표를 측정하고 관리할 수 있습니다.

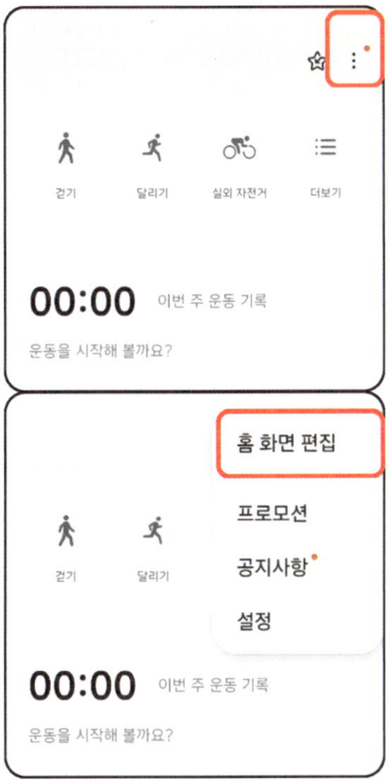

1 삼성헬스앱의 홈에서 ⋮를 누른 뒤 **홈 화면 편집**을 눌러요.

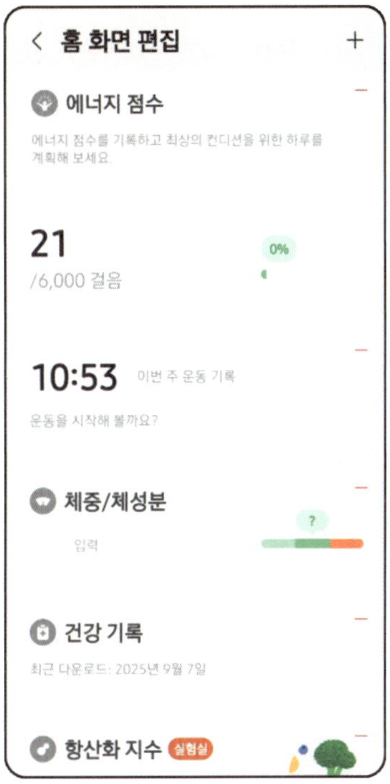

2 ＋를 눌러요.

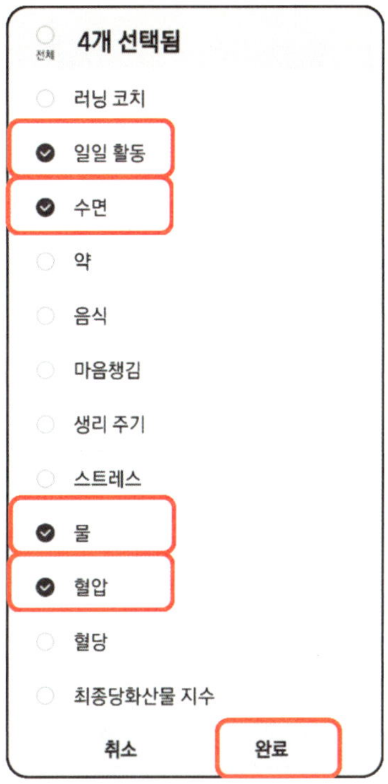

3 보고 싶은 기록을 선택하고 **완료**를 누르면 항목이 추가 됩니다.

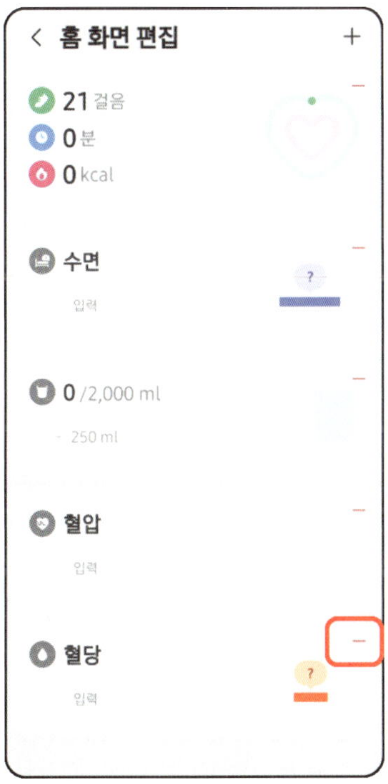

4 필요없는 항목이 있다면 –를 눌러요.

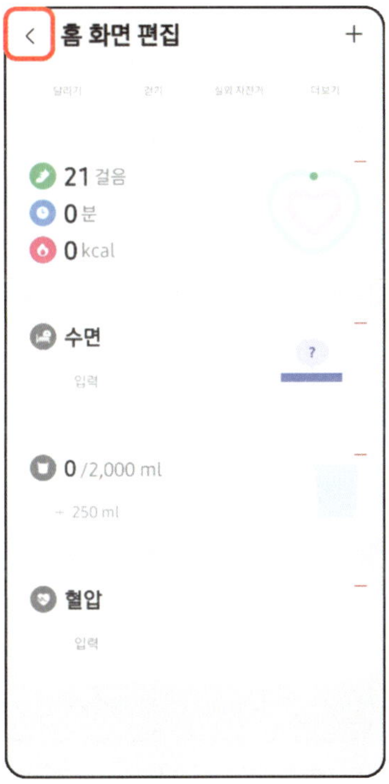

5 〈를 눌러 이전 화면으로 돌아가요.

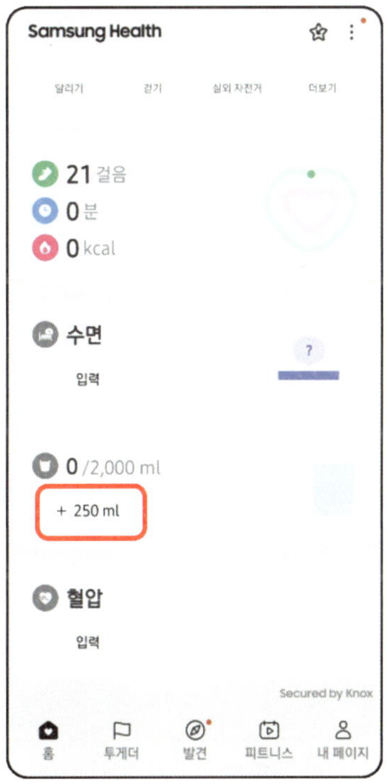

6 물 한잔 마실 때마다 **250ml**를 눌러요.

삼성헬스 – 운동 기록

걸음 수, 심장 박동 수, 수면 패턴 등 다양한 건강 지표를 측정하고 관리할 수 있습니다.

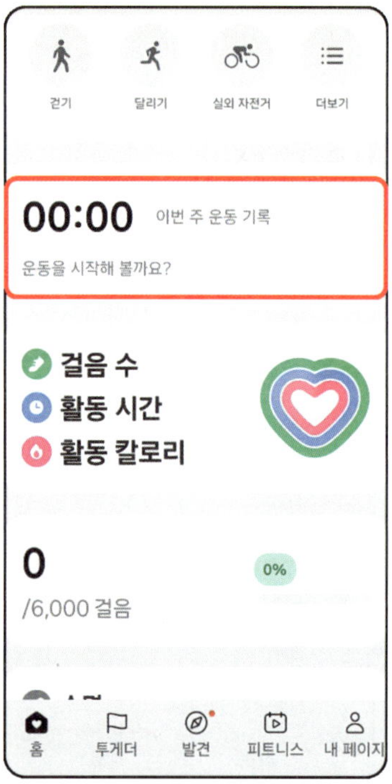

1 **이번 주 운동 기록**을 눌러요.

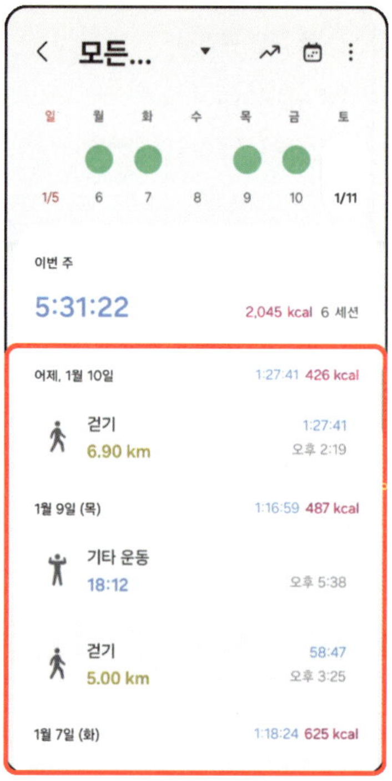

2 날짜별로 모든 운동기록을 볼 수 있어요.

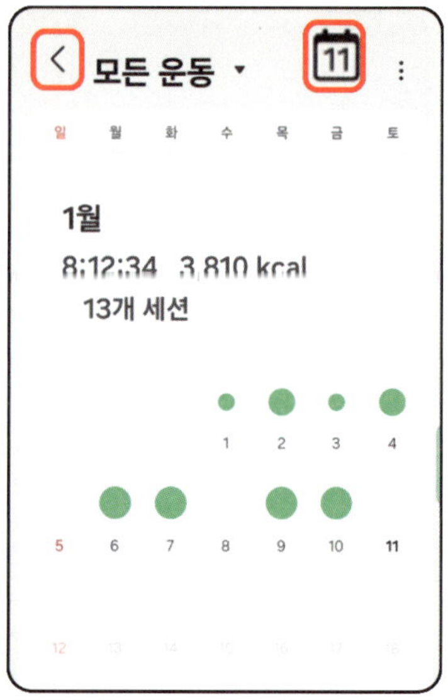

3 11 을 누르면 한달동안의 운동한 날짜를 볼 수 있어요.
< 를 두번 눌러서 삼성헬스 첫 화면으로 돌아가요.

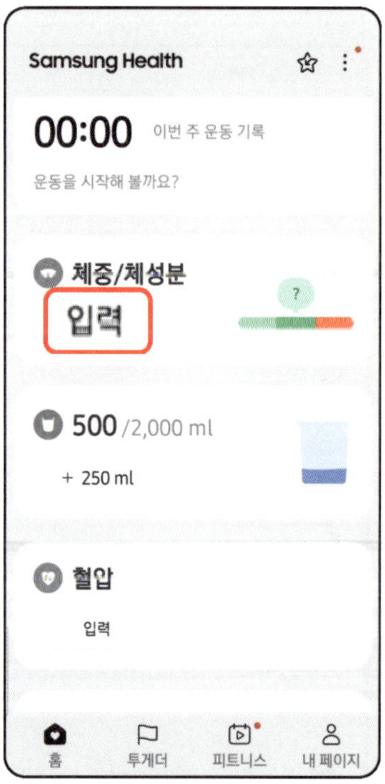

4 현재 체중을 설정하기 위해 **입력**을 눌러요.

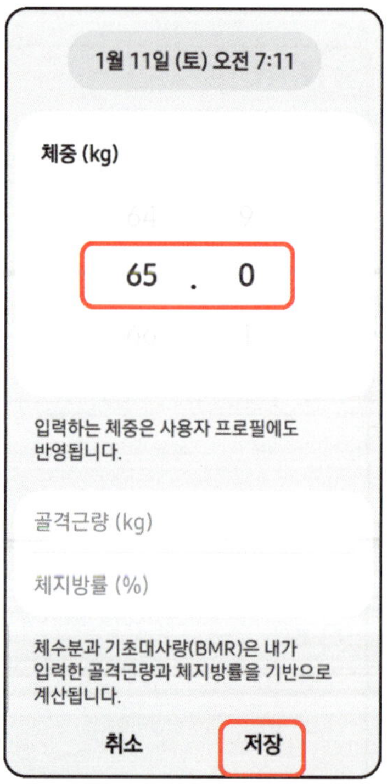

5 **체중**을 설정하고 **저장**을 눌러요.

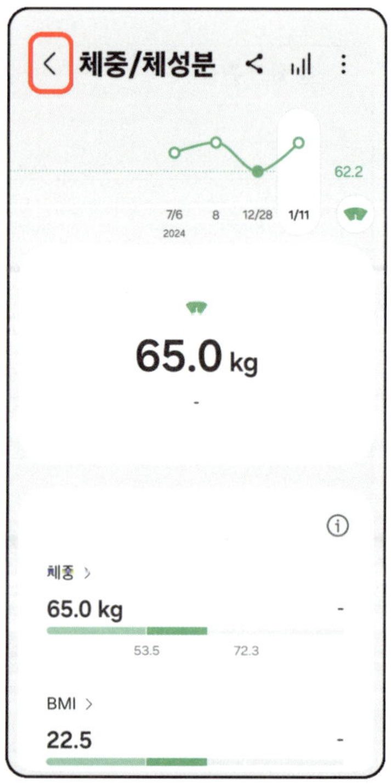

6 입력된 정보를 볼 수 있어요. < 를 눌러요.

삼성헬스 – 혈압 데이터 입력 / 걸음수 위젯

병원, 보건소 등에서 측정한 혈압 데이터를 입력해 두고, 매일, 일주일, 한달의 혈압 기록을 보면서 건강 상태를 점검할 수 있습니다.

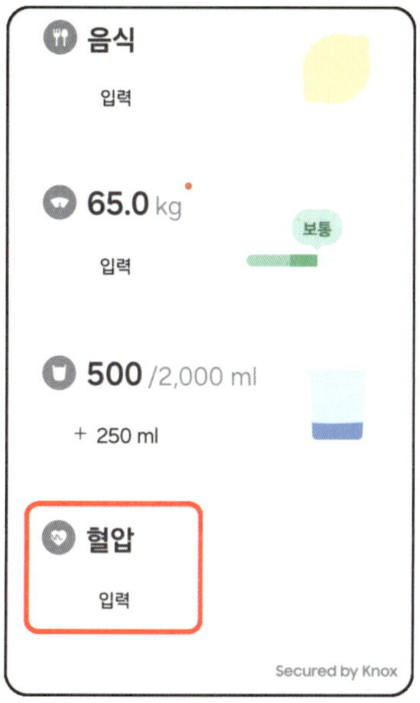

1 혈압의 **입력**을 눌러요.

2 **수축기와 이완기** 혈압을 입력하고 **저장**을 눌러요.

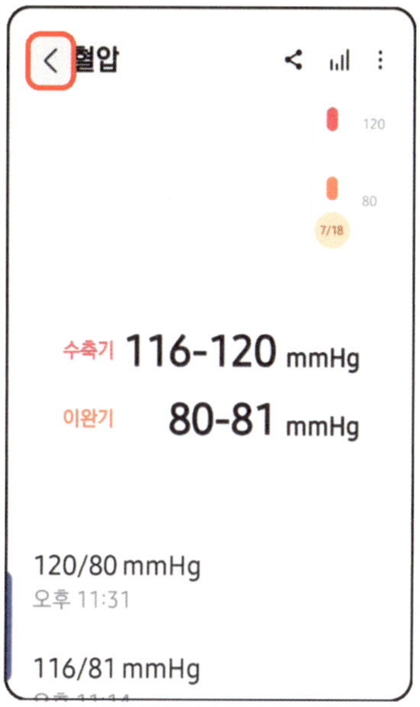

3 <를 눌러 전 화면으로 돌아가요.

만보기가 필요하다면 삼성헬스앱에서 제공하는 걸음수 위젯으로 간편하게 하루의 걸음 수를 언제든지 확인할 수 있습니다.

1 홈 화면의 빈곳을 꾸~욱 눌러서 **위젯**을 선택해요.

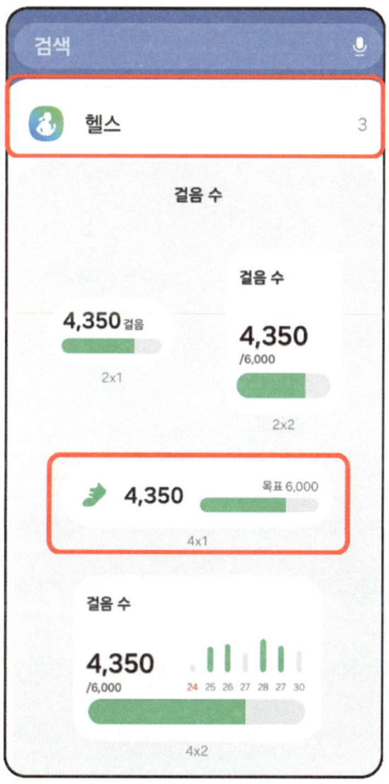

2 헬스 누르고 **걸음수**를 선택해요.

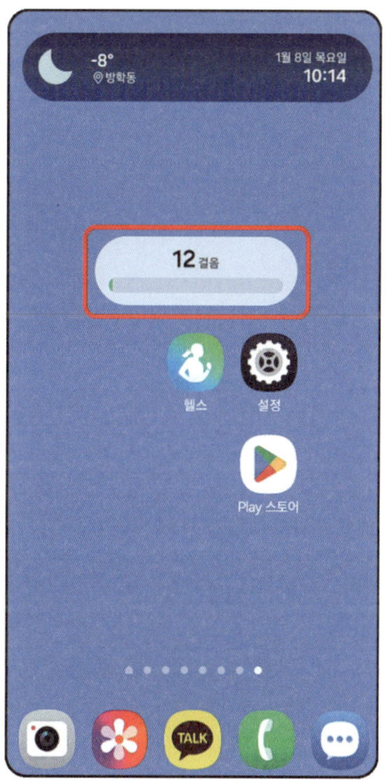

3 걸음 수 위젯이 나왔어요. 만보기로 사용해요.

8장
쇼핑앱

쿠팡

쿠팡이츠

배달의민족

쿠팡 – 설치 및 회원가입

인터넷을 통해 물건을 구매할 수 있는 앱 입니다. 온라인 쇼핑으로 시간을 절약하고, 집 앞에 배송되어 편리합니다. 회원가입부터 시작해요.

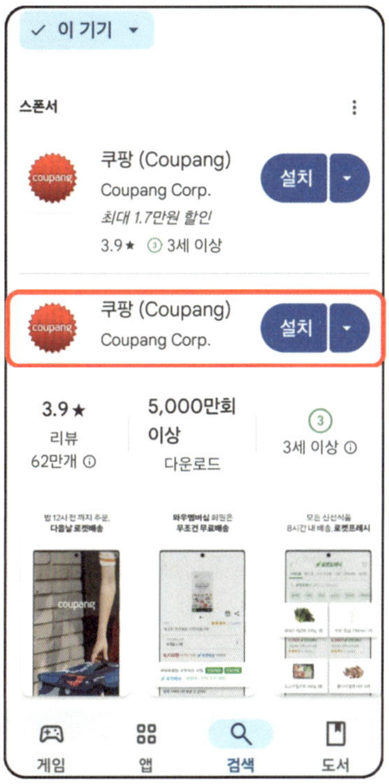

1 에서 쿠팡을 검색, **설치 후 열기**를 눌러요.

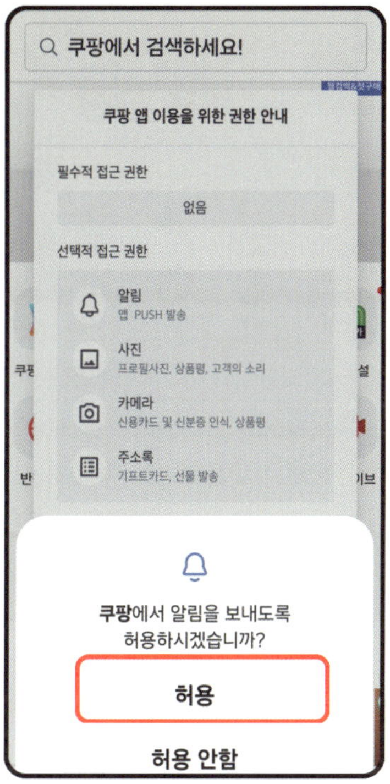

2 **허용**을 눌러요.

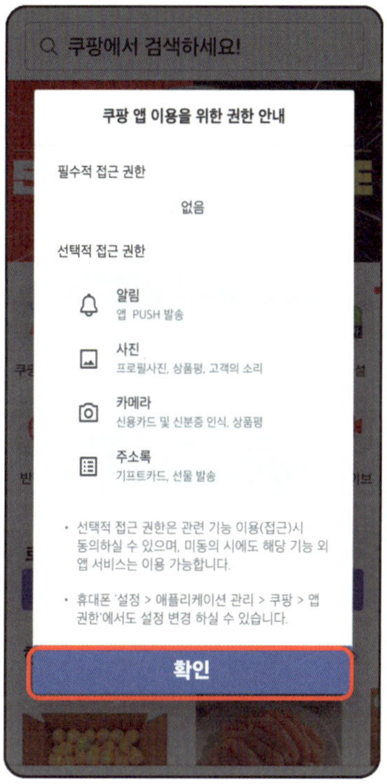

3 권한안내를 읽고, **확인**을 눌러요.

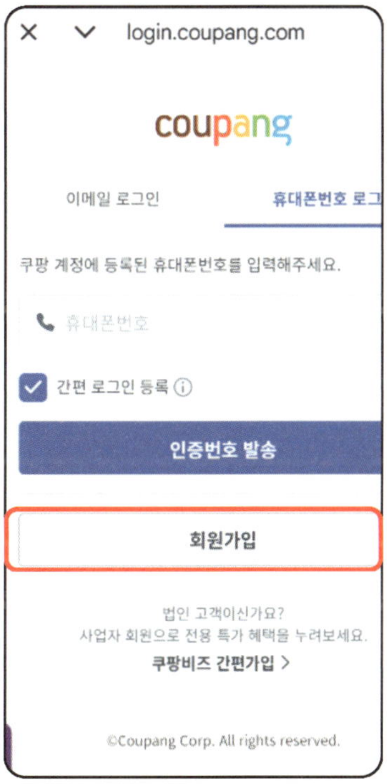

4 **회원가입**을 눌러요.

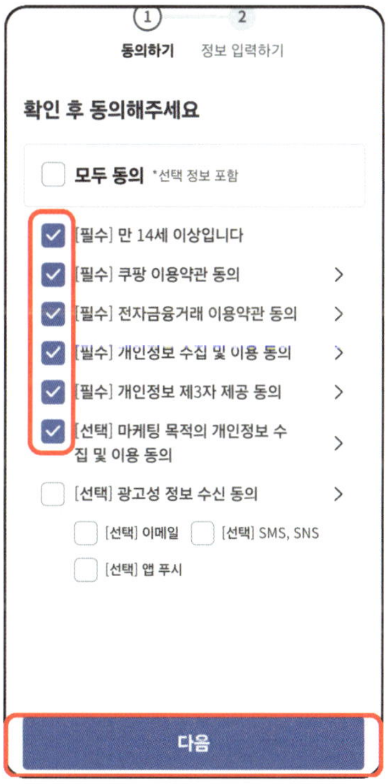

5 **필수 약관 동의**하고 **다음**을 눌러요.

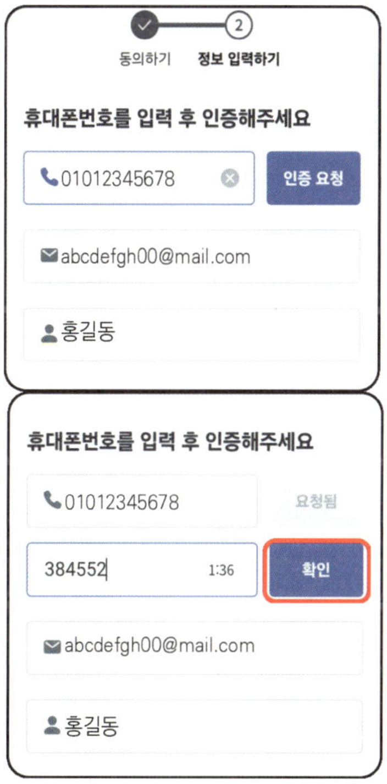

6 **이름,이메일, 전화번호입력 후 인증요청** 눌러요. **인증번호 입력**하고 **확인**을 눌러요.

쿠팡 – 설치 및 회원가입

쿠팡 계정등록(회원가입) 후 배송을 받기 위해 배송지를 추가하는 방법을 알아봅니다.

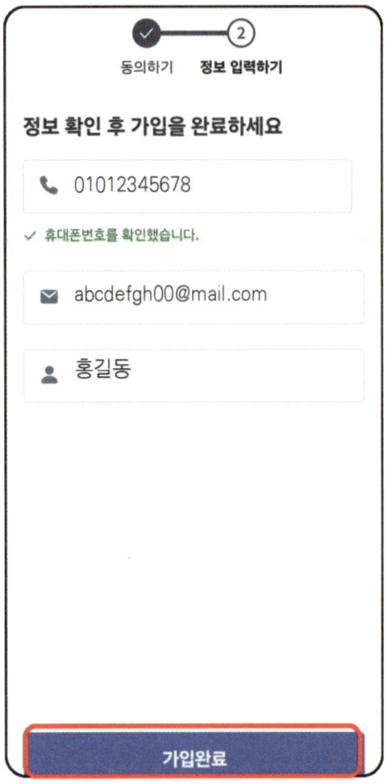

7 **가입완료**를 눌러요. 회원가입이 완료 됐어요.

8 [아이콘]를 눌러요.

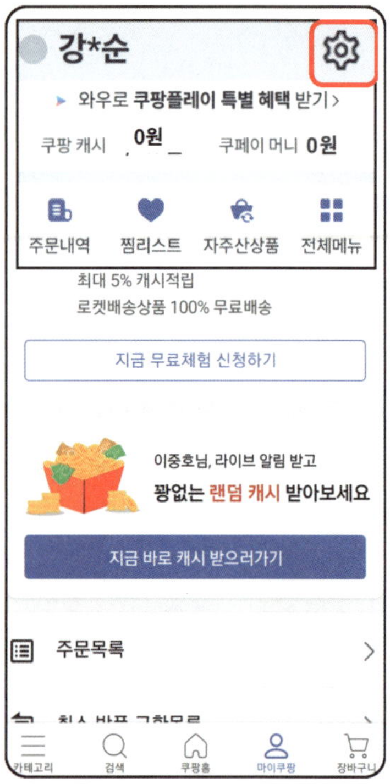

9 [아이콘] **설정**을 눌러요.

10 **주소록 관리**를 눌러요.

11 **배송지 추가**를 눌러요.

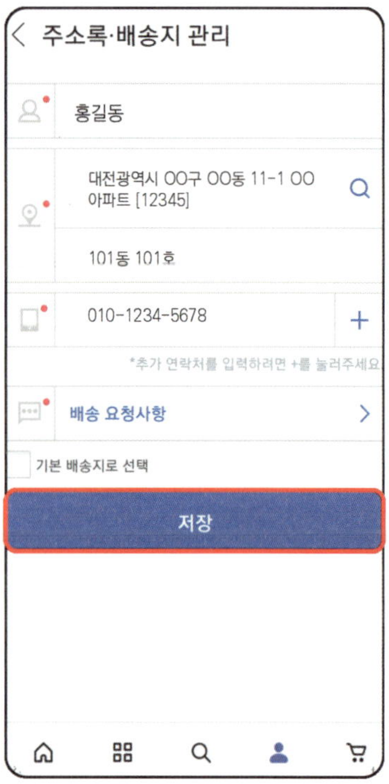

12 주소를 입력하고 **저장**을 눌러요.

쿠팡 – 배송지 추가 및 결제수단 등록

쇼핑을 하고 나면 결제를 해야겠죠? 카드, 계좌 이체, 페이 등의 방법이 있어요.
처음 사용자는 쿠팡페이로 바로 가입 되어집니다.

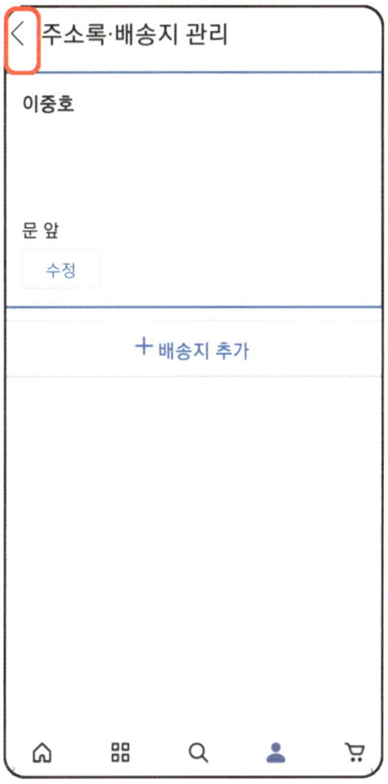

1 주소가 저장되었어요. 〈 를 눌러요.

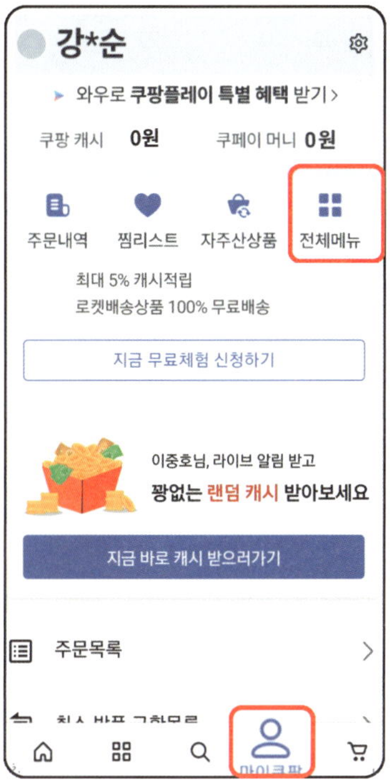

2 (마이쿠팡)를 누르고 **전체메뉴**를 눌러요.

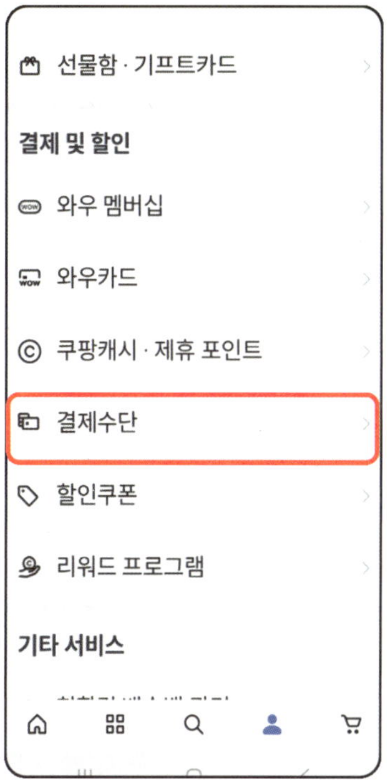

3 화면을 위로 올리고 **결제수단**을 눌러요.

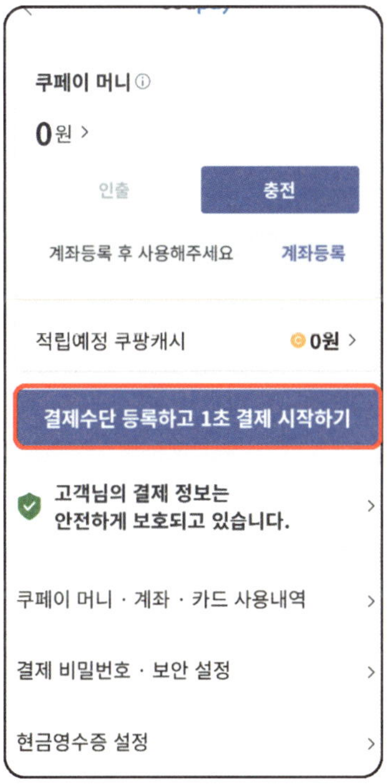

4 **결제수단 등록하고 1초 결제 시작하기**를 눌러요.

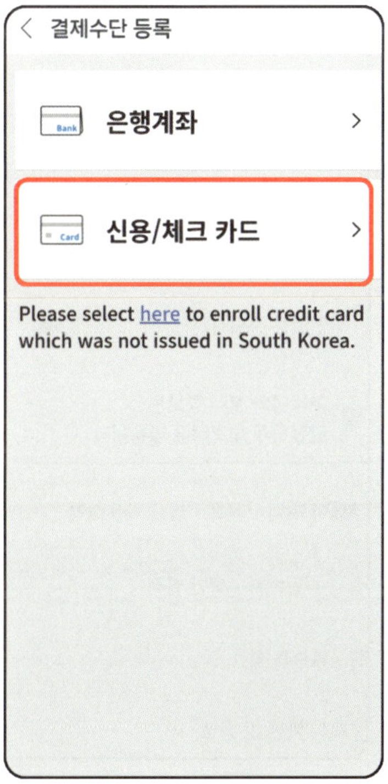

5 **신용/체크 카드**를 눌러요.

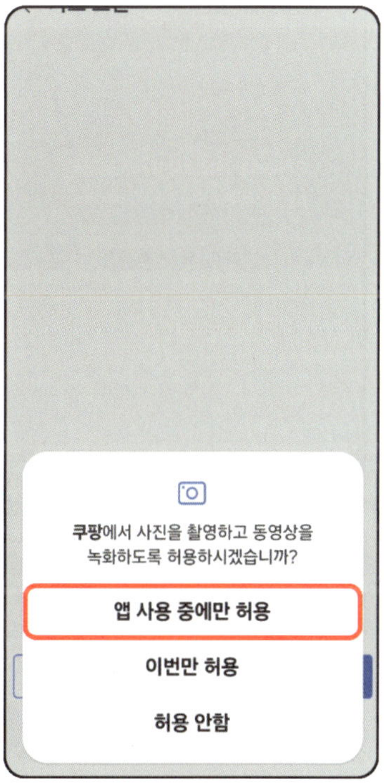

6 **앱 사용 중에만 허용**을 눌러요.

쿠팡 – 결제 카드 등록

쿠페이는 쿠팡에서 제공하는 결제 시스템으로, 한 번 등록하면 원터치 결제로 비밀번호 입력 없이 바로 결제가 됩니다.

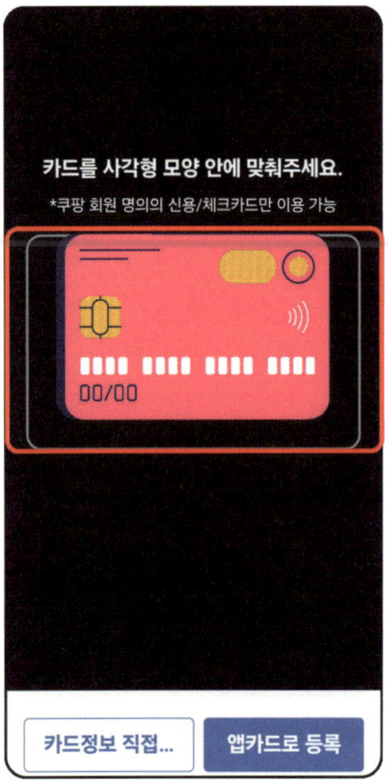

1 카드를 사각형 모양 안에 맞추면 카드정보를 인식합니다.

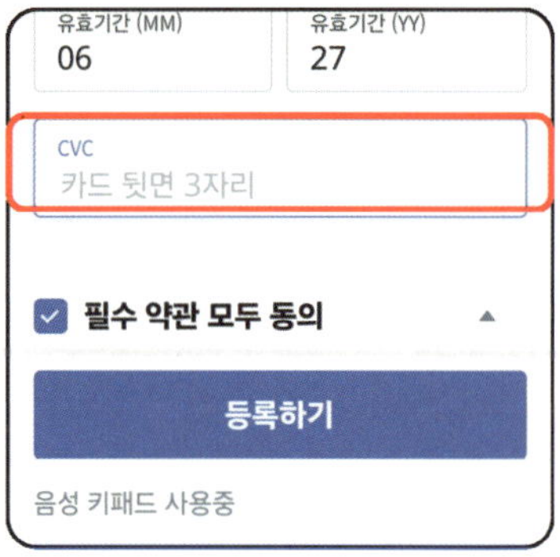

2 CVC를 입력해요. **비밀번호(앞2자리)**를 입력해요

3 **필수 약관 모두 동의체크** 후 **등록하기**를 눌러요.

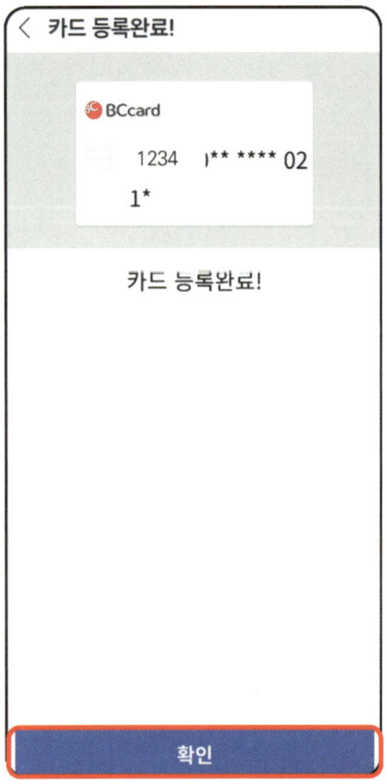

4 쿠페이로 카드등록이 완료되었습니다. **확인**을 눌러요.

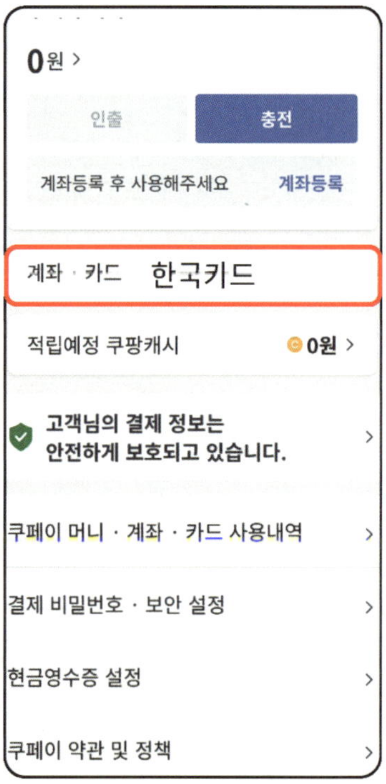

5 카드가 등록되었습니다.

쿠팡 – 쇼핑

로켓배송, 새벽배송, 로켓프레시 상품은 유료 멤버십 이용자만 구매가능합니다.

1 검색창에 상품명을 검색하고 주문하려는 상품을 눌러요.

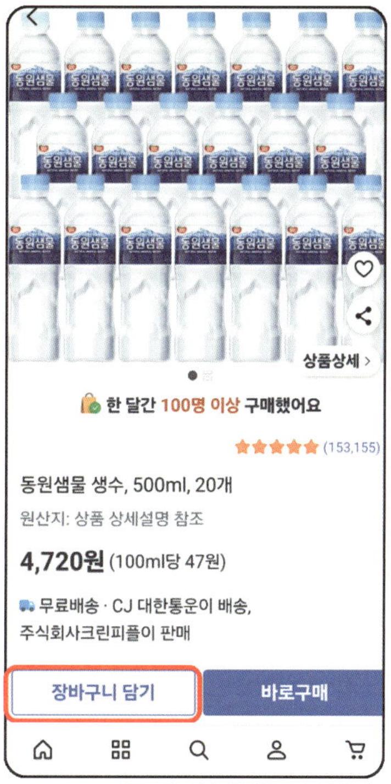

2 장바구니 담기를 눌러요.

3 바로가기를 눌러요. 닫기를 누르고 다른 상품을 더 구매할 수 있어요.

4 상품 구매하기를 눌러요.

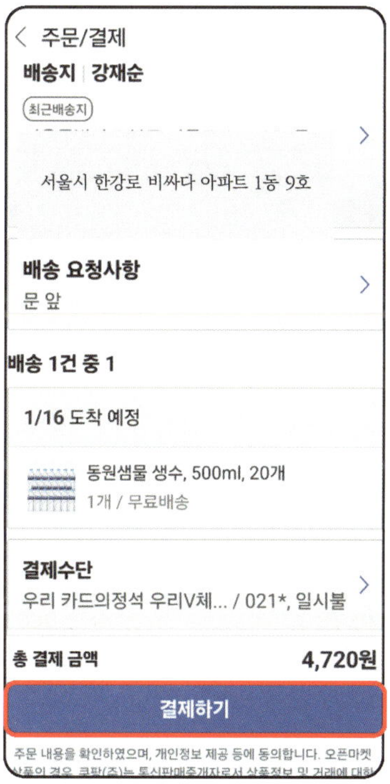

5 결제하기를 눌러요.

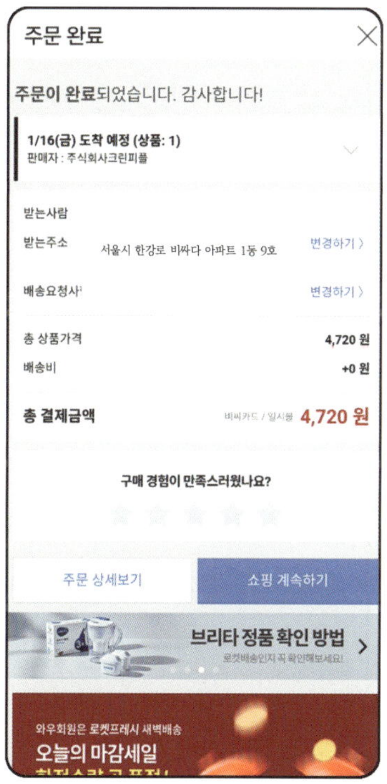

6 주문이 완료 되었어요.

쿠페이사용자는 비밀번호 입력없이 바로 결제 됩니다.

쿠팡 – 주문 취소

주문한 상품을 취소할 수 있습니다. 취소할 상품을 선택하고 취소 사유를 선택 후 환불 신청을 하면 됩니다.

1 를 눌러요.

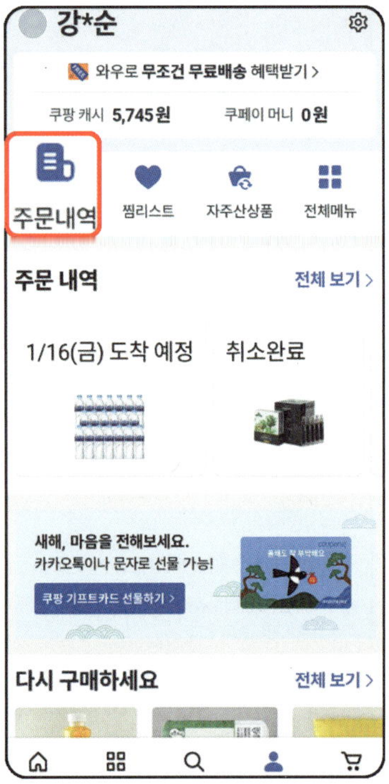

2 주문 내역 을 눌러요.

3 **배송·주문 관리**를 눌러요.

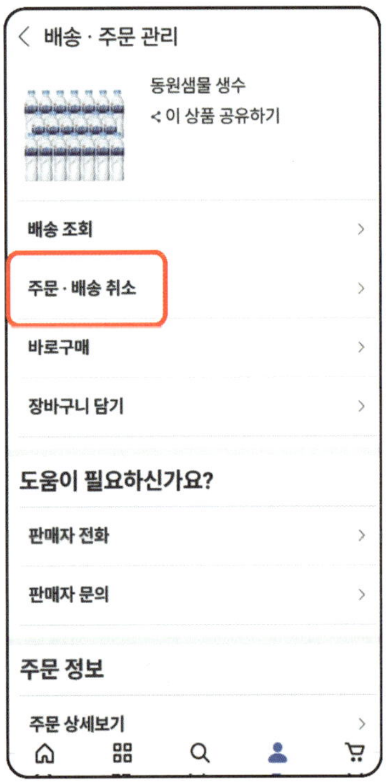

4 **주문·배송 취소**를 눌러요.

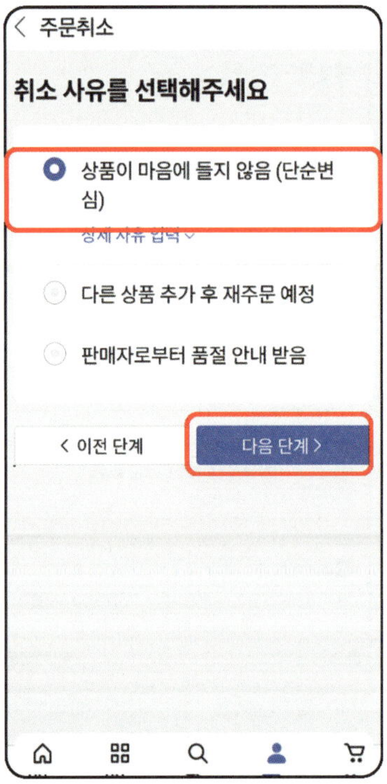

5 **취소 사유**를 선택하고 **다음 단계** 눌러요.

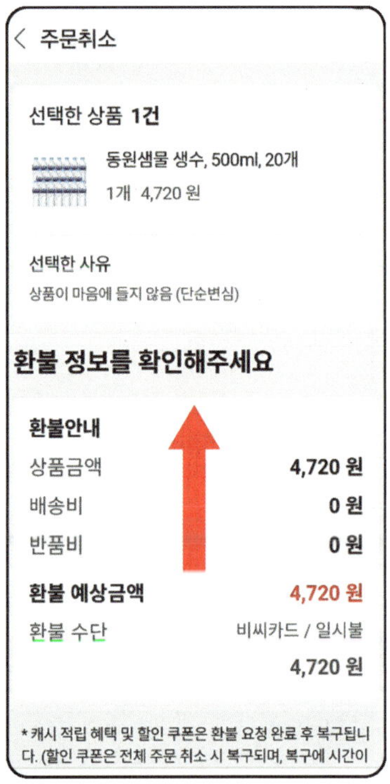

6 주문취소 화면을 위로 올려요.

쿠팡 - 주문 취소

7 **신청하기**를 눌러요.

8 **장바구니 다시 담기** 체크를 눌러 **해제**해요.

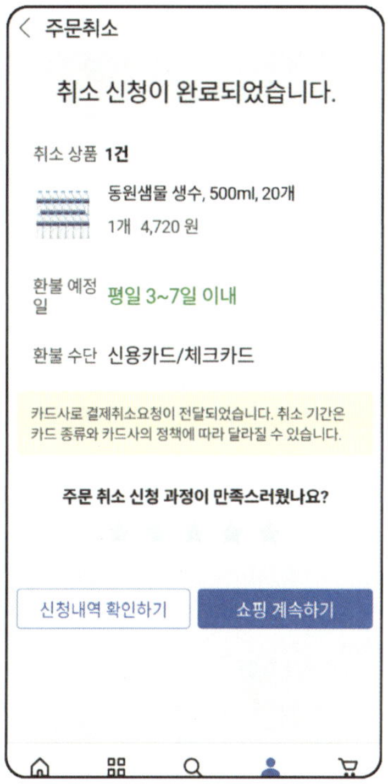

9 취소 신청이 완료되었어요.

쿠팡이츠 – 로그인 (회원가입)

coupang eats

원하는 음식을 선택하고 주문하면, 집까지 배달해 줍니다. 외출하지 않고도 다양한 음식을 즐길 수 있어 편리합니다.

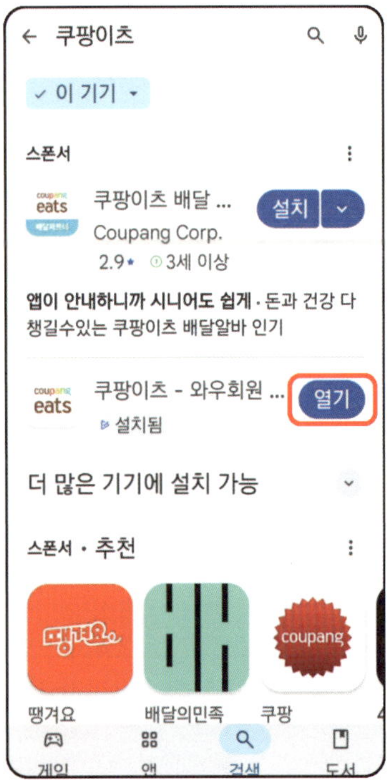

1 (Play 스토어)에서 쿠팡이츠를 검색하고 **설치 후 열기**를 눌러요.

2 알림 **허용**을 눌러요.

3 **앱 사용 중에만 허용**을 눌러요.

4 **허용**을 눌러요.

5 하단 **My 이츠**를 눌러요.

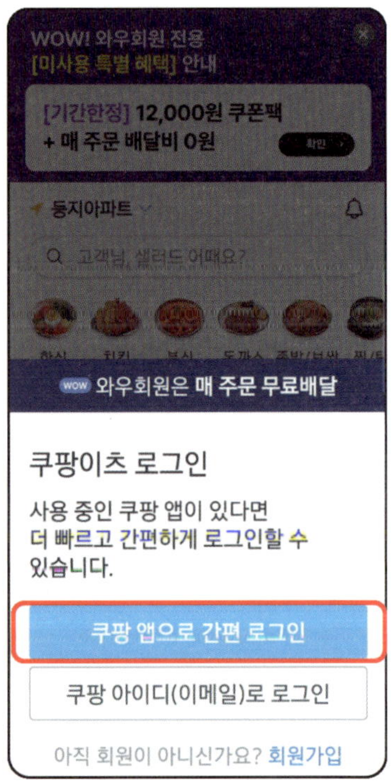

6 **쿠팡앱으로 간편 로그인**을 눌러요.

쿠팡이츠 - 주문

원하는 음식을 선택하고 주문하면, 집까지 배달해 줍니다. 회원가입부터 주문, 결제, 배송받기 까지의 과정을 살펴 봅니다.

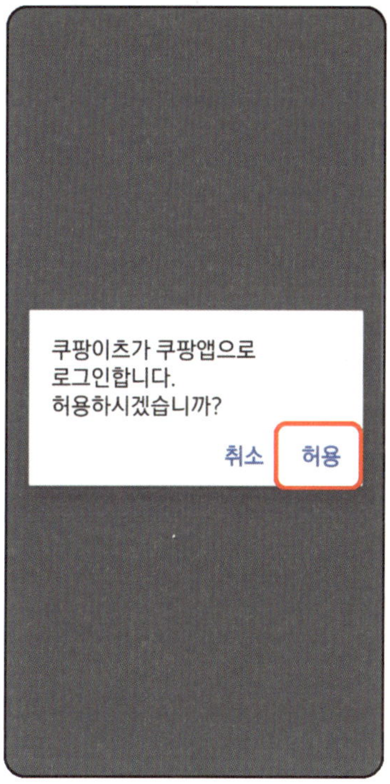

7 **허용**을 눌러요.

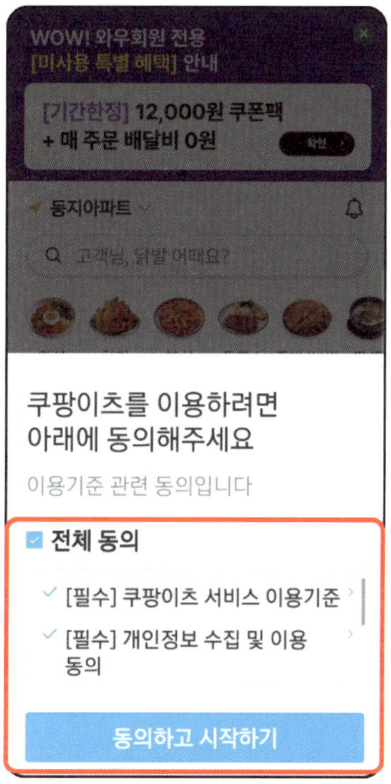

8 **필수 항목 동의** 후 **동의하고 시작하기**를 눌러요.

9 **주소를 입력하세요**를 눌러요.

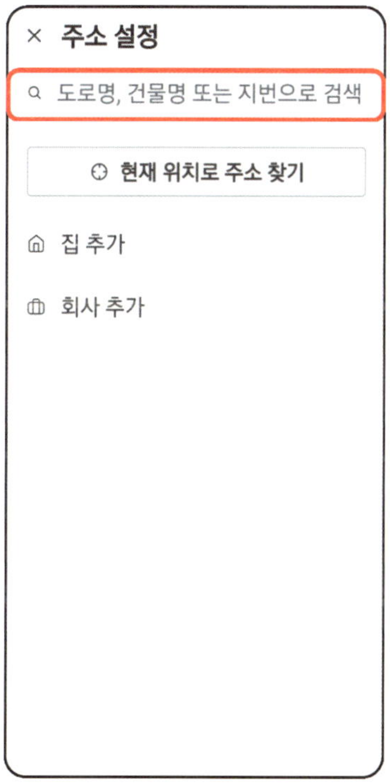

10 **배송 받을 주소를 입력**하고 **완료**를 눌러요.

11 **음식**을 눌러요.

12 주문할 **가게**를 선택해요.

쿠팡 이츠- 주문

배달 방법을 선택하고 주문합니다.
가게 사장님께 또는 라이더님께 전하고 싶은 요청사항을 입력합니다.

13 화면을 위로 올려서 **메뉴**를 선택해요.

14 **종류**를 선택하고 **배달 카트에 담기**를 눌러요.

15 **카트 보기**를 눌러요.

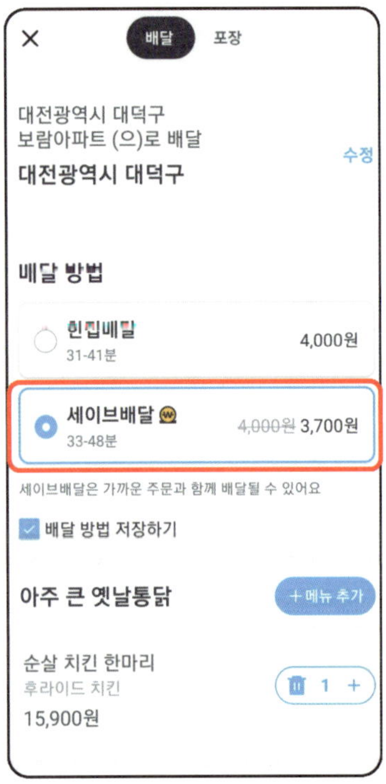

16 **세이브배달**을 눌러요. (배달비 절약)

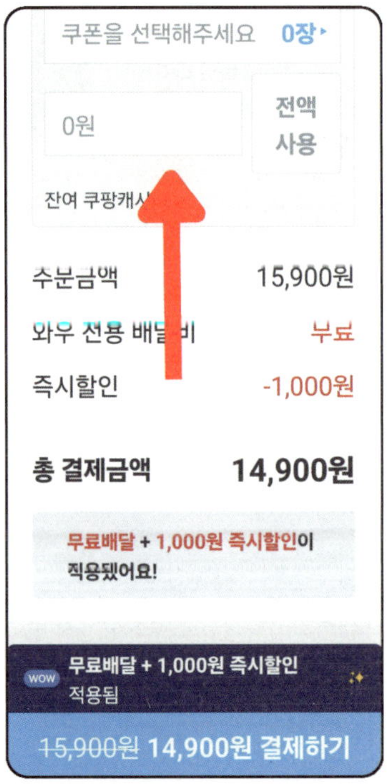

17 결제 금액을 확인 후, 화면을 위로 올려요.

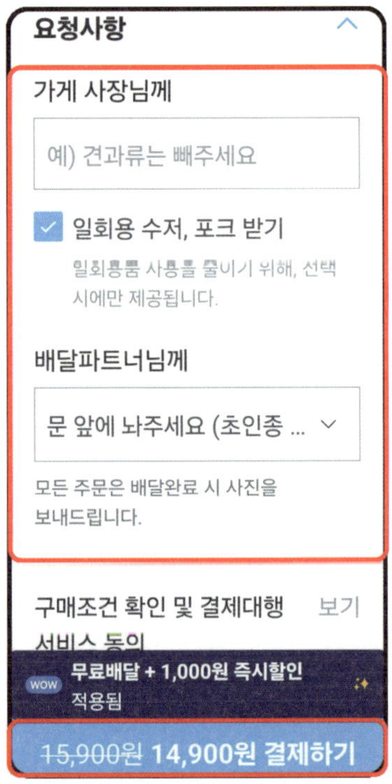

18 **요청사항**을 선택해요. **결제하기**를 눌러요.

쿠팡이츠 – 결제

주문 진행 중인 상황을 알 수 있습니다. 로그아웃을 할 수 있습니다.

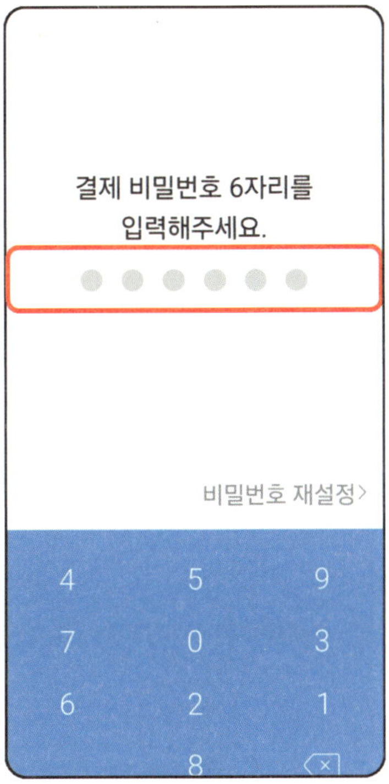

19 결제 비밀번호 6자리를 입력해요.

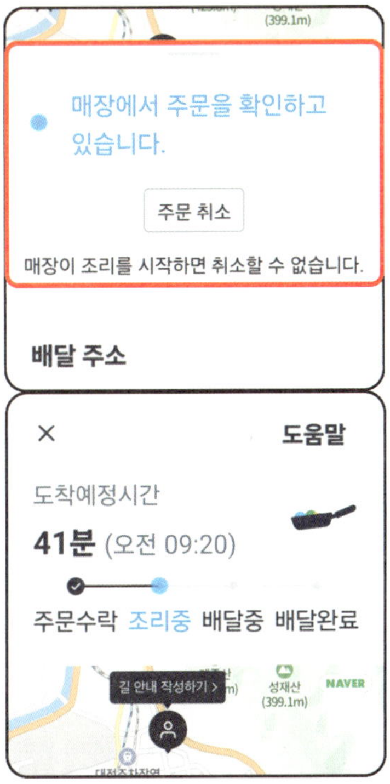

20 매장 주문확인 화면 확인하고 도착예정시간을 확인해요.

음식이 배달되면 배달완료 표시가 나옵니다.

쿠팡이츠 – 로그아웃

1 My 이츠를 눌러요.

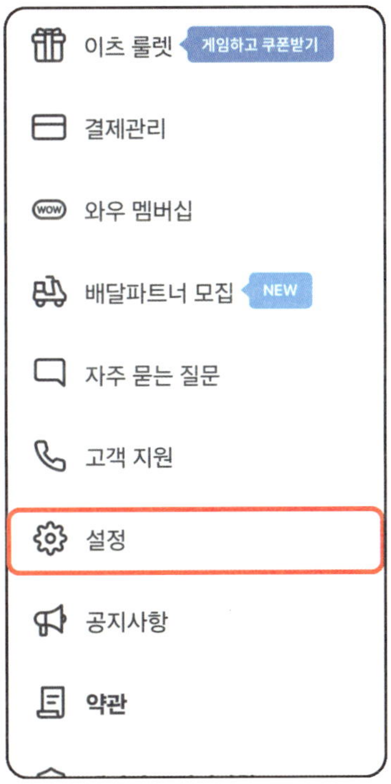

2 설정을 눌러요.

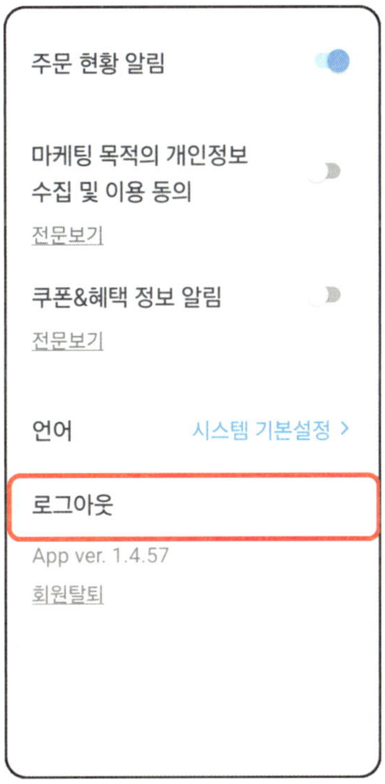

3 로그아웃을 눌러요.

배달의민족 – 설치

원하는 음식을 선택하고 주문하면 집으로 배달해 줍니다. 외출하지 않고도 다양한 음식을 쉽게 즐길 수 있어 편리합니다. 회원가입부터 알아봅니다.

1 에서 배달의 민족 검색 후 설치를 눌러요.

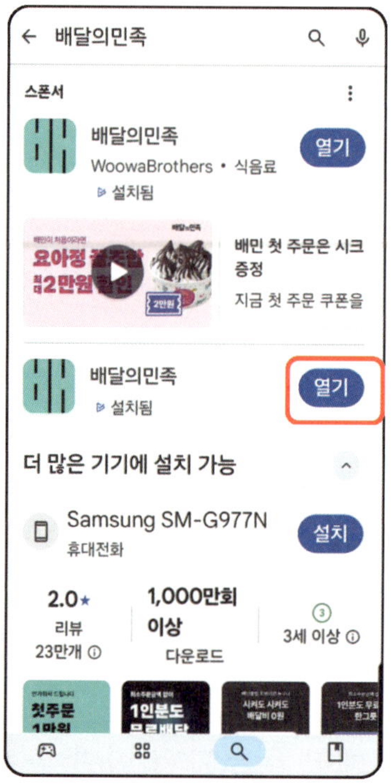

2 열기를 눌러요.

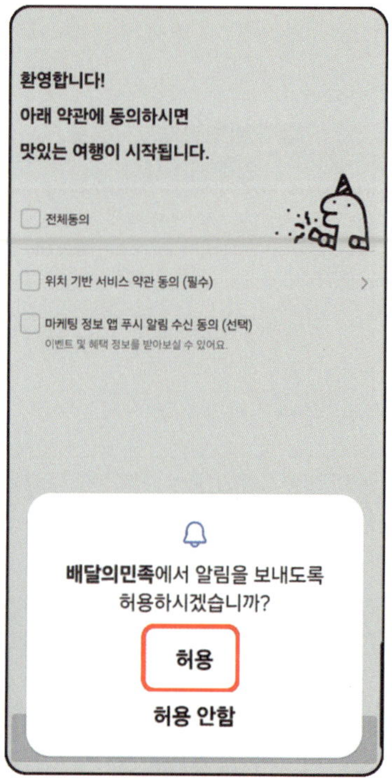

3 허용을 눌러요.

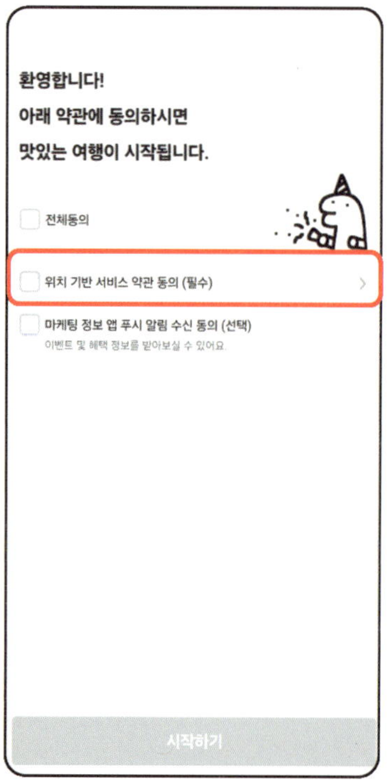

4 위치 기반 서비스 약관 동의를 눌러요.

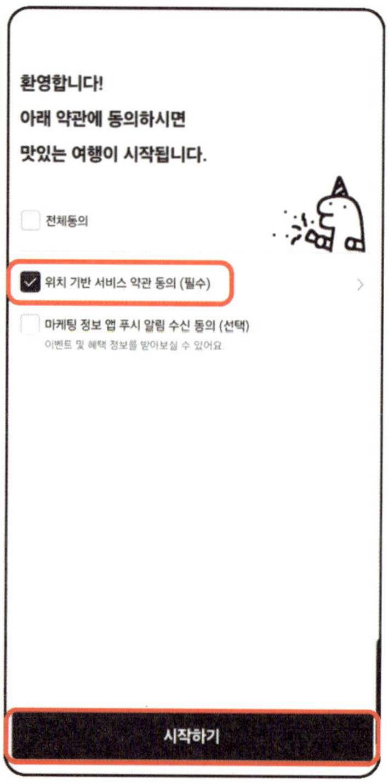

5 시작 하기를 눌러요.

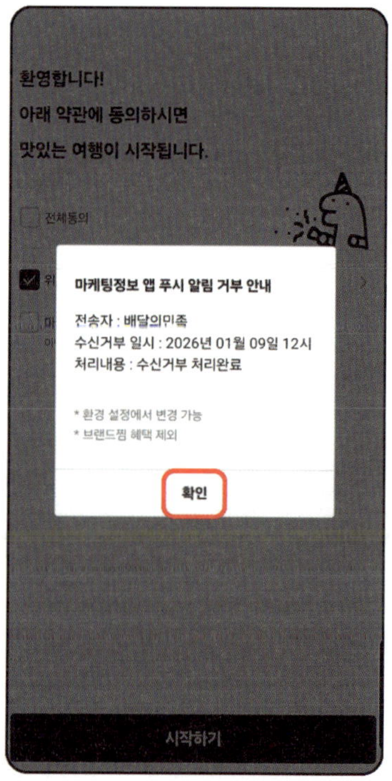

6 확인을 눌러요.

배달의민족 - 로그인 (회원가입)

로그인을 하실 때 자주 사용하시는 계정을 사용하시면 간편하게 가입하실 수 있습니다.

7 **카카오**를 눌러요.

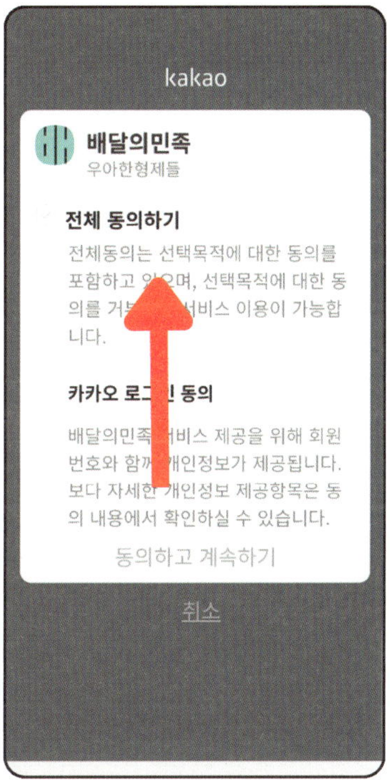

8 화면을 위로 올려요.

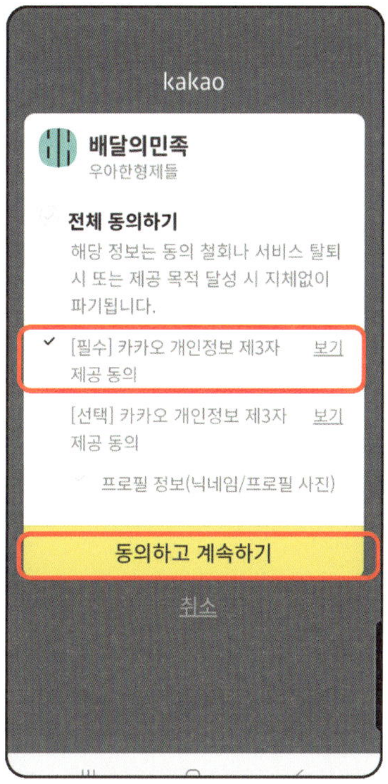

9 **필수**만 선택하고 **동의하고 계속하기**를 눌러요.

10 **이름 입력**하고 **이동**을 눌러요.

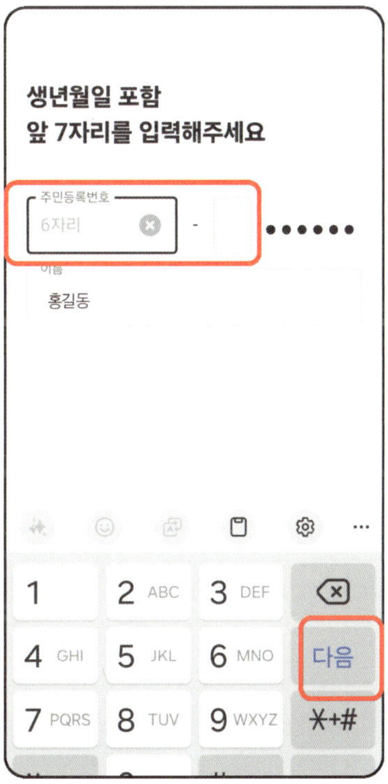

11 **생년월일**을 입력하고 **다음**을 눌러요.

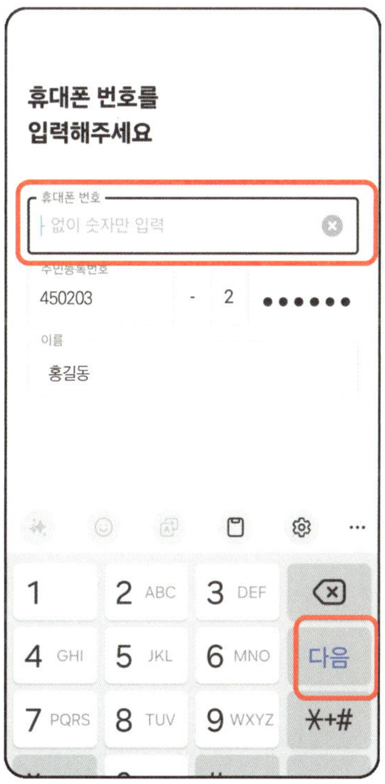

12 **전화번호**를 입력하고 **다음**을 눌러요.

배달의민족 – 로그인 (회원가입)

통신사 인증하고 나면 회원가입이 완료됩니다.

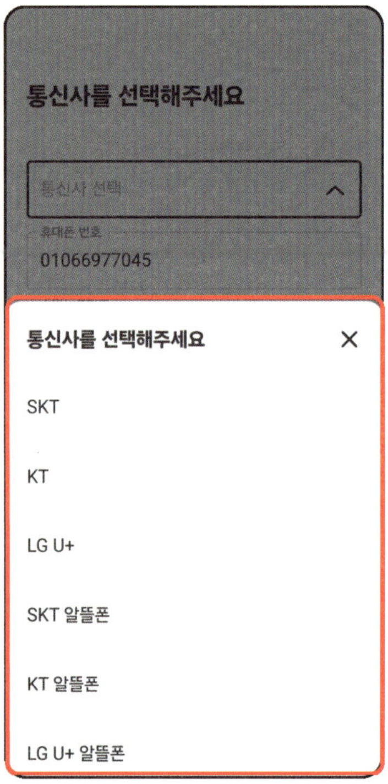

13 **통신사**를 선택해요.

14 **정보**를 입력하고 **본인 인증하기**를 눌러요.

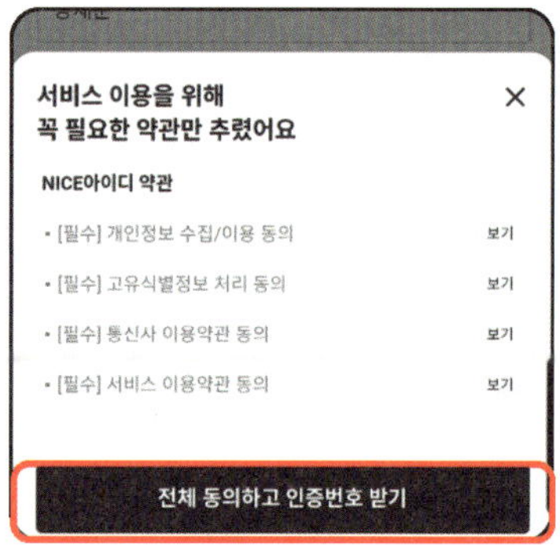

15 **전체 본인 동의하고 인증번호 받기**를 눌러요. **인증번호**를 입력해요.

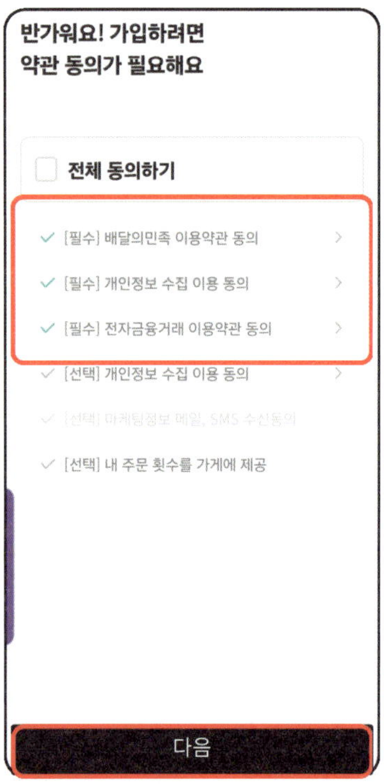

16 **필수만 약관 동의**를 선택하고 **다음**을 눌러요.

17 **이메일을 입력**하고 **가입 완료하기**를 눌러요.

18 로그인 되었습니다.

배달의민족 - 주소 등록

원하는 음식을 선택하고 주문하면, 집으로 배달해 줍니다. 외출하지 않고도 다양한 음식을 쉽게 즐길 수 있어 편리합니다. 배송받을 주소를 등록합니다.

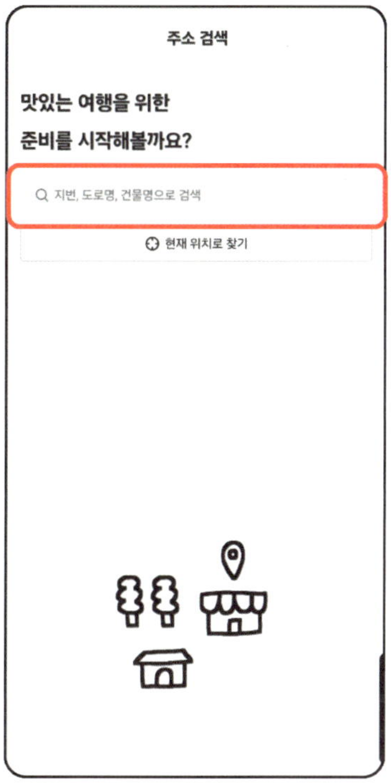

1 검색란을 눌러요.

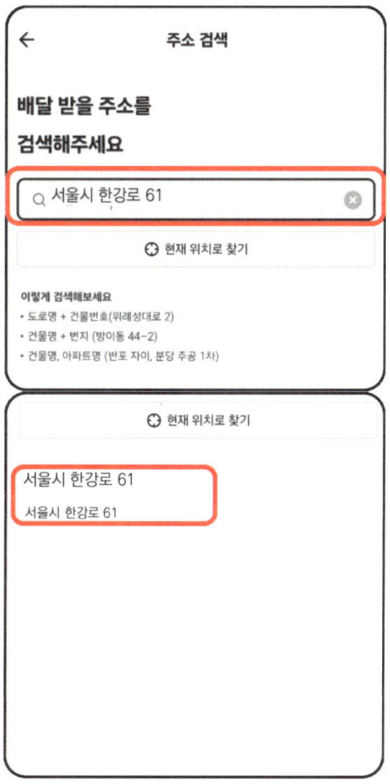

2 도로명 주소 입력 후 목록에서 내 주소를 선택해요.

3 상세주소를 입력한 후 주소 등록을 눌러요.

마포구 한강로 61 ▼	배달 받을 곳을 정할 수 있어요. 우리집, 회사
	혜택 모아보기 : 앱에서 이용하는 모든 서비스를 볼수 있어요.
	알림센터 : 알림 확인 할 수 있고, 빨간점이 있으면 새로운 알림 확인하기
	검색: 원하는 메뉴나 가게를 검색하여 바로 찾을 수 있어요.
	장바구니 : 선택한 메뉴등을 담아 놓은 곳
2시간반딜 장판 딜	생활용품을 음식처럼 주문하고 배달 받을 수 있어요.
장보기·쇼핑	GS25,이마트 등에서 주문할 수 있어요.
픽업	'포장주문' : 픽업 가능한 주변 가게들이 자동으로 표시 되어요.
마이배민	나와 관련된 정보를 볼 수 있어요.

배달의민족 - 결제카드 등록

간편하게 결제할 카드를 등록하는 과정을 함께 배워봅니다.

1 **마이배민**을 눌러요

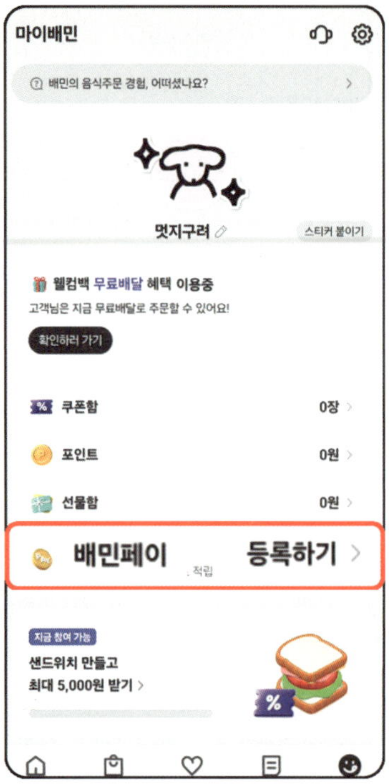

2 **배민페이**를 눌러요.

3 **결제수단 추가**를 눌러요.

4 **카드 등록하기**를 눌러요.

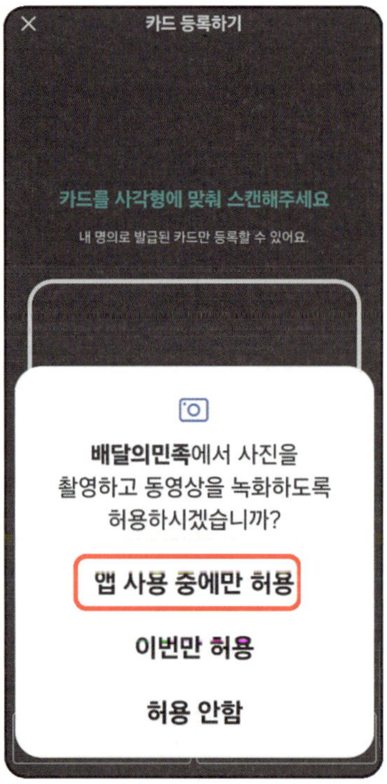

5 **앱 사용 중에만 허용**을 눌러요.

6 카드가 사각형에 쏙 들어오도록 휴대폰을 맞춰 주세요.

배달의민족 – 결제카드 등록

카드 등록시 CVC번호는 카드 뒷면 서명란 옆 3자리 숫자를 입력하시면 됩니다.

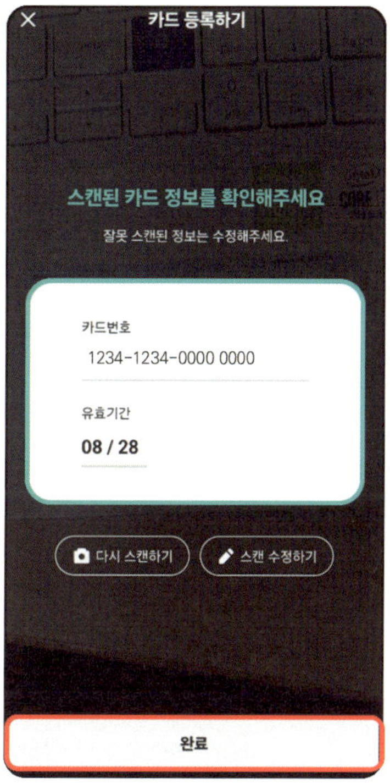

7 카드 정보를 확인하고 **완료**를 눌러요.

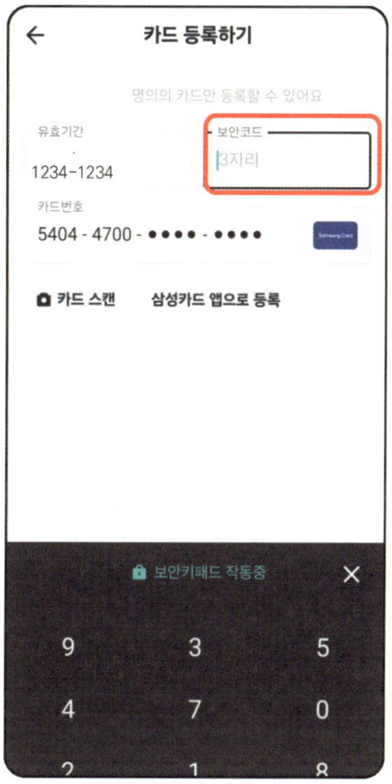

8 **보안코드** - 카드뒷면 **세자리 숫자**를 입력해요.

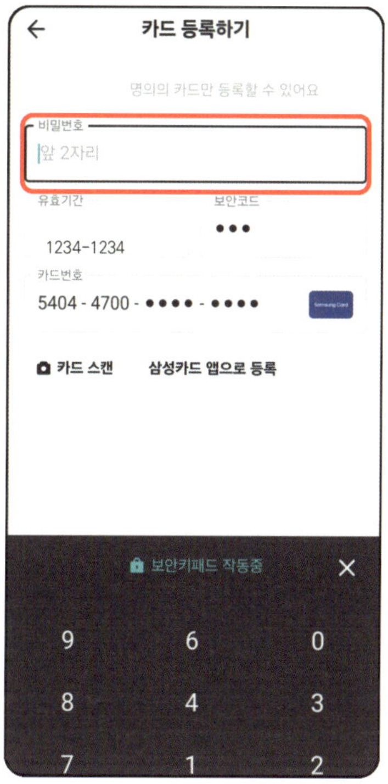

9 **비밀번호 앞 두자리**를 눌러요.

10 **동의하고 등록 완료**를 눌러요.

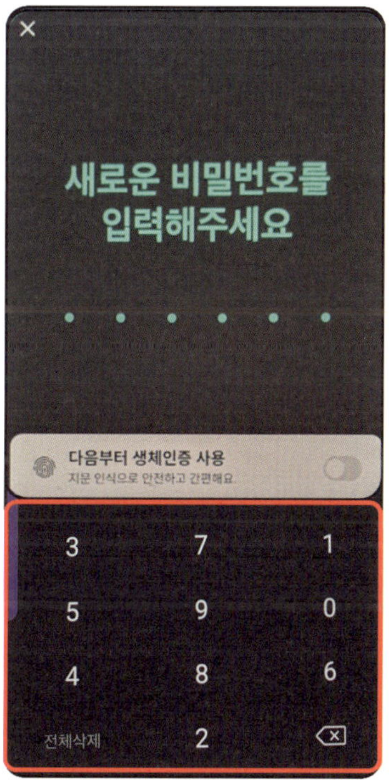

11 결제시 사용할 **비밀번호 6자리를 두번** 눌러주세요.

12 결제카드가 등록되었어요.

배달의민족 – 주문

음식 주문을 해보려고 합니다. 예시로 치킨을 주문해 봅니다.
원하는 메뉴를 선택하고 주문하고, 결제해봐요.

1 음식배달에서 **음식**을 눌러요.

2 **브랜드**를 선택해요.

3 쿠폰이 있다면 **모든 쿠폰 받기**를 눌러요.

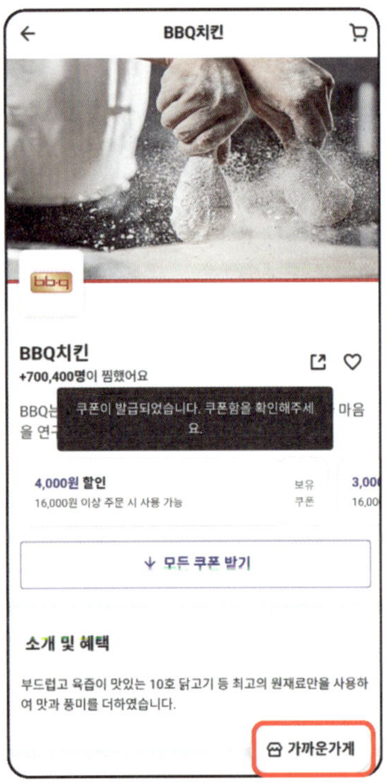

4 **가까운가게**를 눌러요.

5 **가게**를 선택해요.

6 **메뉴**를 골라 선택해요.

배달의민족 – 주문

주문을 완료하기 위해 결제 비밀번호를 입력해요. 배달이 시작됩니다.
맛있게 요리된 음식을 배달 받으실 수 있습니다.

1 **담기**를 눌러요.

2 **장바구니 보기**를 눌러요.

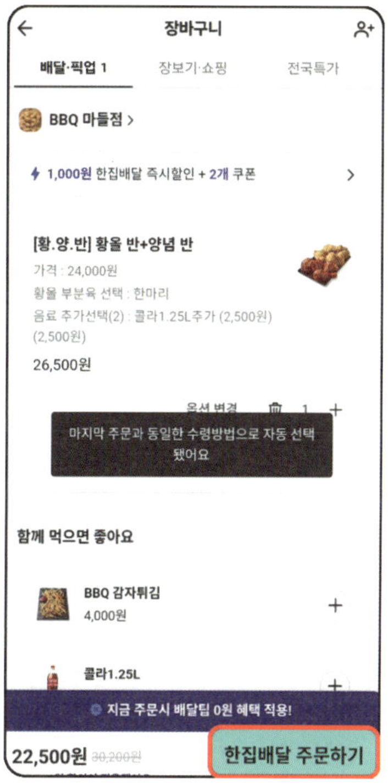

3 **한집배달 주문하기**를 눌러요.

4 추가 주문할 것이 없으면 **X**를 눌러 닫아요.

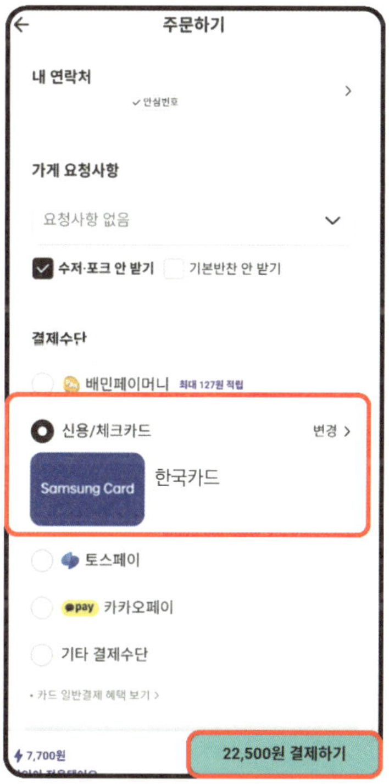

5 등록한 **신용/체크카드**를 누르고 **결제하기**를 눌러요.

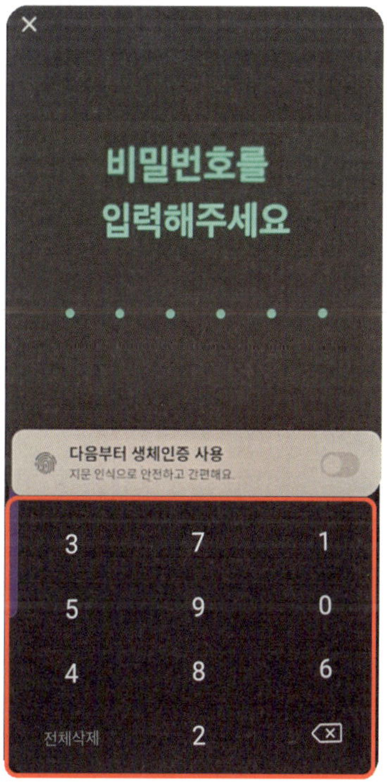

6 **비밀번호 6자리**를 눌러요.

배달의민족 - 주문

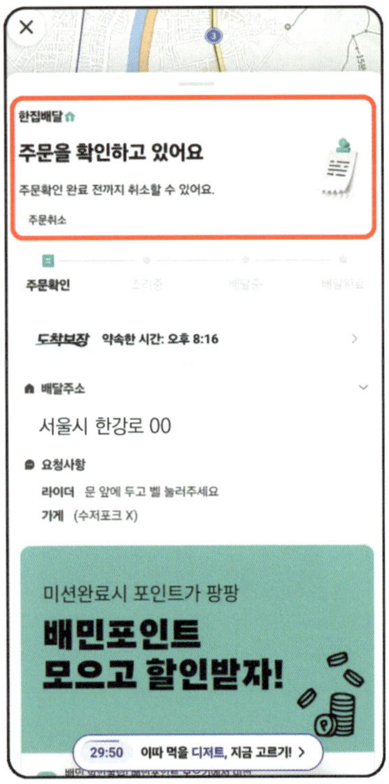

1 주문한 가게에서 주문확인 중입니다.

2 주문이 완료 되었어요.

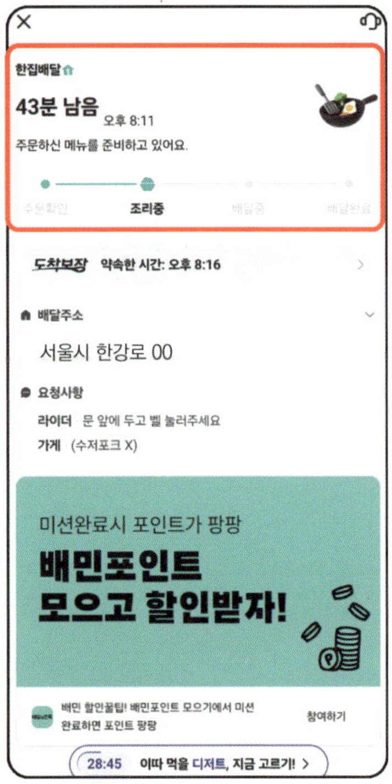

3 음식 도착 예정 시간을 알 수 있어요.

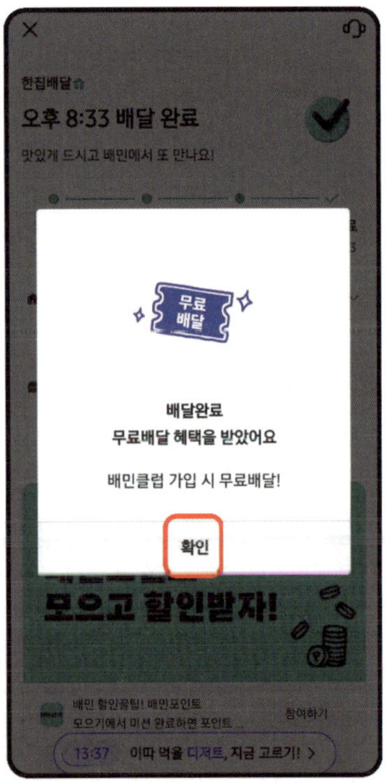

4 배달이 완료되었어요.

9장
스마트한 추천앱

슬라이드 메시지 - 설치

슬라이드 메시지는 여러 장의 이미지나 동영상을 하나의 슬라이드 형식으로 구성하여 공유할 수 있는 앱입니다.

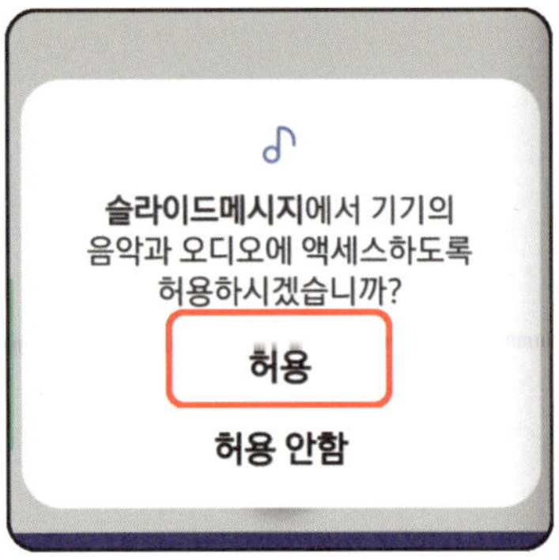

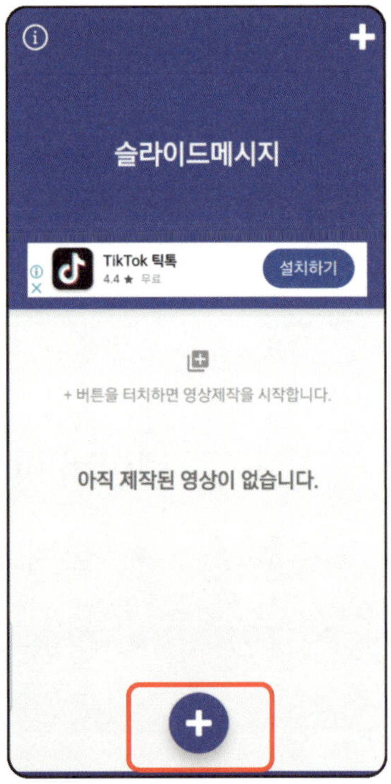

1 에서 슬라이드메시지 **설치 후 열기**를 눌러요

2 **허용**과 **모두 허용**을 눌러요.

3 를 눌러 시작해요.

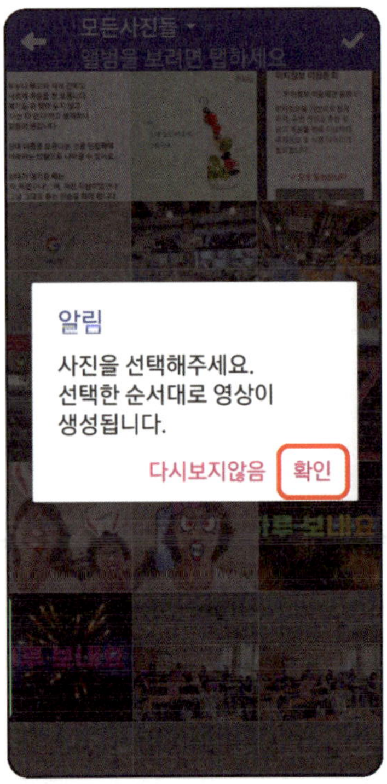

4 **확인**을 눌러요.

5 사진을 선택한 후 를 눌러요

6 **편지**를 눌러요.

슬라이드 메시지 – 자막 / 음악 넣기

사진 이미지에 올릴 시 또는 편지글을 입력하고, 배경음악을 넣어 봅니다.
슬라이드 메시지의 음악이나, 내 휴대폰의 음악을 사용할 수 있어요.

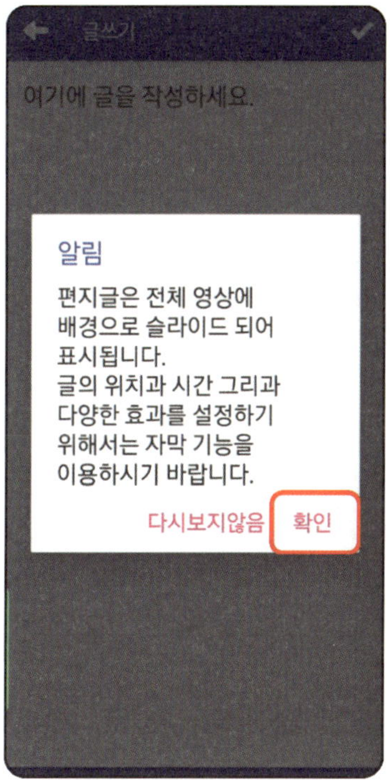

1 **확인**을 눌러요.

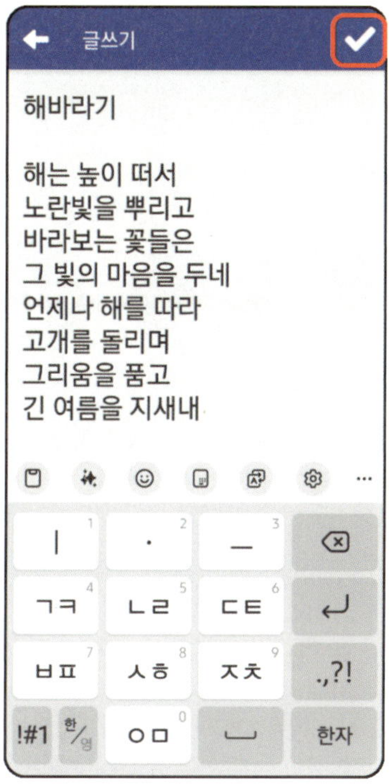

2 **자막을 입력**하고 ✔를 눌러요.

3 영상제작 화면에서 ✓를 눌러요.

4 배경음악을 삽입합니다. **음악**을 눌러요.

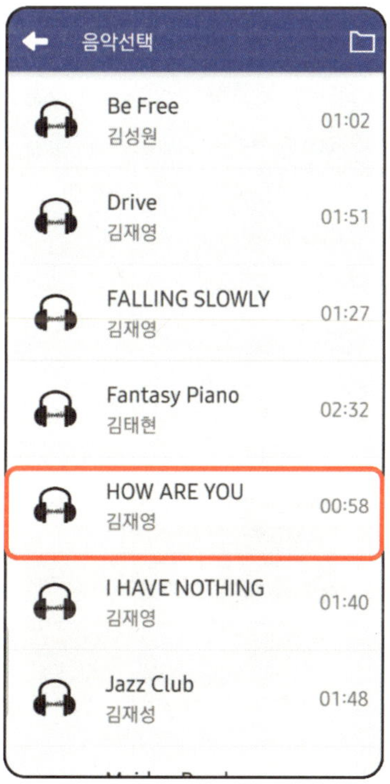

5 원하는 **음악**을 선택해요.

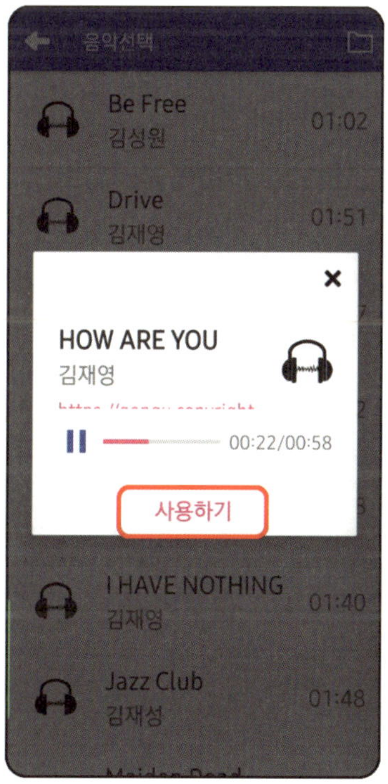

6 **사용하기**를 눌러요.

슬라이드 메시지 – 저장

영상의 시간을 정하고, 편집한 사진과 자막으로 영상을 완성합니다. 영상이 완성되면 자동으로 갤러리에 저장됩니다.

1 ✓ 를 눌러요.

2 시간을 눌러요. 영상의 시간을 정할 수 있어요.

3 ● 를 좌우로 드래그하여 시간조정해요. ✓ 를 눌러요.

4 ✓ 를 누르면 동영상이 만들어지고 갤러리에 자동 저장돼요.

5 홈으로 이동을 눌러요. 시작화면으로 돌아갑니다.

6 🗑 영상만들기 클립을 삭제해요.
✎ 클립을 수정해요.
⋖ 클립을 공유할 수 있어요.

네이버 마이박스 – 설치 및 로그인 (네이버)

휴대폰에 있는 사진·동영상·문서를 네이버에 안전하게 보관해 두고,
휴대폰이 바뀌어도 언제든 다시 꺼내 볼 수 있는 개인 온라인 저장 공간입니다.

1 ▶에서 네이버마이박스를 검색 후 **설치 후 열기**를 눌러요.

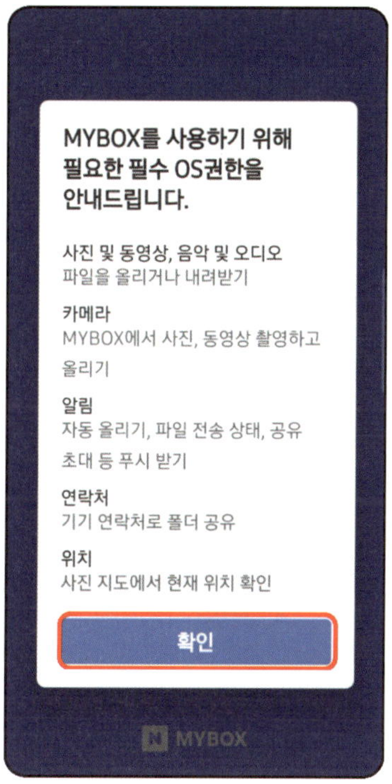

2 **확인**을 눌러요.

허용 안함를 눌러요.

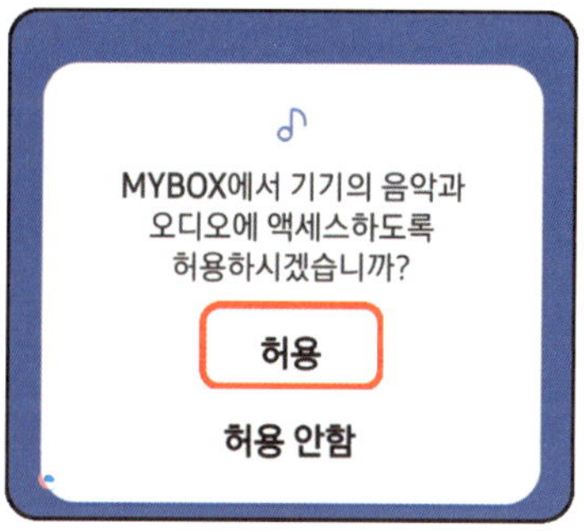

3 **허용**을 눌러요.

4 **모두허용**을 눌러요.

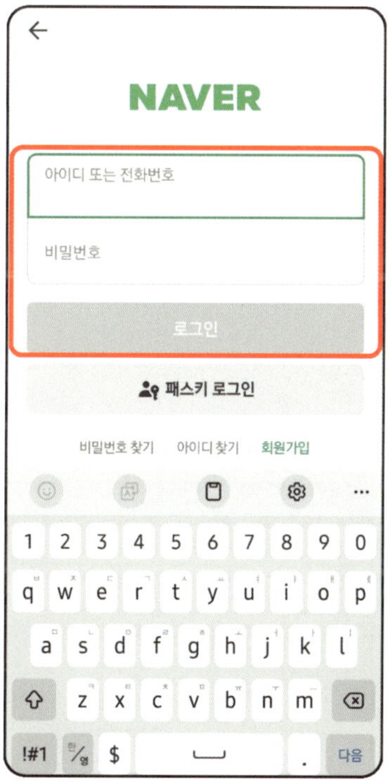

5 네이버 **아이디,비밀번호**를 입력 후 **로그인**을 눌러요.

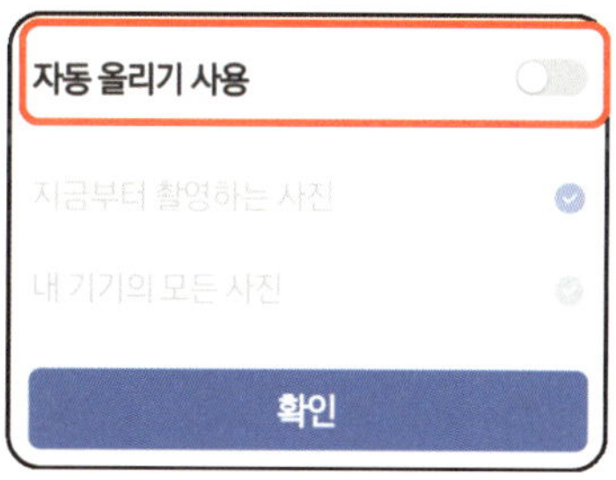

6 **자동 올리기 사용**을 꺼주세요.

네이버 마이박스 – 활용 (사진 올리기)

네이버 마이박스는 기본 30GB는 무료이고, 이보다 많이 쓰고 싶을 때는 여러 용량의 유료 구독제를 선택해서 쓸 수 있습니다.

7 필수 항목만 동의하고 시작하기를 눌러요.

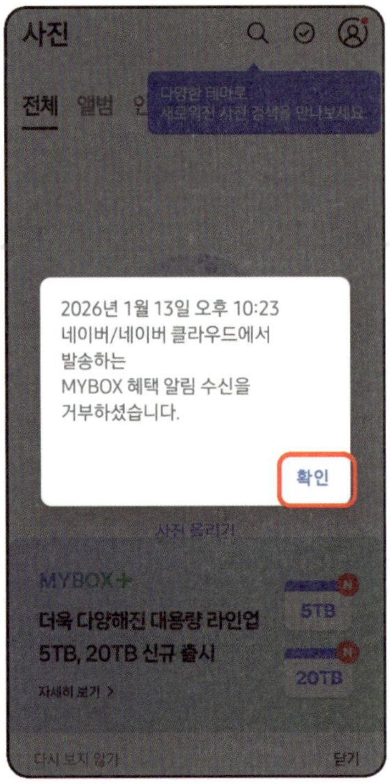

8 확인을 눌러요.

9 광고 닫기를 눌러요.

10 [+]를 눌러요.

11 [갤러리 아이콘]를 눌러요.

12 사진 선택 후 올리기를 눌러요. .

네이버 마이박스 – 활용 (사진 올리기)

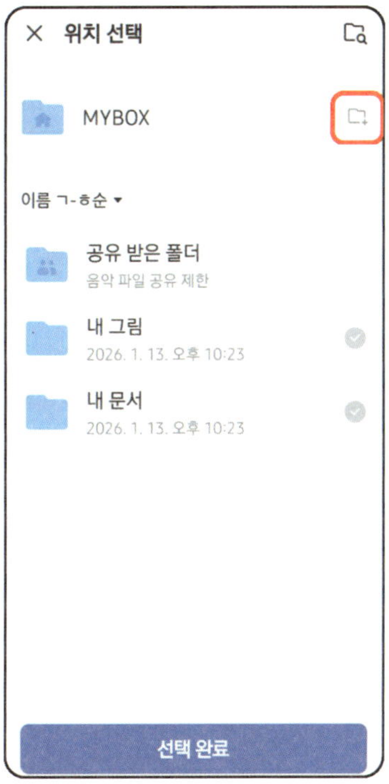

13 를 눌러요.

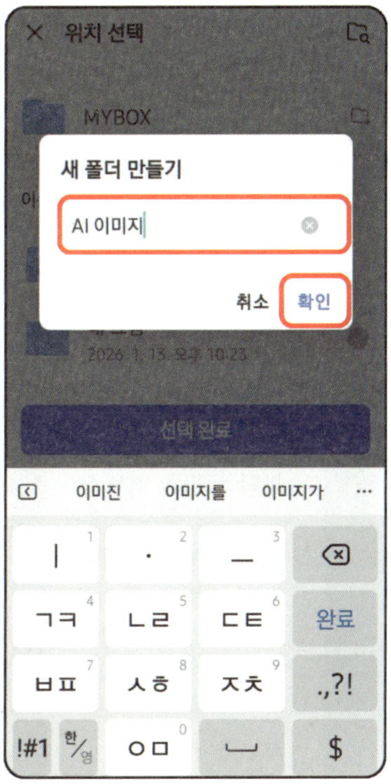

14 **폴더 이름**을 입력하고 **확인**을 눌러요.

15 **선택 완료**를 눌러요.

16 **올리기**를 눌러요.

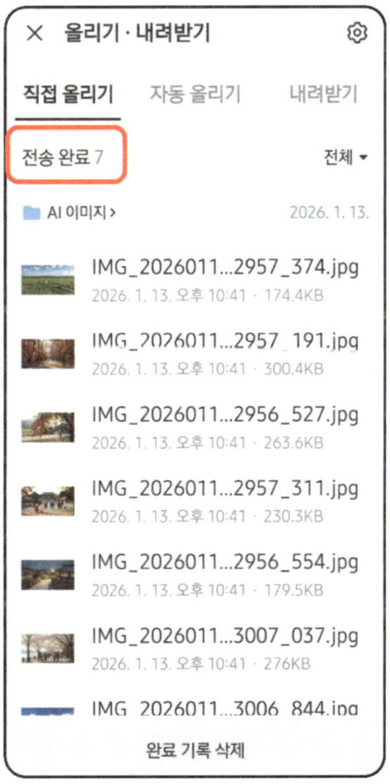

17 사진 올리기가 완료되었어요.

모바일 팩스 – 설치 및 가입

스마트폰으로 문서를 사진 찍거나 파일로 불러와 팩스 번호로 바로 보내고, 받은 팩스도 휴대폰으로 확인하는 서비스입니다.

1 에서 모바일팩스를 검색 후 **설치 후 열기**를 눌러요.

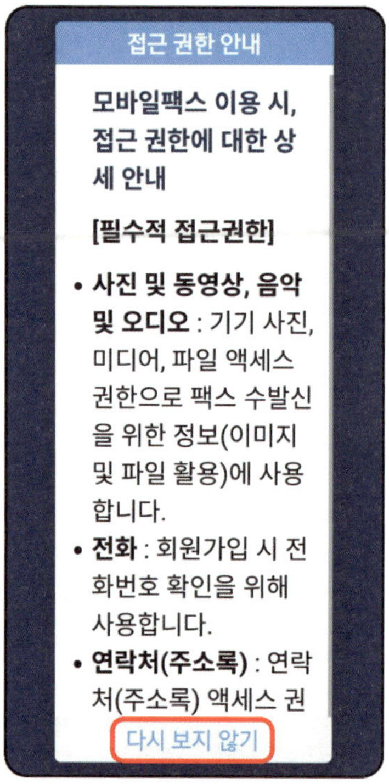

2 **다시보지않기**를 눌러요.

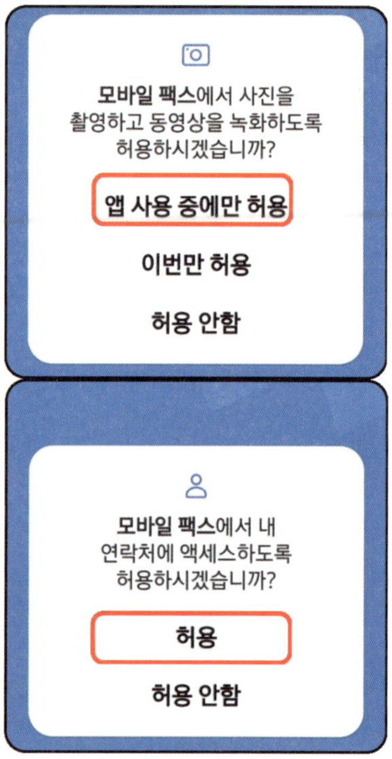

3 **앱 사용 중에만 허용**과 **허용**을 눌러요.

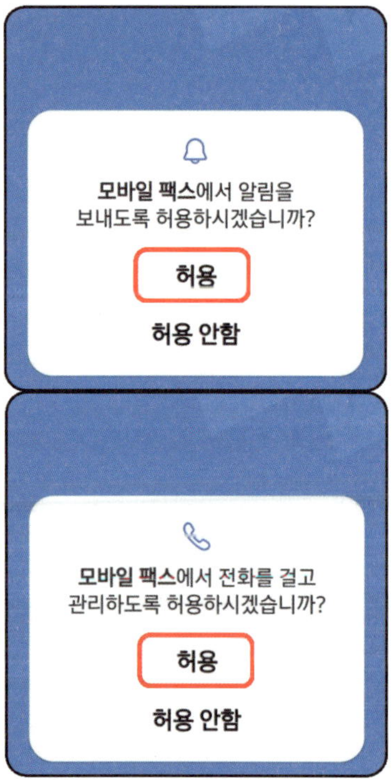

4 **허용**을 눌러요.

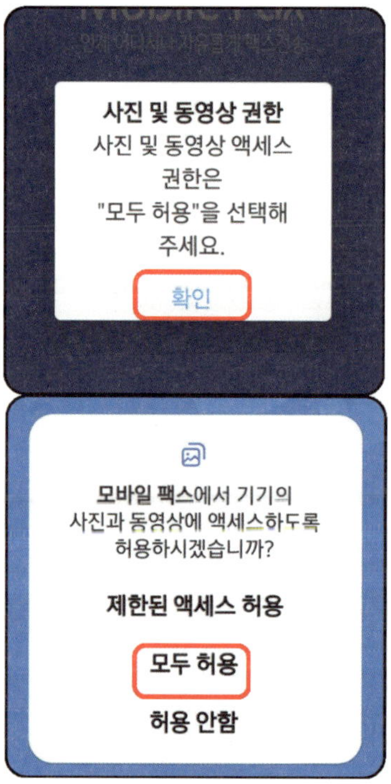

5 **확인**과 **모두 허용**을 눌러요.

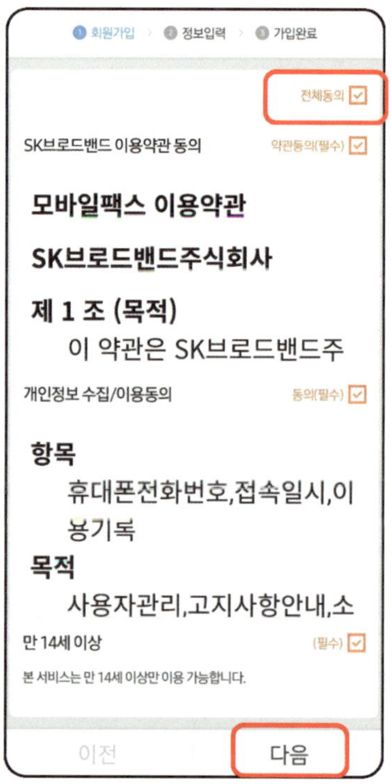

6 **전체동의** 체크하고 **다음**을 눌러요.

모바일 팩스 – 팩스 보내기

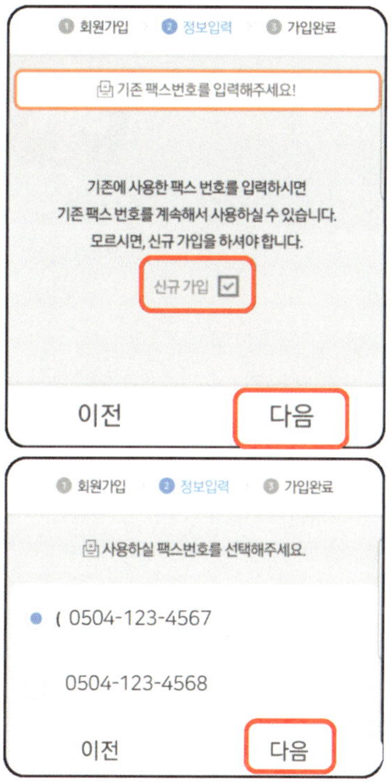

7 **신규 가입**에 체크하고 **다음**을 누르고 번호선택 후 **다음**을 눌러요.

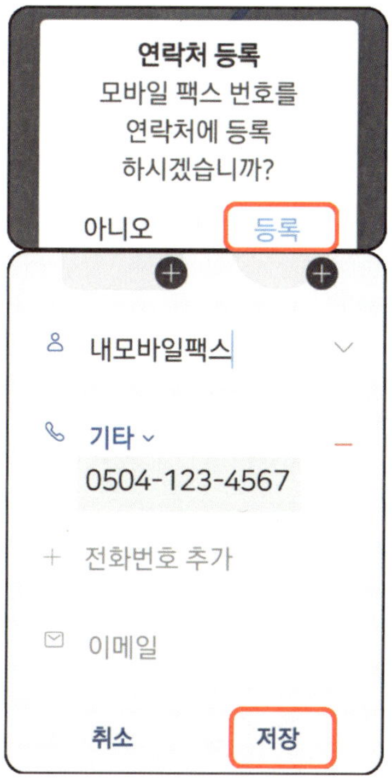

8 **등록**을 누르고 **확인**을 눌러요.(나의 팩스번호가 생겼어요.)

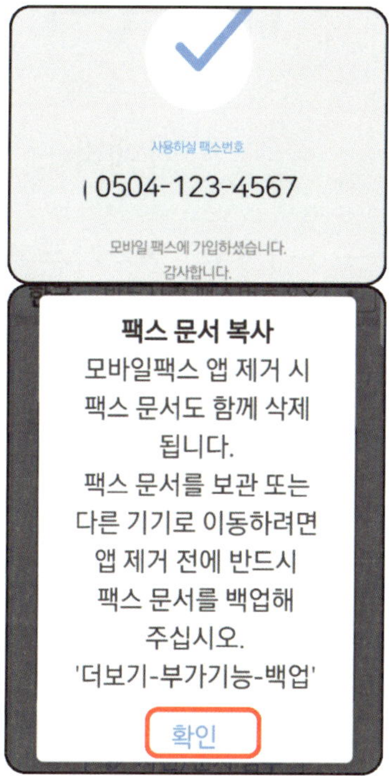

9 내용을 읽고 **확인**을 눌러요.

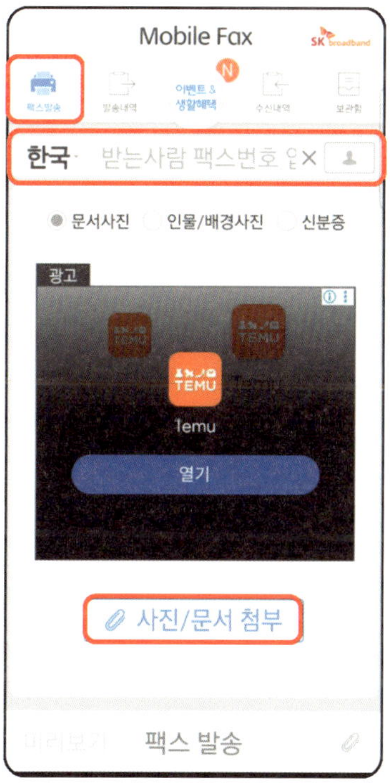

10 팩스탭에서 팩스번호를 입력하고 **사진/문서첨부**를 눌러요,

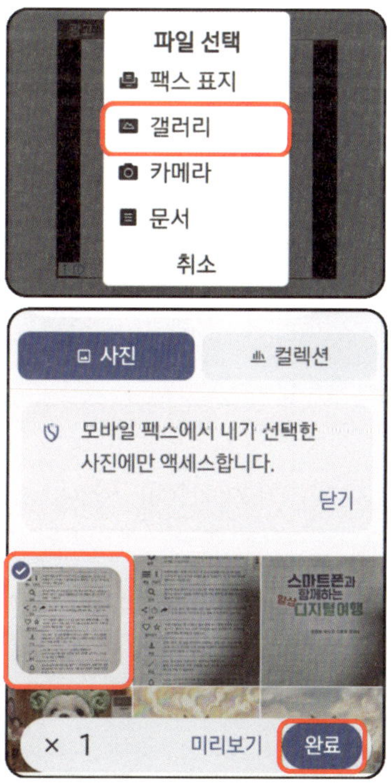

11 **갤러리** 누르고 보내려는 문서 선택 후 **완료**를 눌러요.

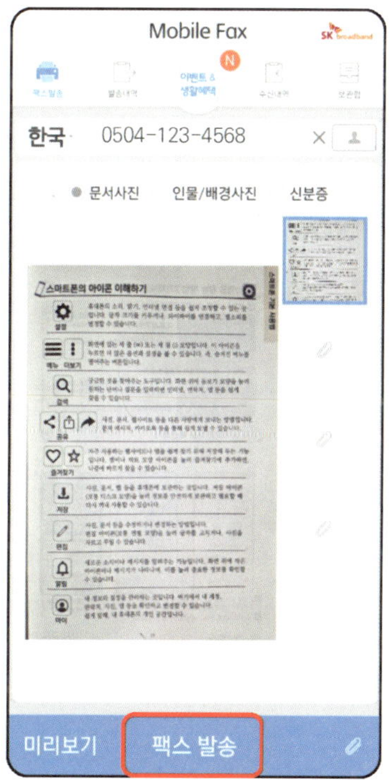

12 **팩스 발송**을 터치해요.

10장
카메라와 갤러리 활용편

카메라

갤러리

카메라 – 기본 기능

기억에 남을 멋진 사진을 찍기 위해 카메라의 기본 기능에 대해서 살펴보겠습니다

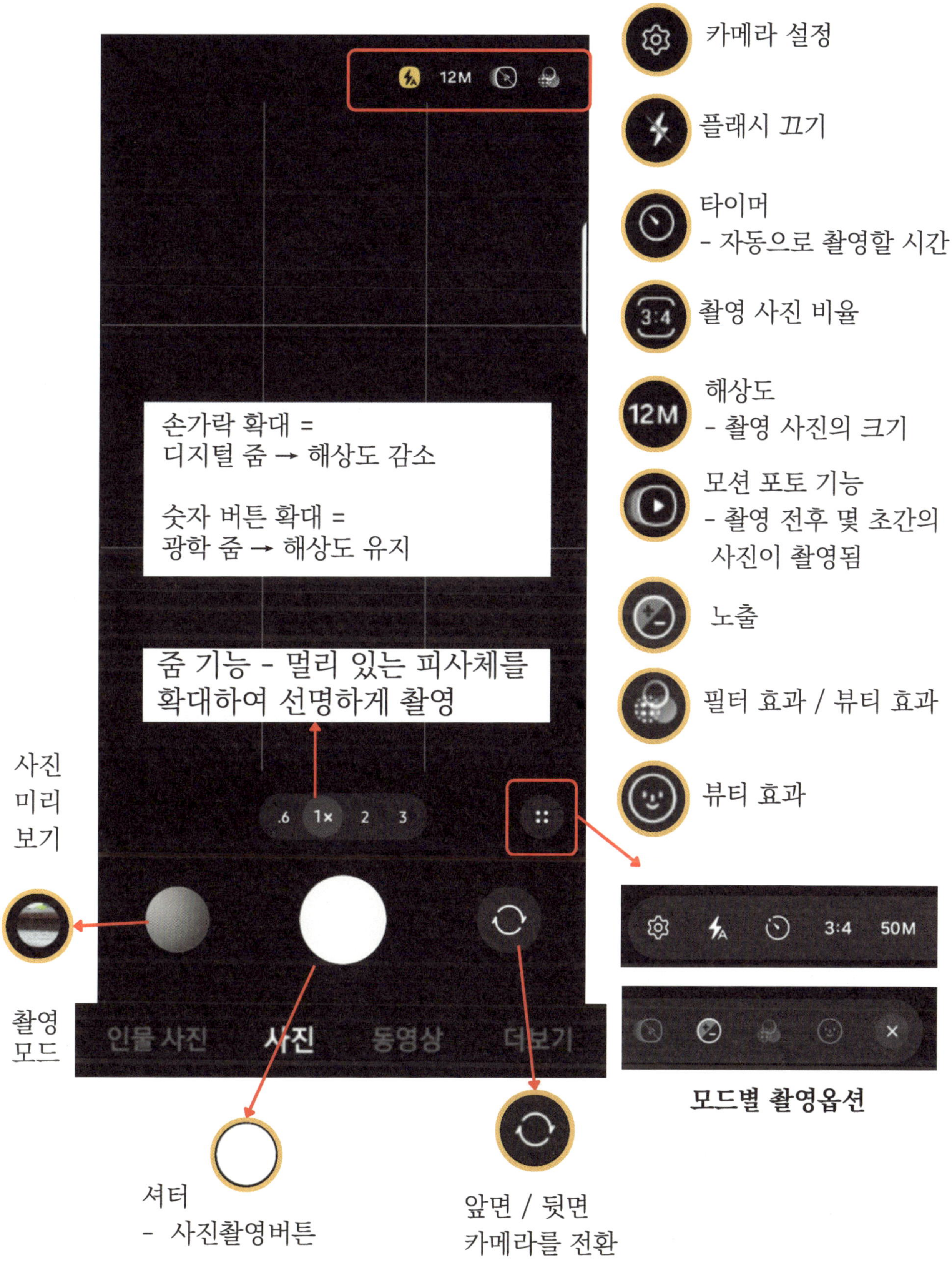

카메라 - 비율과 촬영구도

카메라의 비율에 대해서 알아볼게요.(예시는 세로의 비율입니다)

1:1 비율 | 3:4 비율 | 9:16 비율

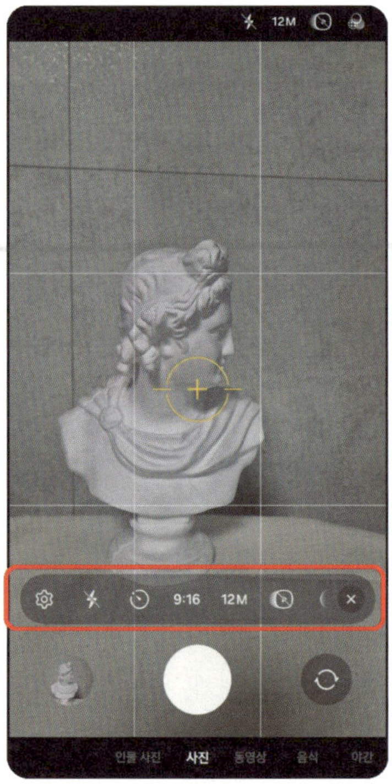

격자무늬의 촬영구도 가이드(카메라 설정 - 촬영구도 추천 켜두기)에 맞춰서 찍으면 기울임을 방지할 수 있습니다. 가운데 노란색이 나오면 좋은 구도로 찍을 수 있어요.

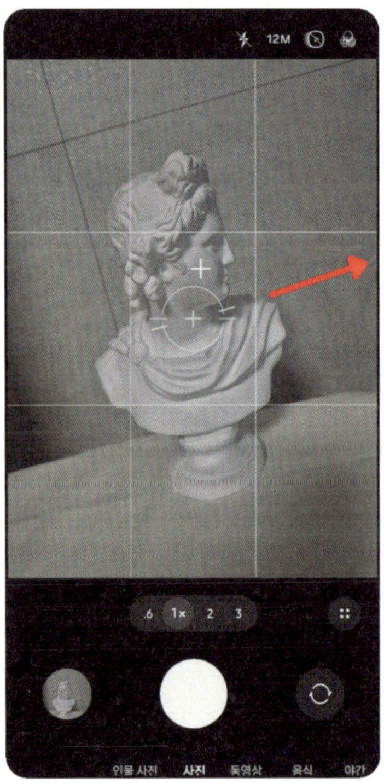

추천 구도

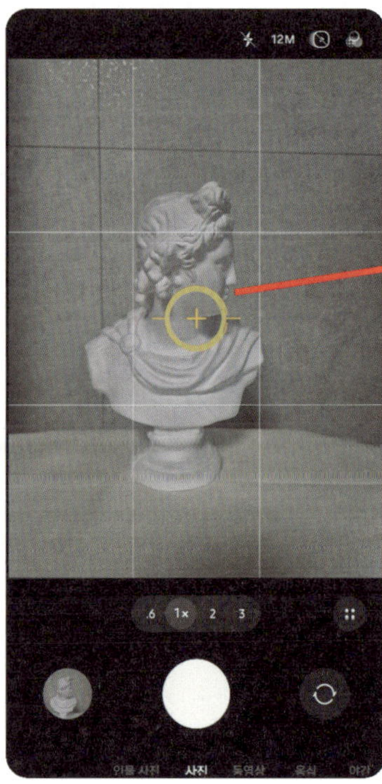

베스트샷

카메라 - 촬영모드 - 파노라마

스마트폰의 촬영 모드는 다양한 종류가 있으며, 각 모드마다 다른 기능과 효과를 제공합니다. 파노라마 모드를 추가하는 방법을 알아봅니다.

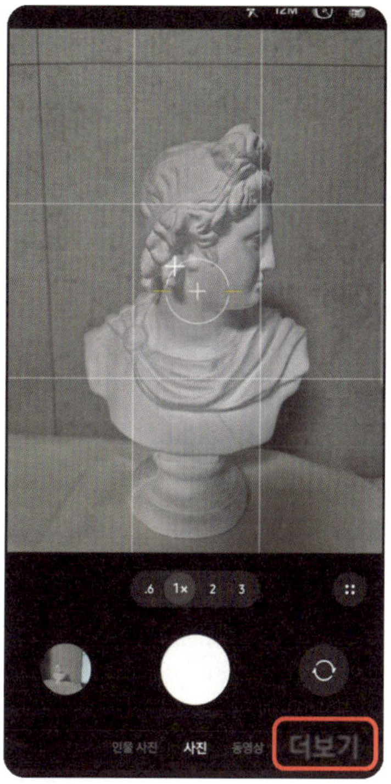

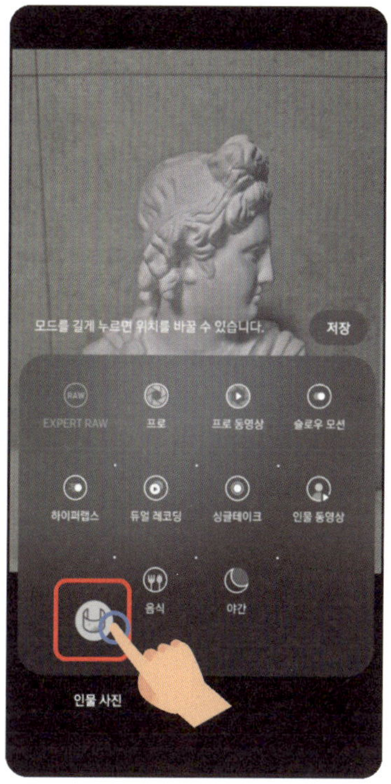

1 더보기를 눌러요.

2 를 손으로 꾸~욱 눌러요.

3 더보기 옆으로 드래그 합니다.

4 저장을 눌러요.

5 - 스마트폰을 천천히 움직이면서 촬영을 시작해요.
- 화면에 나타나는 안내선을 따라 움직이면서 계속해서 촬영을 이어나가세요.

이 외에도 다양한 촬영모드가 많이 있습니다.
음식, 프로, 슬로모션 등 원하는 모드를 같은 방식으로 드래그하고, 저장한 후 사용할 수 있습니다.

카메라 – 동영상 촬영

스마트폰에서 동영상 녹화하는 방법을 설명합니다.

1 **카메라**를 눌러요.

2 촬영모드를 밀어서 **동영상**을 선택해요.

3 **녹화**를 눌러서 녹화를 시작합니다.

4 녹화 중이고, **녹화 시간**을 알 수 있어요.

5 녹화 도중에도 을 누르면 사진 촬영을 할 수 있어요.

6 녹화 중 **일시정지**를 원할 때 사용합니다.

카메라 – 동영상 촬영

카메라의 비율에 대해서 알아볼께요.(예시는 세로의 비율입니다)

1:1 비율 3:4 비율 9:16 비율

7 계속 녹화를 하려면, **녹화**를 눌러요.

8 녹화를 완전 끝내려면 **정지**를 눌러요.

9 스마트폰에 자동 저장 됩니다.

주요 사진 비율과 특징

비율	화면 느낌	해상도	특징 요약	추천 사용 예
3:4	자연스러움	★★★★★	카메라 센서를 100% 사용,화질 최고	인물, 단체사진, 기록용, 인쇄
Full	화면 꽉 참	★★★★	커 보이지만 화면에 맞춰 일부 잘림	휴대폰으로 보기, 시원한 풍경
9:16	세로로 김	★★★	스마트폰 화면 전용, 상·하 잘림	카톡, 인스타 스토리
1:1	정사각	★★	좌우가 많이 잘림, 안정적인 구도	음식, 물건, SNS 게시물

해상도란?
이미지를 구성하는 작은 점(픽셀)의 개수로 이 숫자가 높을 수록 더 선명한 화질을 의미

갤러리 - 사진의 촬영 정보를 확인하는 방법

촬영된 사진의 상세정보(날짜 및 시간, 위치, 파일 이름)를 확인하는 간단한 방법을 알아봅니다. 카메라 설정에서 **위치태그를 켜두어야** 합니다.

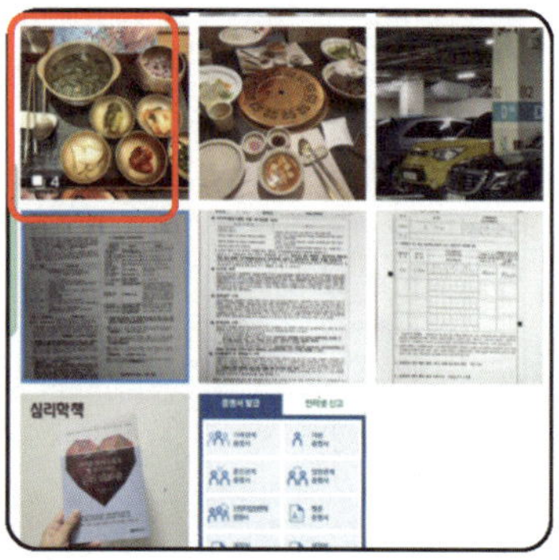

1 를 눌러요.
2 목록에서 **사진**을 선택해요.

3 사진 화면을 위로 쓸어 올려요.

4 사진의 자세한 정보를 볼 수 있습니다.

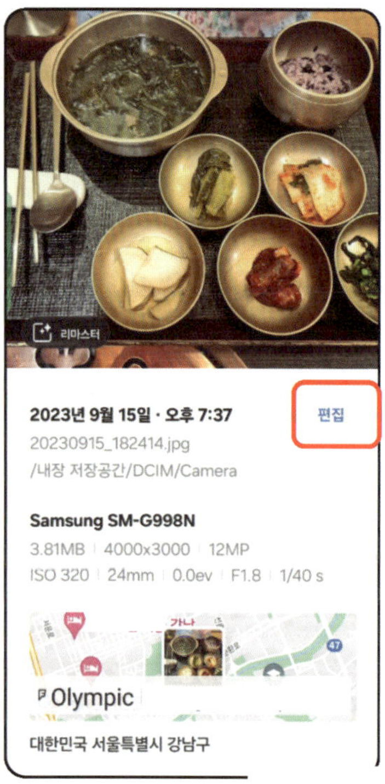

5 **편집**을 눌러보세요.

6 **파일이름**을 눌러요.
7 원하는 **이름으로 바꾸고 저장**을 눌러요.

8 사진의 이름이 바뀐 것을 확인할 수 있어요.

갤러리 - 기울기 조절과 필터 효과

스마트폰에서 배터리, 저장공간, 메모리, 보안을 한 번에 관리할 수 있습니다.

1 편집을 눌러요.

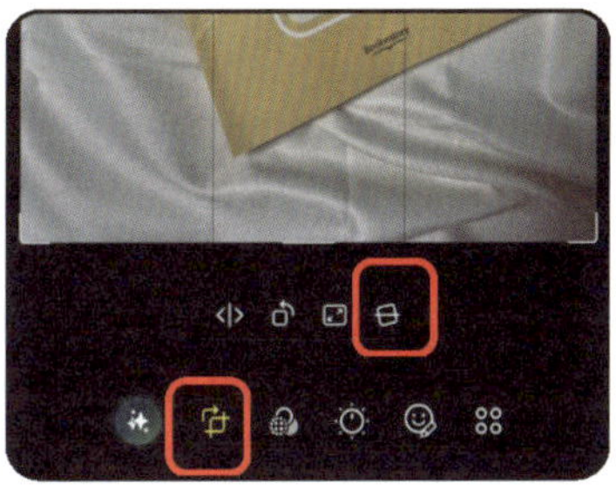

2 조절을 누르고 비율보정을 눌러요.

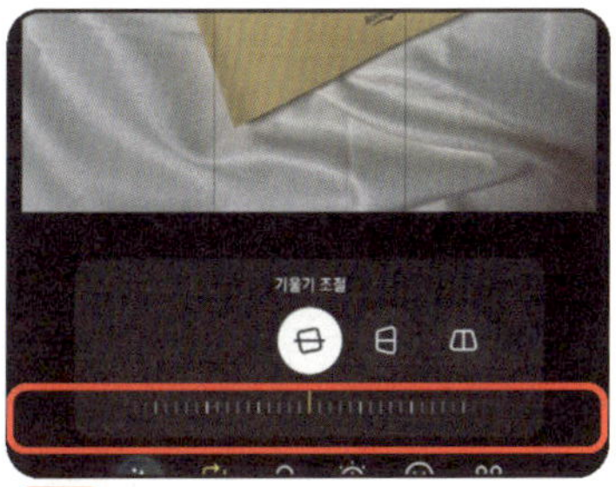

3 비율보정 눈금을 좌우로 이동해 봅니다.

4 사진의 기울기가 변경되었어요.

필터효과는 이미지의 전체적인 색감을 변경하는 기능입니다.

1 편집을 눌러요.

2 필터를 누르고 필터효과를 살펴봐요.

3 모노톤을 선택해서 영화 같은 이미지로 바꿔봅니다.

갤러리 - AI지우개

사진에서 배경이나 불필요한 부분을 선택하여 삭제하거나 수정할 수 있도록 자동으로 제거해주는 기능입니다. 수정할 사진을 먼저 선택해 주세요.

1 **편집**을 눌러요.

2 **도구**를 눌러요.

3 **AI지우개**를 눌러요.

4 **텀블러를 지우기 위해 주변을 그려주세요.** 텀블러만 선택돼요.

5 **지우기**를 누르면 텀블러만 지워져요.

6 **완료**를 눌러 저장합니다.

갤러리 - 영역 자르기

이미지의 특정 부분을 선택하여 자를 수 있는 기능입니다. 불필요한 부분을 제거하거나, 원하는 부분만 추출하여 활용할 수 있습니다.

1 **영역자르기**를 눌러요.

2 **책의 주변을 드래그**해서 영역을 선택합니다

3 책만 선택이 되었어요. **다음**을 눌러주세요.

4 책(피사체) 만 남기고 모두 지워져요. **완료**를 눌러요.

5 상단 ⋮ 을 눌러요.

6 **다른 파일로 저장**을 눌러요. 책 이미지만 따로 저장됩니다.

갤러리 - 얼굴 리터칭

사진 속 인물의 얼굴을 수정하거나 보정할 수 있는 기능으로 다양한 필터와 효과를 제공하여 사용자가 원하는 스타일로 사진을 수정할 수 있습니다.

1 **얼굴 리터칭**을 눌러요.

2 부드럽게 : 피부를 부드럽게 만들어줍니다. **눈금을 눌러 왼쪽으로 이동**해요.

3 피부가 부드럽게 바뀌었어요. **톤**을 눌러요.

4 톤 : 얼굴을 밝게 해 줍니다. 왼쪽(어둡게), 오른쪽(밝게)

5 얼굴이 밝아졌어요. **턱선**을 눌러요.

6 턱선 : 볼 - 턱선 주변을 조정합니다. **눈금**을 눌러 좌우로 옮겨 보세요.

갤러리 - 얼굴 리터칭

잡티 보정 : 점, 주름 등 잡티를 보정(주변의 색과 어울리게 수정)하는 기능으로 사진을 확대해서 손으로 조금씩 그리면 달라집니다.

1 턱 주변이 달라졌어요. 잡티보정을 눌러요.

2 손가락으로 이미지를 확대해요.

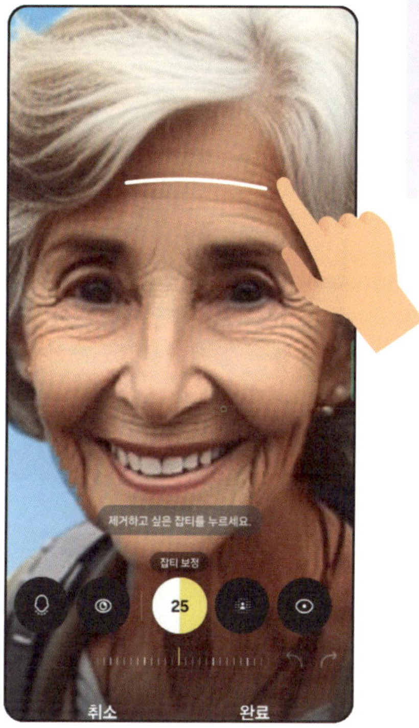

3 보정하고 싶은 부위를 손으로 천천히 그려요.

4 주름을 제거한 후 모습입니다. 완료를 눌러 완성합니다.

5 ⋮ 〉 다른 파일로 저장을 눌러요. 편집한 사진이 추가 저장됩니다.

6 보정 전과 후를 비교해 보세요.

갤러리 - 사진 삭제

갤럭시 스마트폰의 사진을 휴지통에 버리면 30일 동안 보관됩니다. 이 기간 내에는 언제든지 다시 복원할 수 있고, 30일 지나면 휴지통에서도 완전히 삭제됩니다.

1 갤러리 앱에서 **삭제하려는 사진**을 선택해요.

2 사진 하단에 있는 **휴지통**을 클릭합니다.

3 **휴지통으로 이동**을 눌러주세요.

갤러리 - 여러 장의 사진을 한꺼번에 삭제

1 **삭제할 사진**을 꾸~욱 눌러요.

2 사진을 추가 선택하고 아래의 **삭제**를 눌러요.

3 **휴지통으로 이동**을 눌러서 삭제해요.

갤러리 – 휴지통에서 사진 복원과 완전 삭제

중요한 사진이 삭제된 경우 휴지통에서 다시 복원할 수 있습니다.
단, 삭제 후 30일이 지나면 복원이 어려우니 삭제 시 꼭 확인해야 합니다.

1 오른쪽 아래의 ☰ 을 눌러요.

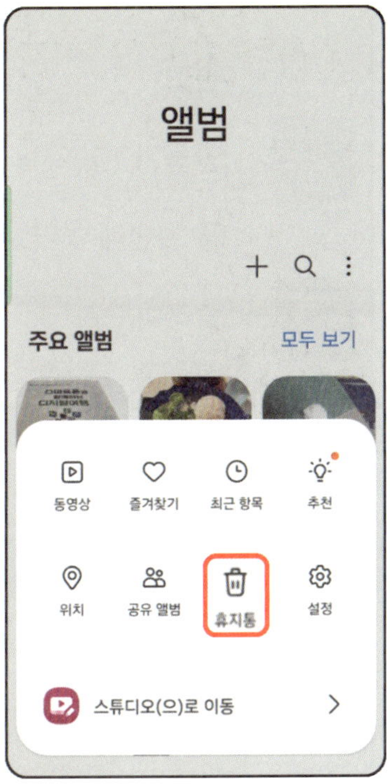

2 휴지통을 눌러요.

3 편집을 눌러요.

4 사진을 선택해요.

5 복원을 누르면 사진이 원래의 자리로 돌아갑니다.

6 삭제를 누르면 사진은 완전히 삭제돼요.

갤러리 - GIF(움직이는 이미지)

GIF는 움직이는 이미지 파일로, 여러 장의 사진을 연결하여 하나의 영상처럼 보이게 만들 수 있습니다. 사진이 들어 있는 앨범을 선택해요.

1 오른쪽 위의 ⋮를 눌러요.

2 만들기를 눌러요.

3 GIF를 눌러요.

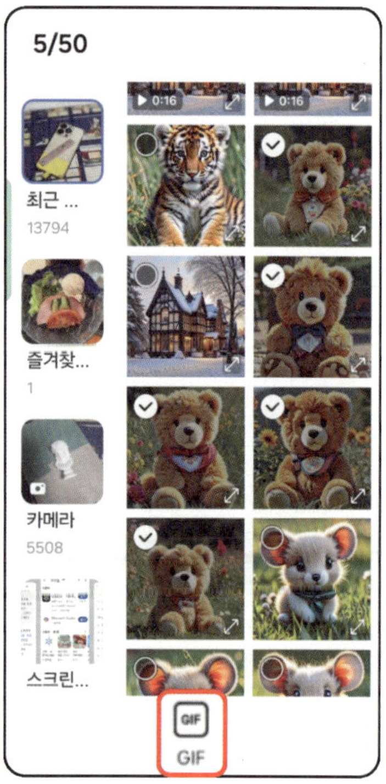

4 필요한 사진을 선택 후 GIF를 눌러요.

5 ▶을 눌러 움직이는 사진을 확인해 봅니다.

6 저장을 누르면 갤러리에 저장됩니다.

갤러리 - 콜라주

옵션 더보기 - 사진을 활용하여 콜라주를 만들어 봅니다.
〈더보기 → 만들기 → 콜라주 → 사진선택〉 순서로 누르면 만들어 집니다.
사진은 최대 14개까지 선택이 가능합니다. (동영상은 4개까지 선택 가능합니다.)

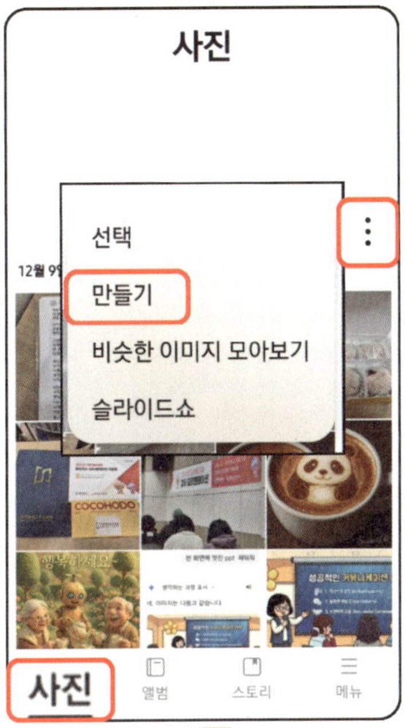

1 **사진탭**에서 ⋮를 누르고 만들기 선택해요.

2 **콜라주**를 선택해요.

3 사진을 선택 후 **콜라주**를 눌러요.

4 콜라주 형태를 골라 보세요.

5 배경과 테두리를 선택할 수 있어요.

6 **공유**-친구에게 보내요.
저장-내 폰에 저장되어요.

갤러리 – 영화 만들기

갤럭시 스마트폰의 영화 만들기는 사용자가 직접 영화를 제작할 수 있는 기능으로, 다양한 효과와 기능을 사용하여 자신만의 영화를 만들 수 있습니다.

1 **사진탭**에서 오른쪽 위의 ⋮를 눌러요.

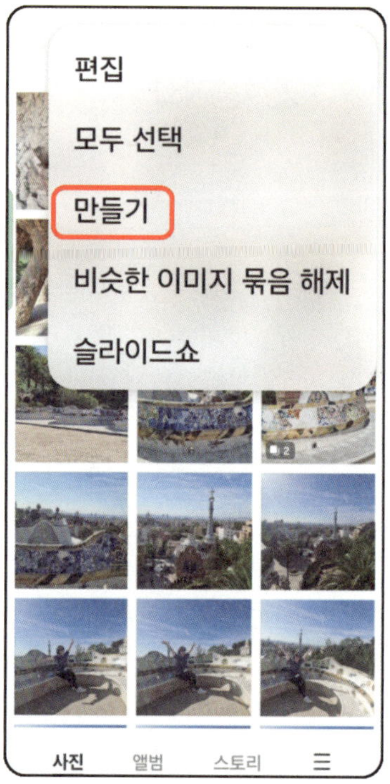

2 **만들기**를 눌러요.

3 **영화**를 눌러요.

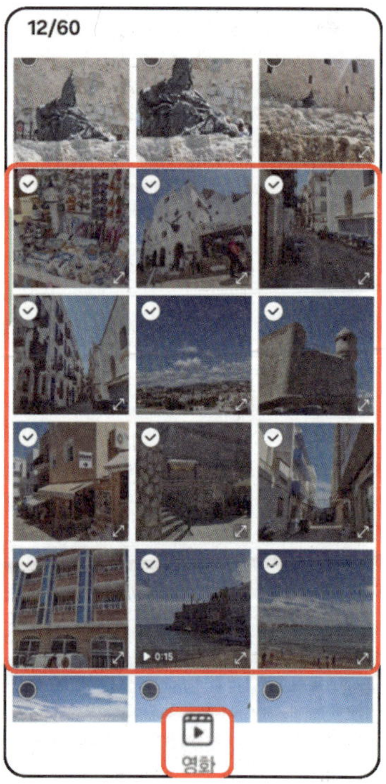

4 필요한 사진을 선택 후 **영화**를 눌러요.

5 ▶ 버튼을 눌러 영상을 확인합니다.

6 자막을 넣기 위해 T 를 눌러요.

갤러리 – 영화 만들기

텍스트, 스티커, 음악을 넣을 수 있습니다.

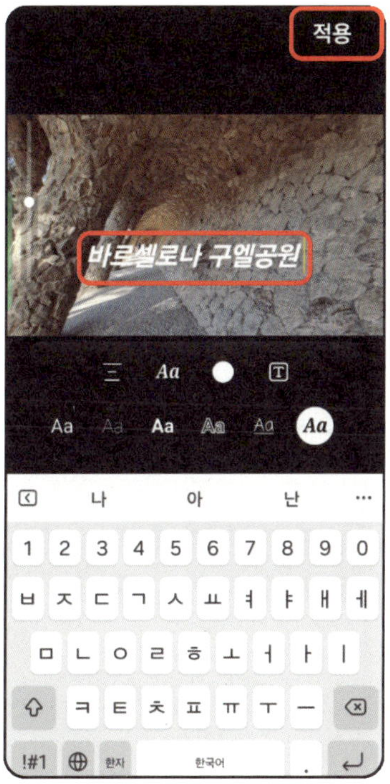

1 영화에 삽입할 글자를 입력하고 **적용**을 눌러요.

2 **데코**를 눌러요.

3 **스티커**를 **선택**하여 영상에 삽입해요.

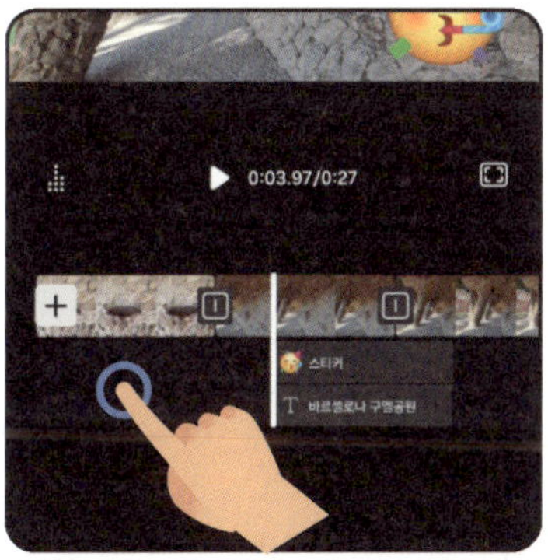

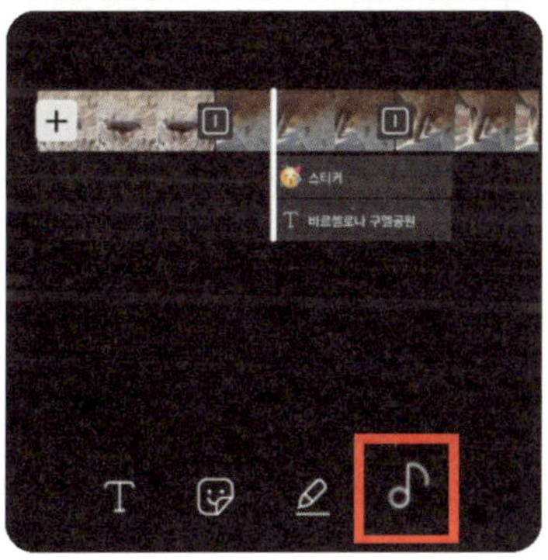

4 빈공간을 눌러요. 를 눌러서 **음악**을 삽입해요.

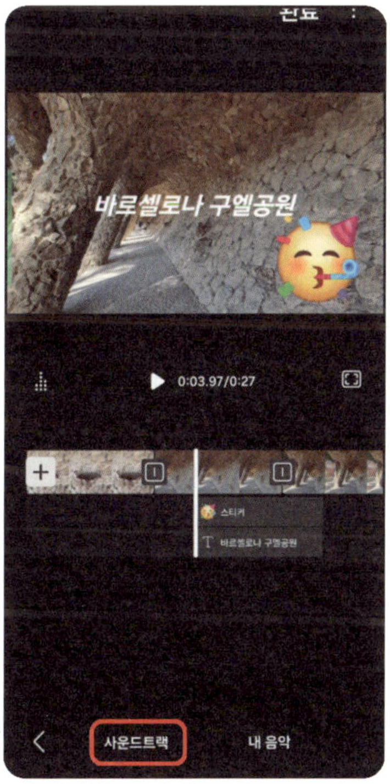

5 **사운드트랙**을 눌러서 음악을 추가해 봅니다.

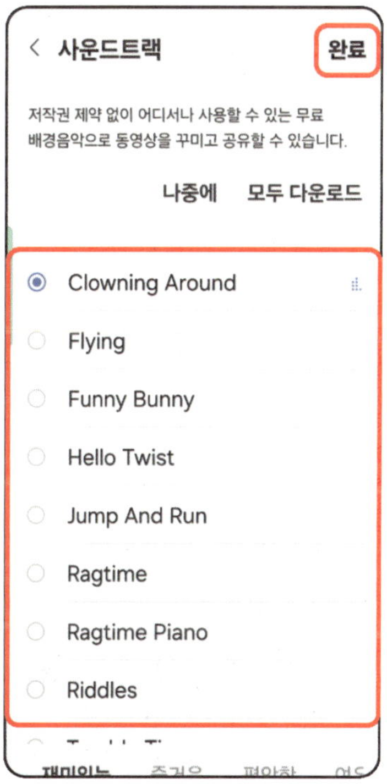

6 하나씩 눌러서 음악을 들어보고 선택 후 **완료**를 눌러요.

갤러리 - 영화 만들기

전환효과는 앞 뒤의 영상을 부드럽게 바뀌도록 하는 효과입니다.
사진사이에 전환효과를 넣어 더욱더 빛나는 영상을 만들 수 있습니다.

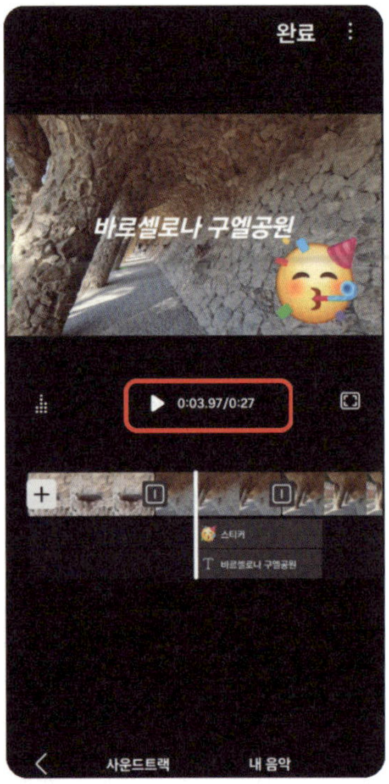

1 ▶를 눌러 영화를 감상해 보세요.

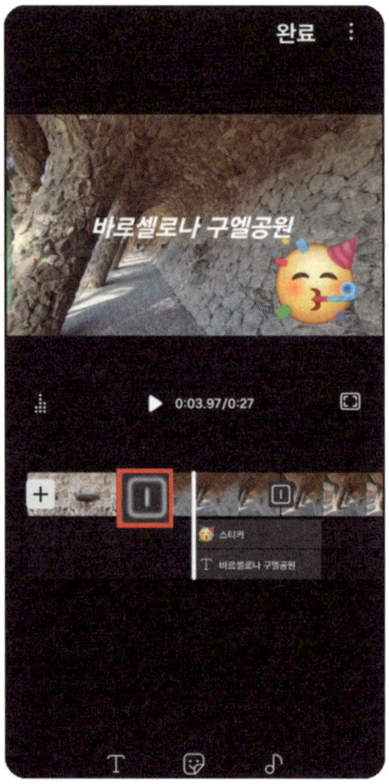

2 전환효과를 눌러요.

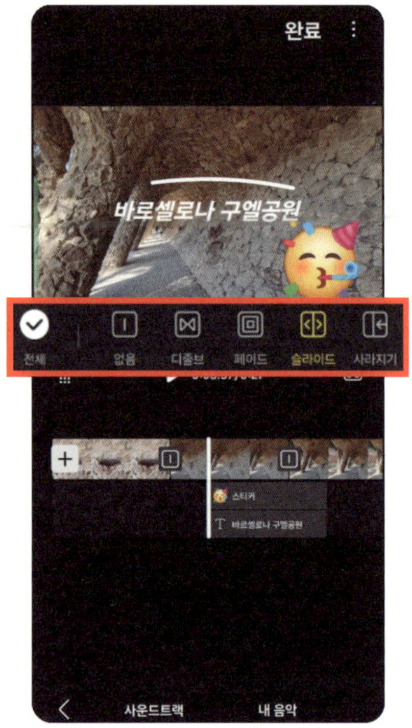

3 **전체**를 선택하고 **슬라이드**를 눌러요.

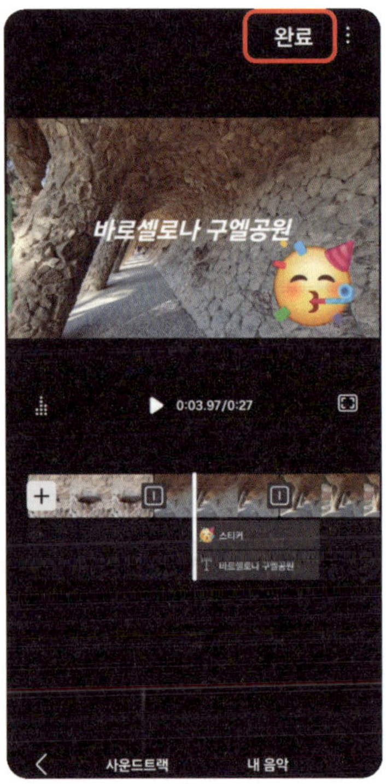

4 완성이 되었다면 **완료**를 눌러요.

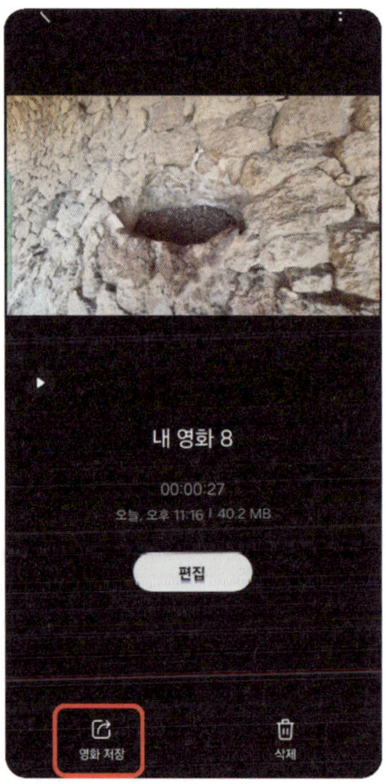

5 **영화저장**을 누르면 동영상으로 만들 수 있어요.

6 갤러리앱에서 확인할 수 있어요.

11장
영상 편집

블로 – 설치 및 새 프로젝트 만들기

모바일에서 동영상 편집을 할 수 있는 앱으로, 사진과 동영상으로 나만의 영상 작품을 만들 수 있습니다.

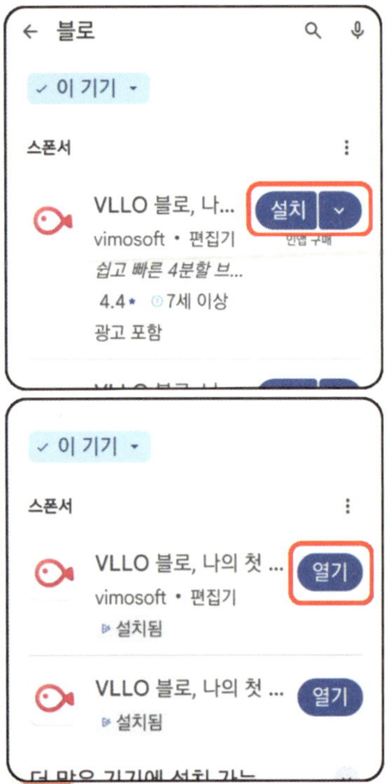

1 ▶에서 **블로**를 검색하고, **설치 후 열기**를 눌러요.

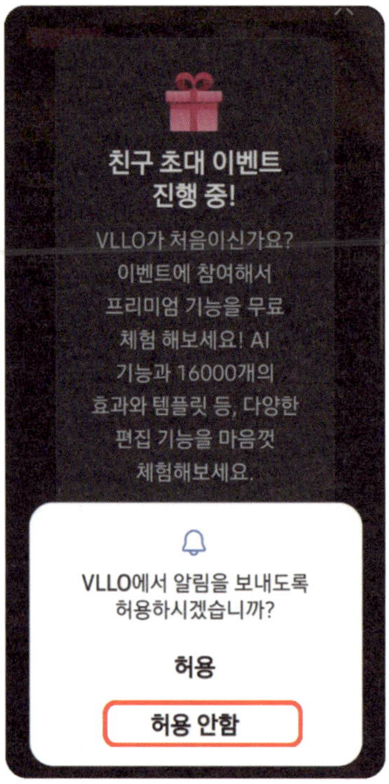

2 **허용 안함**을 눌러요.

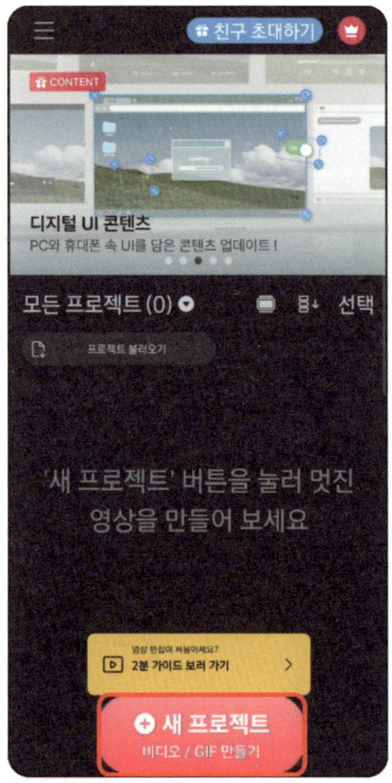

3 새 프로젝트 을 눌러요.

4 **모두 허용**을 눌러요.

5 사진을 선택하고 →를 눌러요.

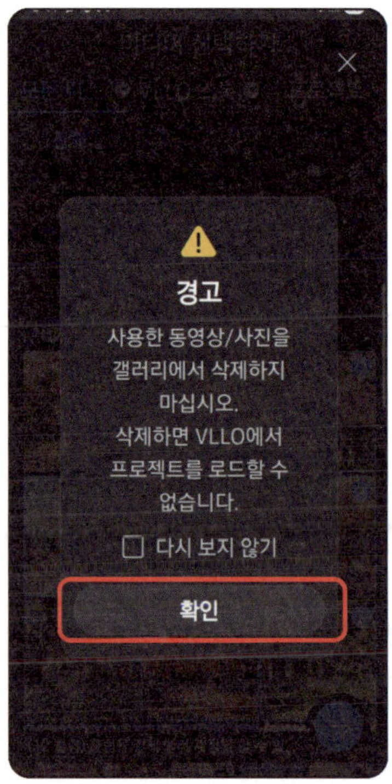

6 중요한 내용이니 잘 읽고 **확인**을 눌러요.

블로 - 프로젝트 제목과 배경 음악

프로젝트의 이름을 입력하세요. 빨간 표시가 있는 음악은 유료로 사용해야 합니다. 영상 제작 시 별도 비용을 지불해야 함으로 꼭 확인해 두세요.

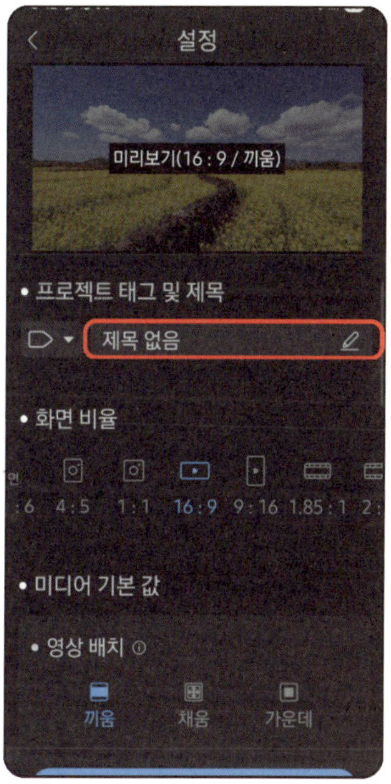

1 **제목 없음**을 눌러요.

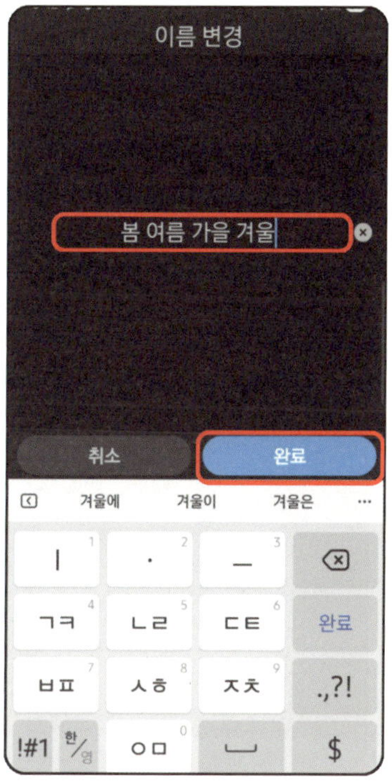

2 **제목**을 입력하고 **완료**를 눌러요.

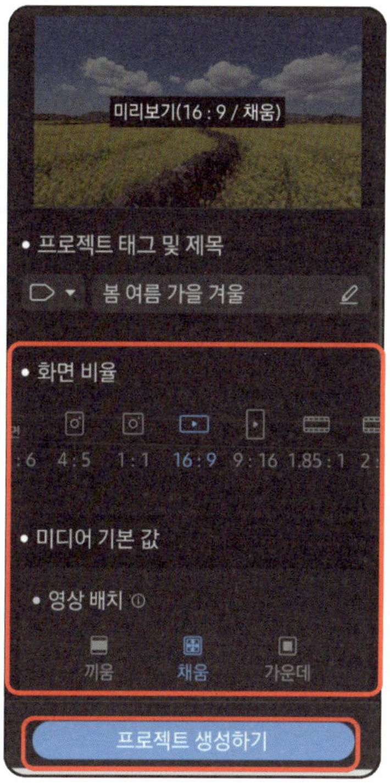

3 **화면비율, 영상 배치**를 선택하고 **프로젝트 생성하기**를 눌러요.

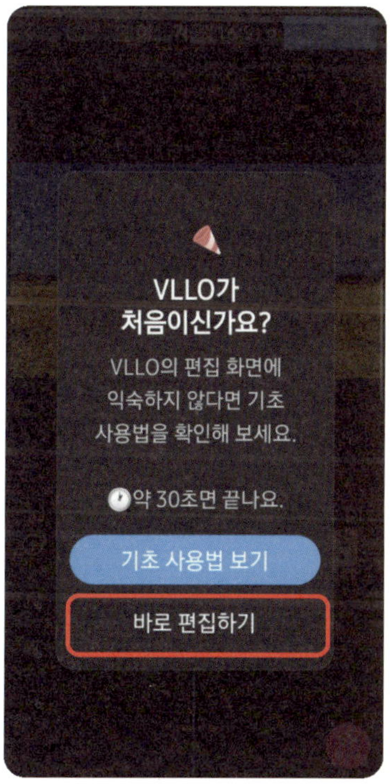

4 **바로 편집하기**를 눌러요.

5 오디오에서 [배경음악] 을 선택해요.

6 [다운로드] 을 누르고 **음악**을 눌러요.

블로 – 프레임 넣기

사진에 프레임을 삽입 합니다.

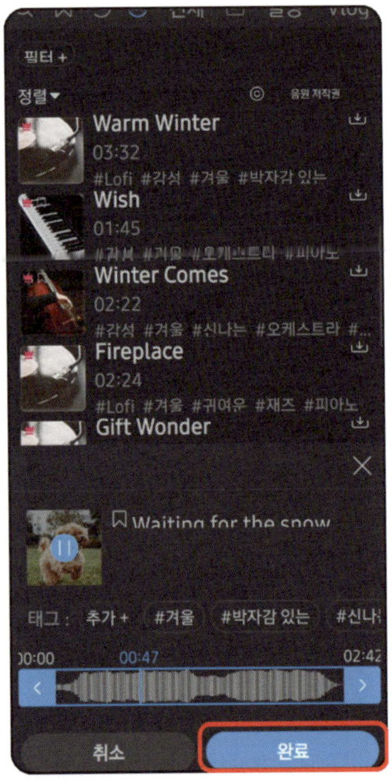

1 완료 를 눌러요.

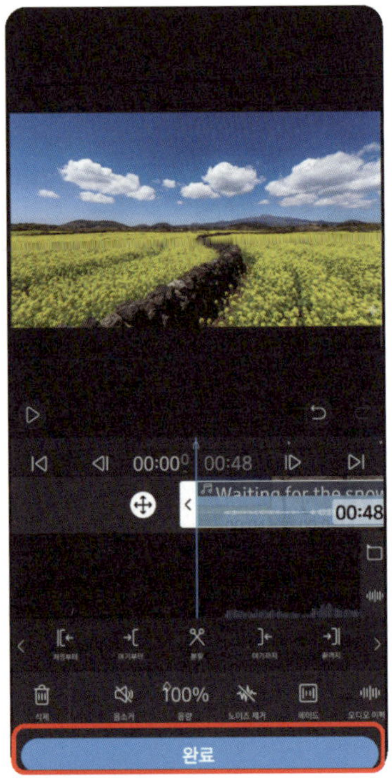

2 완료 를 눌러요.

3 그래픽을 누르고
프레임을 눌러요.

4 영상의 프레임을 선택하고
완료 를 눌러요.

5 프레임 를 눌러서
영상 끝까지 선택해요.

6 완료 를 눌러요.

블로 – 텍스트 · 전환 효과 넣기

사진에 텍스트를 넣습니다.

1 글자탭을 누르고 를 눌러요.

2 자막 템플릿을 선택해요.

3 영상 위의 자막을 더블 클릭 합니다.

4 새로운 자막을 입력 후 를 눌러요.

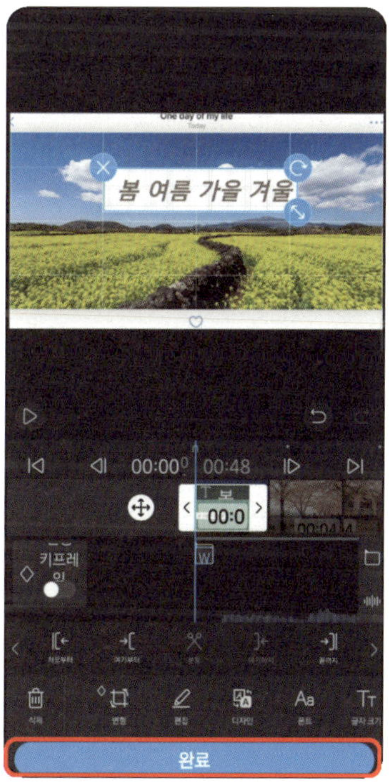

5 를 눌러요.

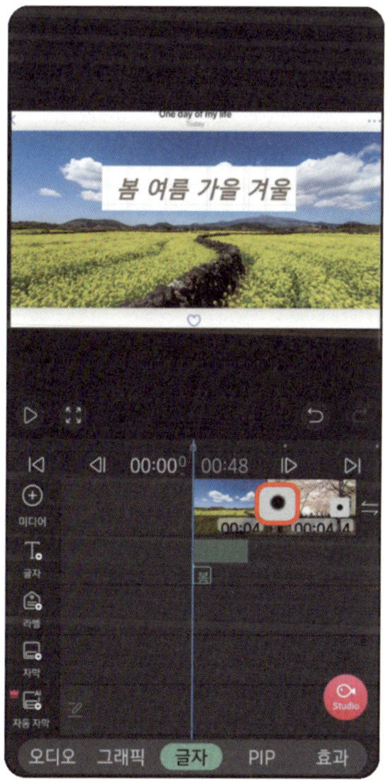

6 전환효과를 눌러요.

블로 - 추출하기 (저장하기)

자막을 넣기 위해 자막 템플릿을 사용할 수 있습니다. 왼쪽 위에 빨간색 자물쇠가 있는 것은 유료 입니다. 표시가 없는 것으로 먼저 사용해 보세요.

1 **효과**를 선택하고 다른 대상에 를 눌러요.

2 **모두 선택**을 누르고 완료 를 눌러요.

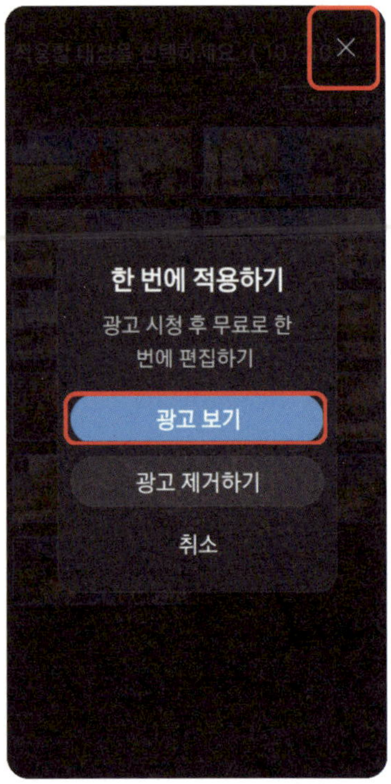

3 **광고 보기**를 눌러서 광고를 보고 X를 눌러요.

4 추출하기 를 눌러요.

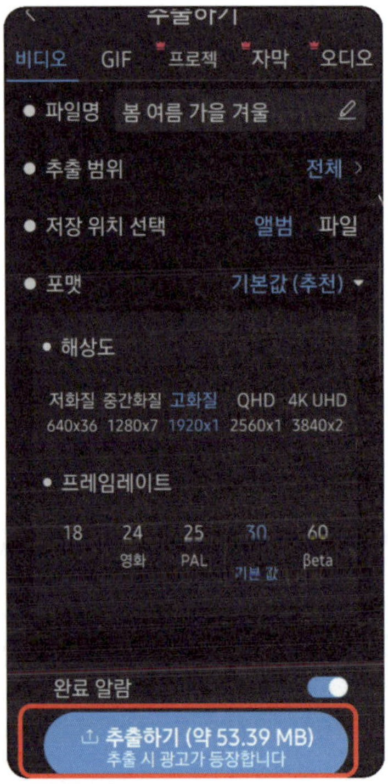

5 추출하기 를 눌러요.

6 **앨범**에 저장되었어요. 다양하게 공유할 수 있어요.

캡컷 – 설치 및 로그인

스마트폰 하나로 폰 안에 있는 사진과 영상을 엮어 한 편의 멋진 영상 편지나 일기를 만들 수 있는 영상 편집 및 템플릿 앱입니다.

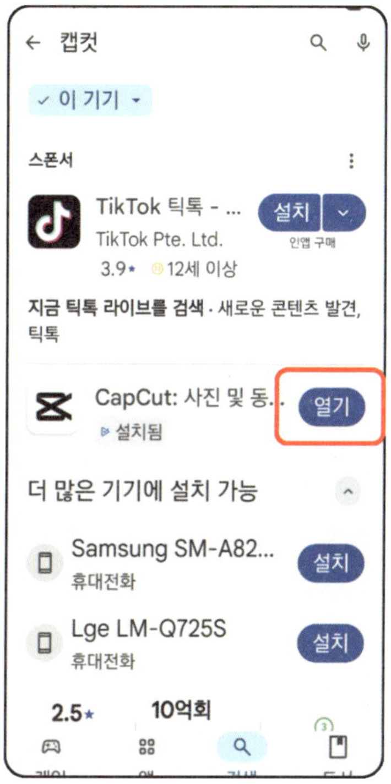

1 ▶에서 **설치 후 열기**를 눌러요.

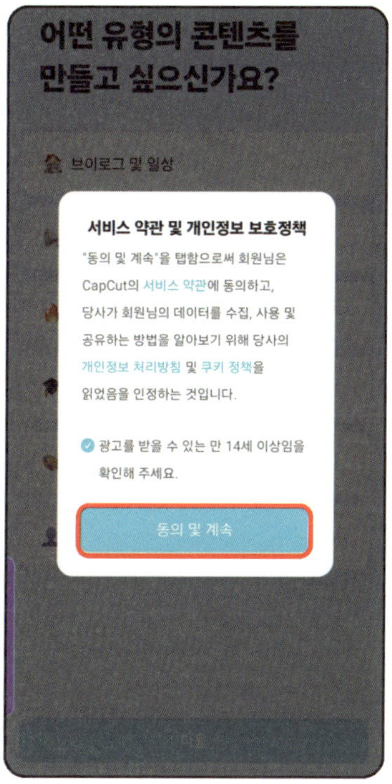

2 **동의 및 계속**을 눌러요.

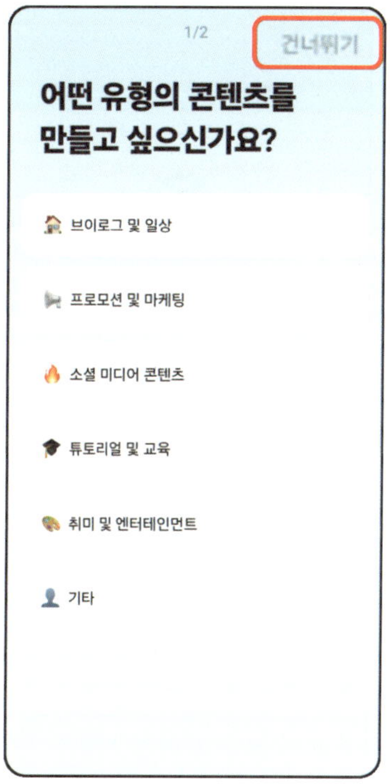

3 **건너뛰기**를 눌러요.

4 X를 눌러요.

5 👤를 눌러요.

6 **탭하여 로그인**을 눌러요.

캡컷 - 로그인 및 영상 만들기

전문가 수준의 비디오를 빠르고 쉽게 만들기 위해 미리 만들어진 템플릿 라이브러리를 배워봅니다.

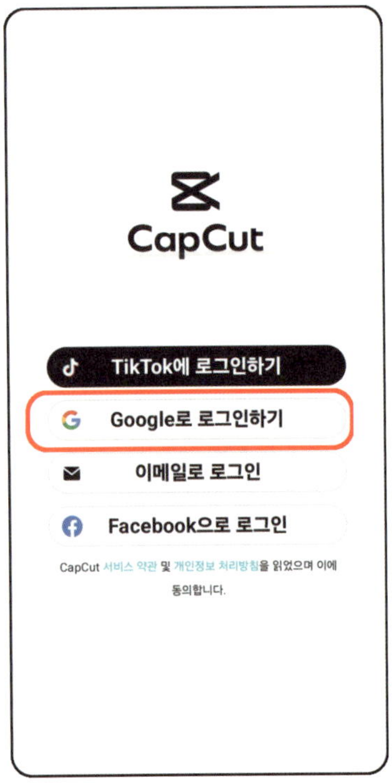

1 **Google로 로그인하기**를 눌러요.

2 **구글계정으로 계속**을 눌러요.

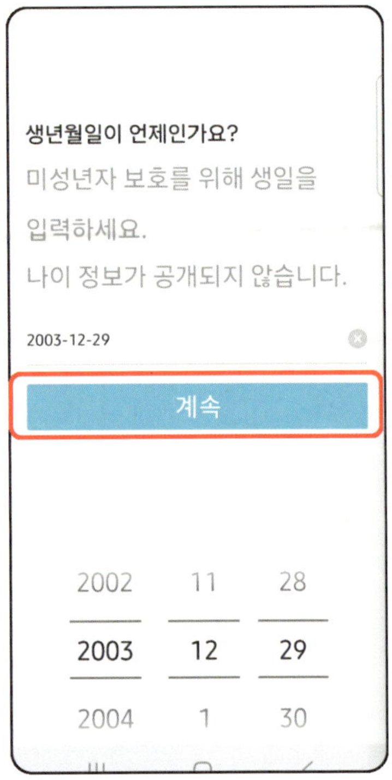

3 **생년, 월, 일**을 맞춘 후 **계속**을 눌러요.

4 **편집**을 눌러요.

5 **새 동영상**을 눌러요.

6 **사진**탭을 누르고 **사진을 선택**하고 **추가**를 눌러요.

캡컷 - 오디오(음악)넣기

오디오를 선택해 음악을 넣을 수 있습니다. 음악의 길이가 영상보다 길 경우에는 분할을 눌러서 삭제 할 수 있습니다.

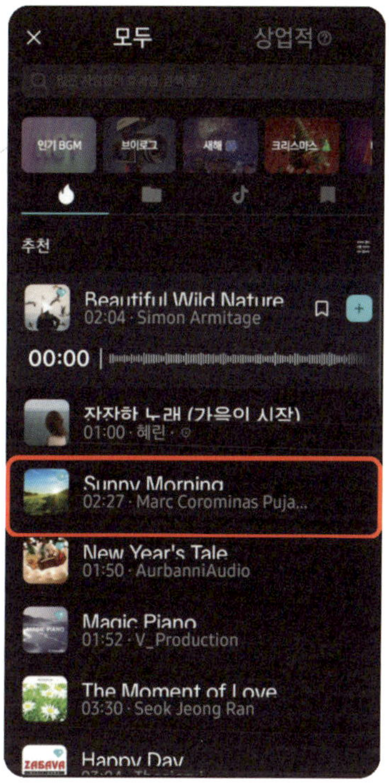

1 를 눌러요.

2 를 눌러요.

3 **음악을 선택**해요.
파랑색 다이아몬드 표시는 유료 입니다.

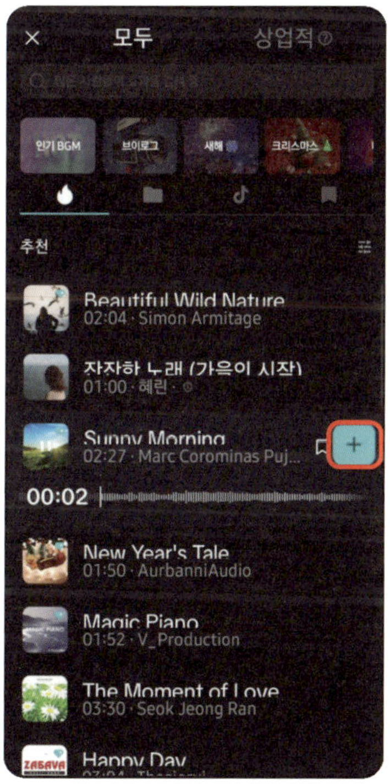

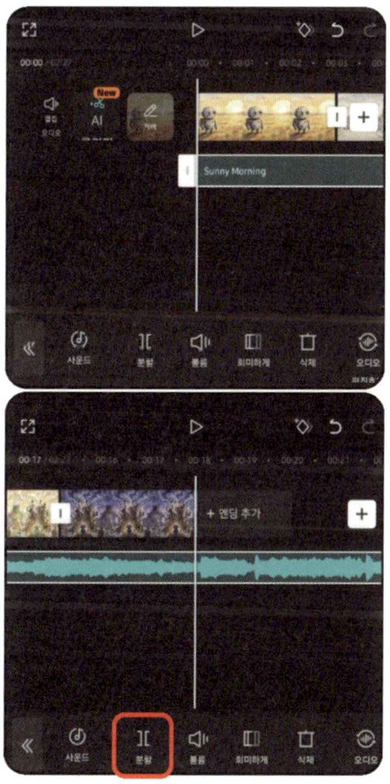

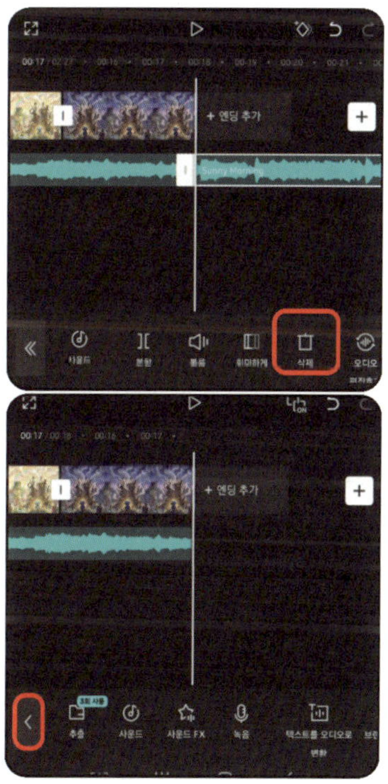

4 를 누르면 음악이 삽입됩니다.

5 영상 길이에 맞춰 분할을 눌러요.

6 **삭제**를 눌러요.
아래 를 눌러요.

캡컷 – 텍스트 넣기

텍스트를 삽입합니다. 텍스트에서 다양한 탬플릿을 선택하여 예쁜 글자를 넣을 수 있습니다. 이미지 한장에 넣거나, 처음부터 끝까지 글자를 넣을 수 있습니다.

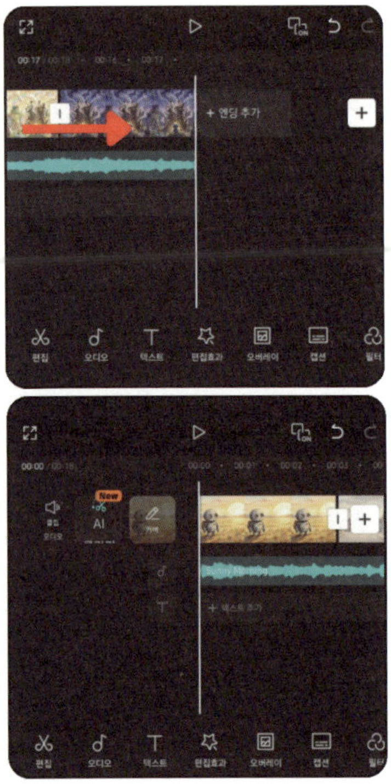

1 오른쪽으로 타임라인을 밀어서 처음으로 돌아와요.

2 T를 눌러요.

3 템플릿 스타일을 선택해요.

4 **텍스트**를 입력하고 를 눌러요.

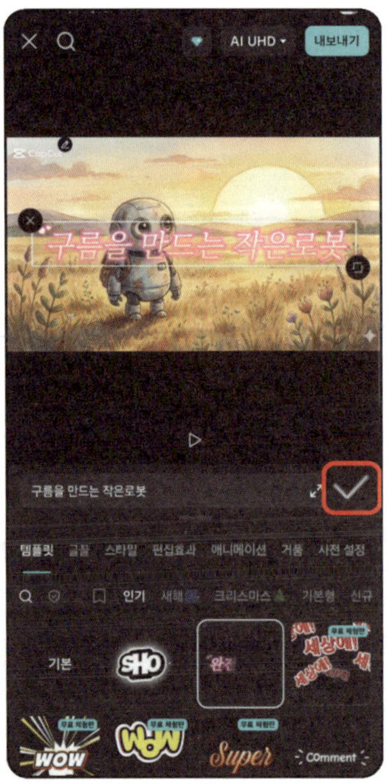

5 ✓를 눌러요.

6 **화면전환**을 눌러요.

캡컷 - 효과 넣기

영상에 효과를 넣을 수 있습니다. 다양한 템플릿을 사용할 수 있습니다.

1 **효과**를 선택해요.

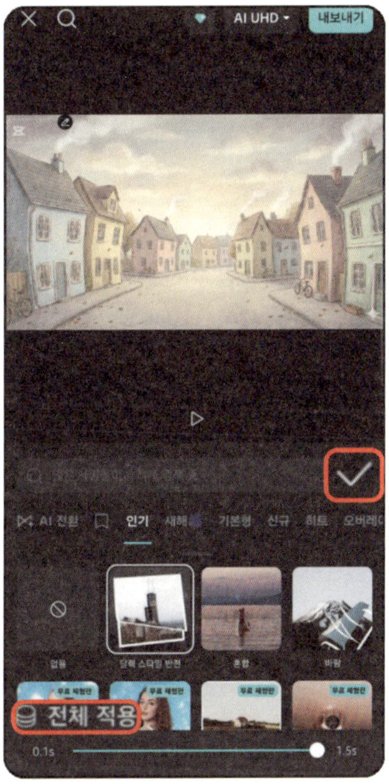

2 [전체 적용] 누르고 [✓] 를 눌러요.

3 [<] 를 눌러요.

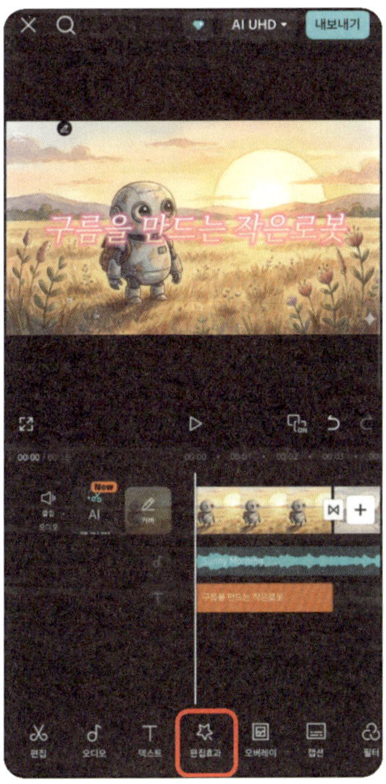

4 **편집효과**를 눌러요.

5 [동영상 효과] 를 눌러요.

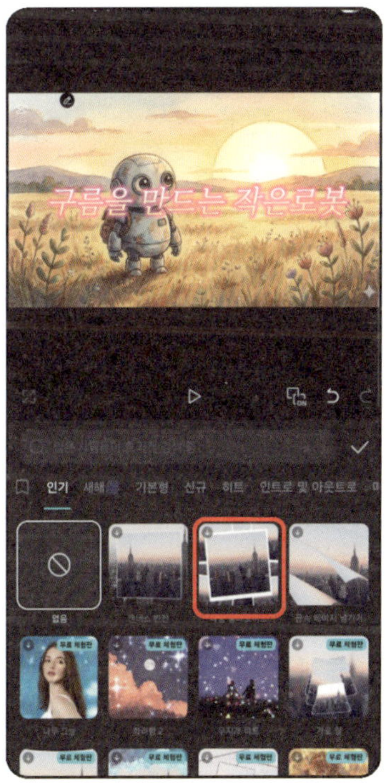

6 효과를 하나 **선택**해요.
[⊘] 를 누르면 적용된 효과가 제거됩니다.

캡컷 – 내보내기 (저장하기)

완성된 영상을 내보내기하면 스마트폰에 저장 됩니다.

1 ✓를 눌러요.

2 동영상 효과가 적용되었어요.

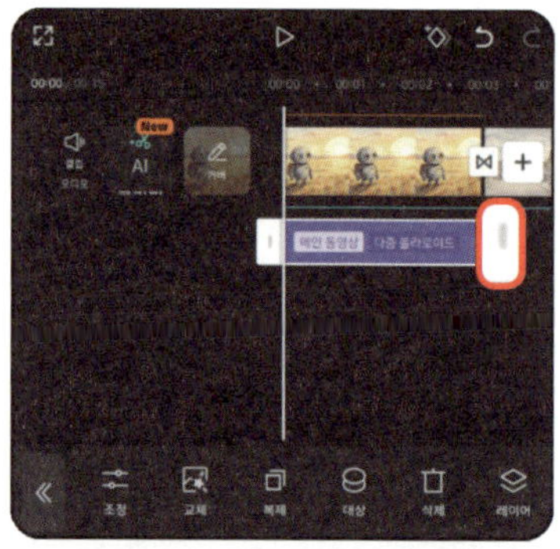

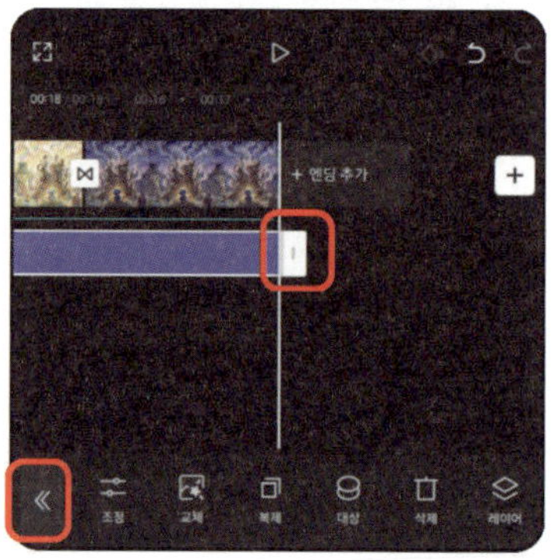

3 ▯를 끌어서 사진 끝에 맞춰 줍니다. «와 ‹눌러요.

4 내보내기를 눌러요.

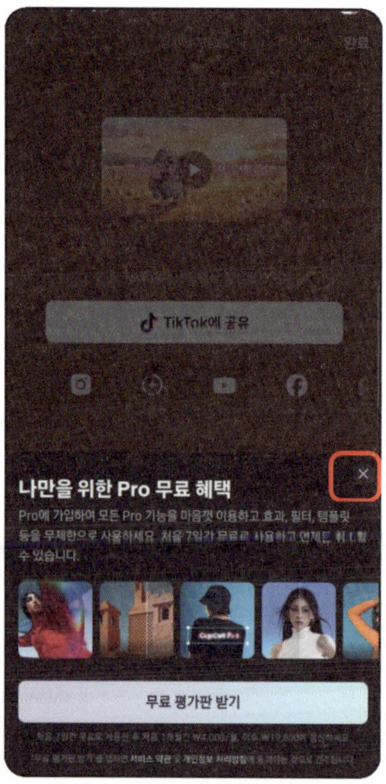

5 광고가 나오면 X를 눌러요.

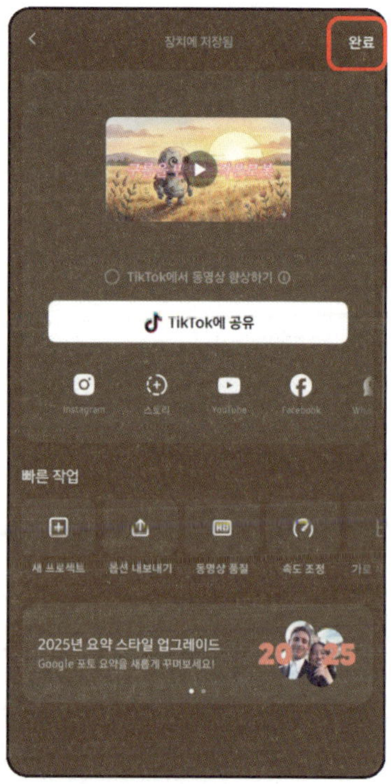

6 완료를 눌러요.
앨범에 저장되었어요.

12장
AI 활용

제미나이 – 기본 화면

Google이 개발한 최신 AI 모델로, 검색, 글쓰기, 요약, 번역, 업무 자동화까지 실제 작업에 바로 활용할 수 있는 생성형 AI입니다.

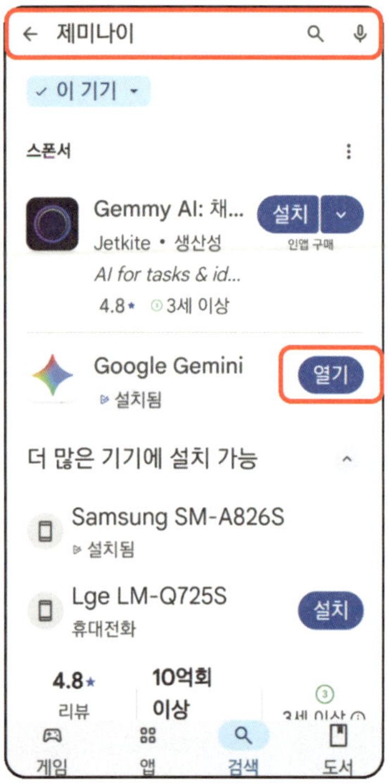

1 에서 검색 후 **설치** 후 **열기**를 눌러요.

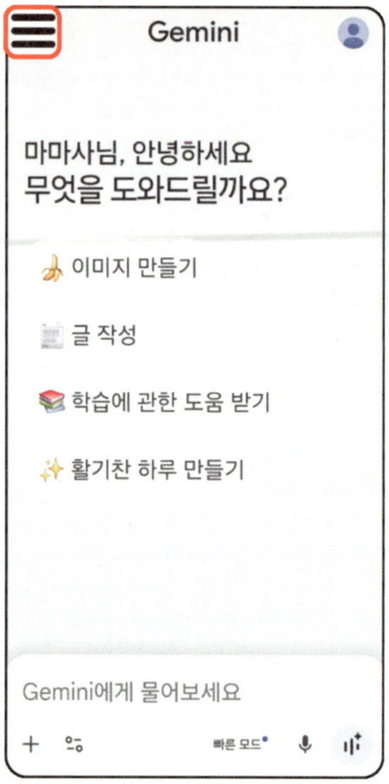

2 을 눌러요.

3 새 채팅:
새로운 대화시작
내항목:
생성된 이미지
Gems(젬스):
제작되어 있는 앱
채팅(히스토리) :
대화한 기록이 보여요.

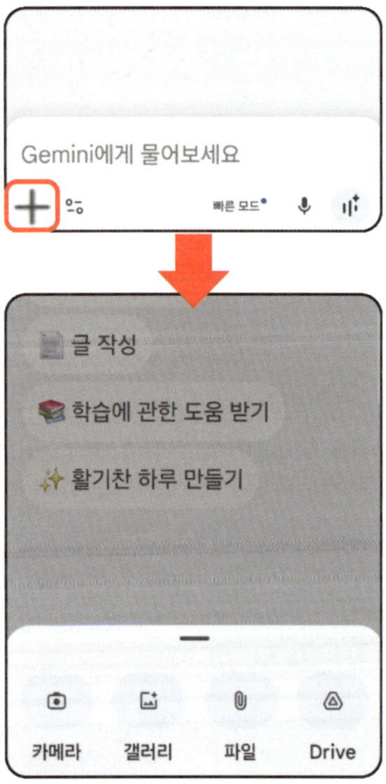

를 눌러서 사진 또는 파일을 첨부해요.

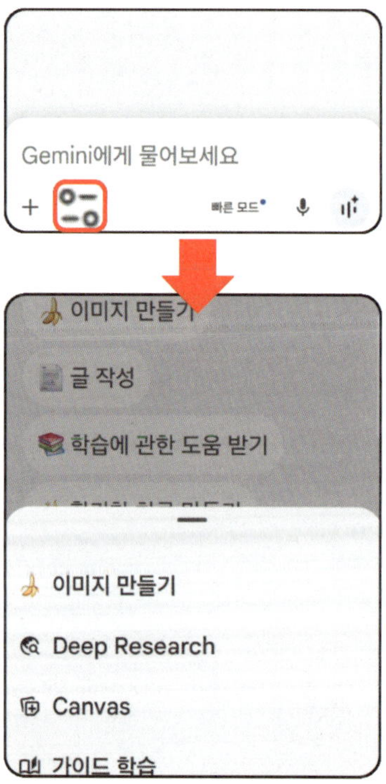

를 눌러서 도구를 선택합니다.

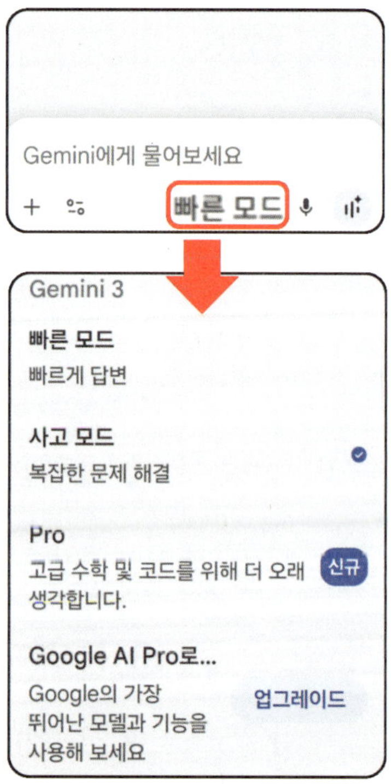

빠른 모드 제미나이 모드를 선택할 수 있어요.

제미나이 – 이미지 만들기

글로 설명하면 제미나이 그림이나 사진 같은 이미지를 만들어 주고, 만들어진 이미지의 일부도 다시 고칠 수 있는 기능입니다.

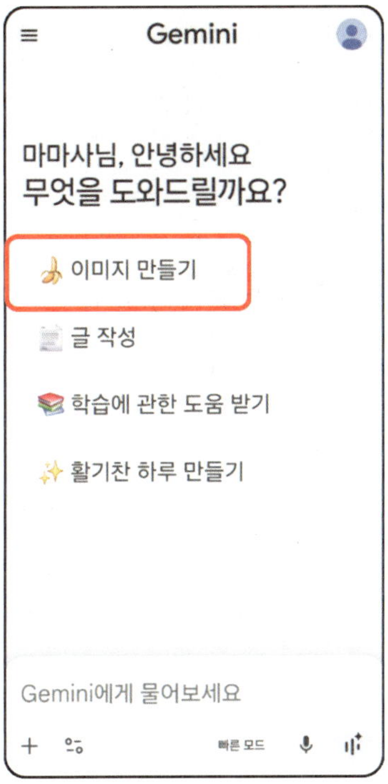

1 **이미지 만들기**를 눌러요.

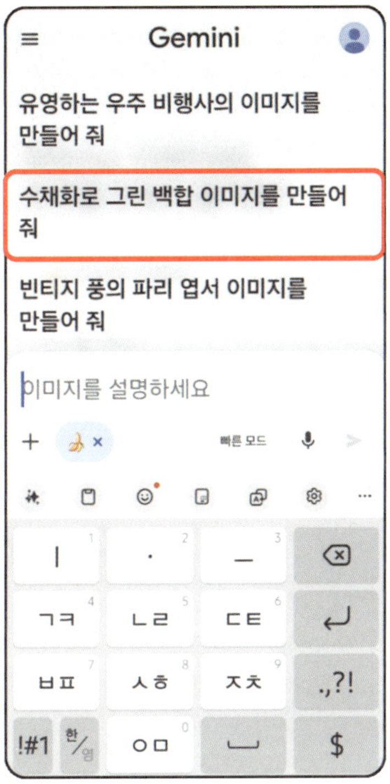

2 **예시 프롬프트**를 눌러요.

3 이미지가 생성 되었어요. 아래 채팅창을 눌러요.

4 수정 내용을 입력하고 ➤ 를 눌러요.

5 화병에 담겨져 있는 백합으로 수정되었어요.

사진을 첨부하면 제미나이가 그 사진을 바탕으로 이미지를 수정하거나 새로운 그림으로 다시 만들어 줍니다.

사진을 올리고 '이렇게 바꿔 주세요'라고 말하면, 사진이 원하는 모습으로 바뀝니다.

증명사진 보정, 여행 사진 꾸미기, 가족 사진 배경 바꾸기, 안내문·포스터도 만들 수 있습니다.

제미나이 - 대화하기

사고모드는 질문의 맥락을 깊이 분석해 이유·과정·결론을 단계적으로 정리해 주는 모드입니다. 무료 사용자는 사용 한도 제한이 있습니다.

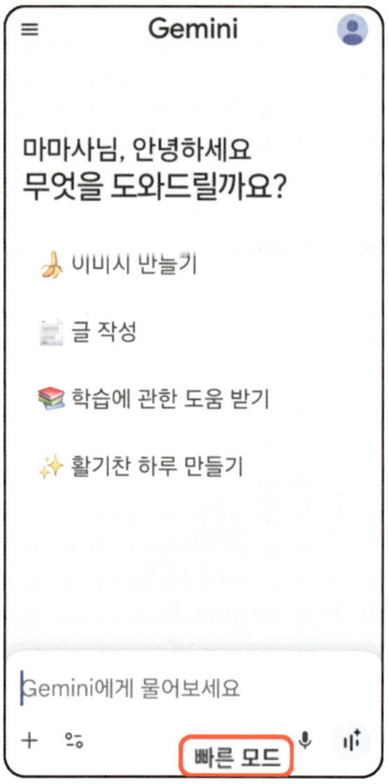

1 빠른모드를 눌러요.

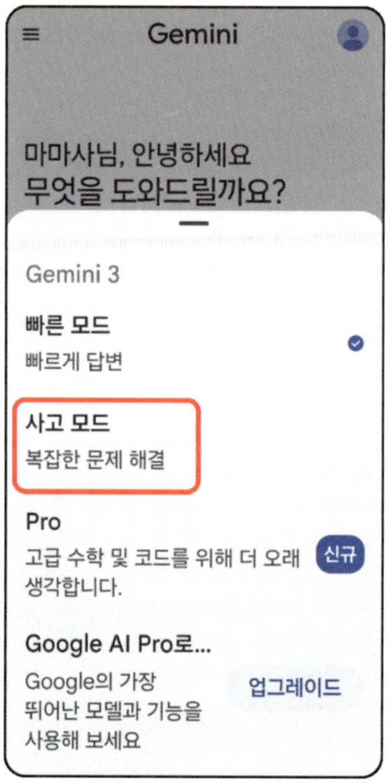

2 사고모드를 눌러요.

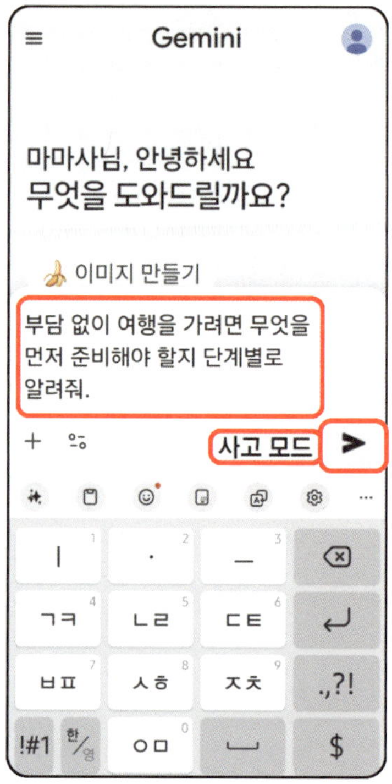

3 질문을 입력하고 ➤를 눌러요.

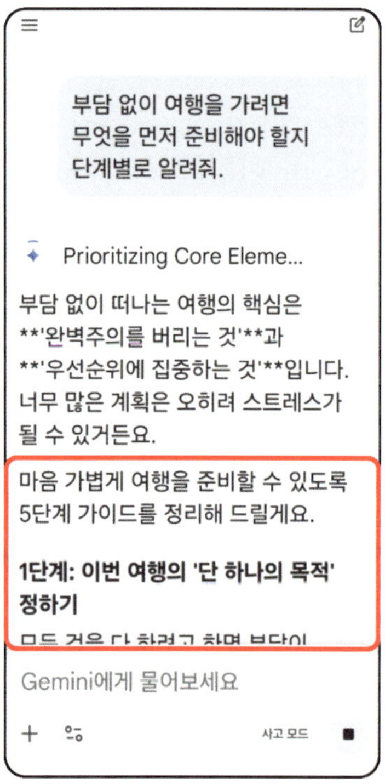

4 단계별로 설명해 준 답변을 받았어요.

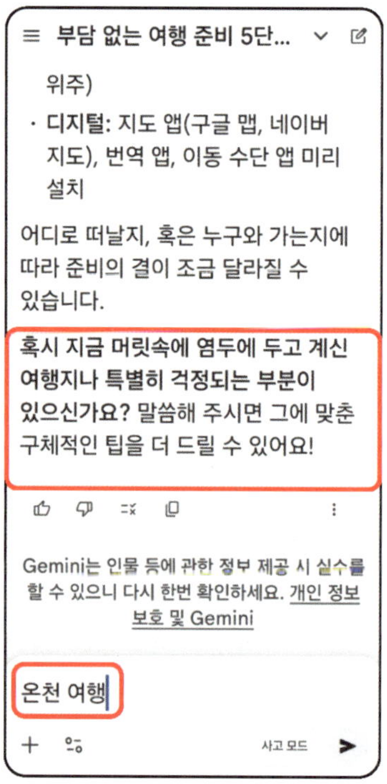

5 답변 아래 추가질문을 요청하면 알려줘요.

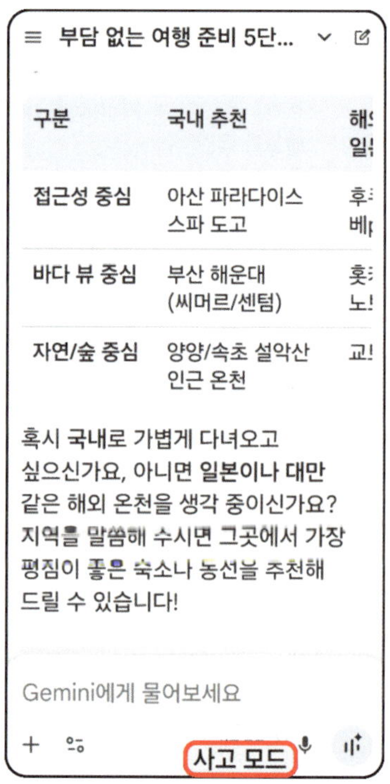

6 추가 질문에 대한 대답을 확인해요.

제미나이 - Storybook (스토리북) 만들기

Gems(젬스)는 '글쓰기 도우미', '코딩 전문가', '학습 튜터'처럼 특정 목적에 특화된 제미나이를 직접 설정해서 사용할 수 있는 기능입니다.

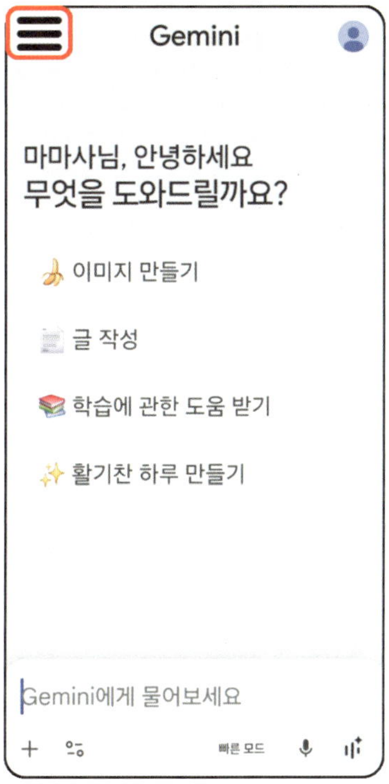

1 ☰을 눌러요.

2 Gems를 눌러요.

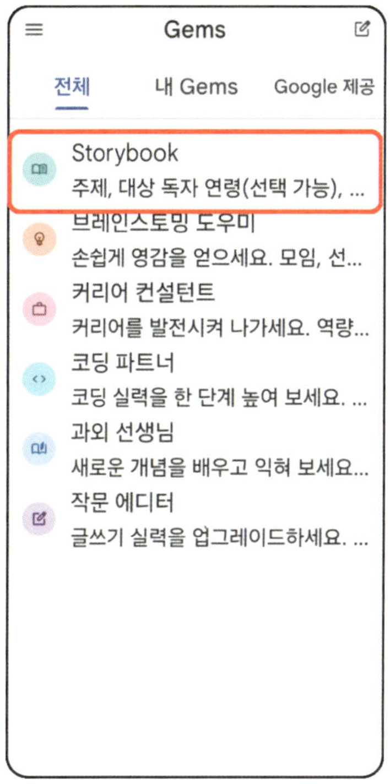

3 Storybook을 눌러요.

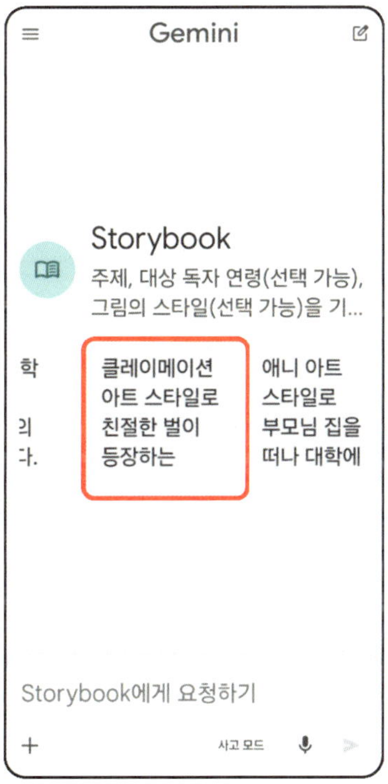

4 예시에서 만들고 싶은 주제 하나를 선택해요.

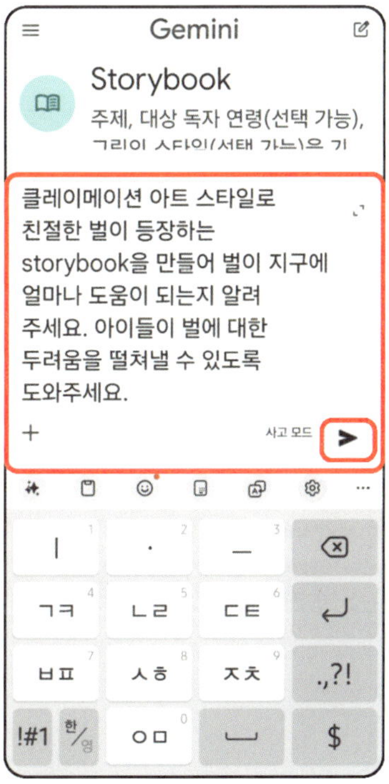

5 선택한 주제가 자동으로 입력되어져요. ➤를 눌러요.

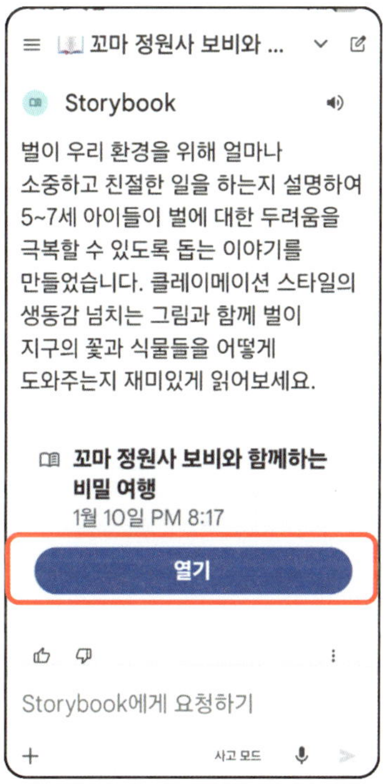

6 이야기가 다 만들어지면 열기를 눌러요.

제미나이 - Storybook (스토리북) 만들기

7 **듣기**를 눌러요.

8 책을 읽어줍니다. **일시 중지**를 눌러 중지할 수 있어요.

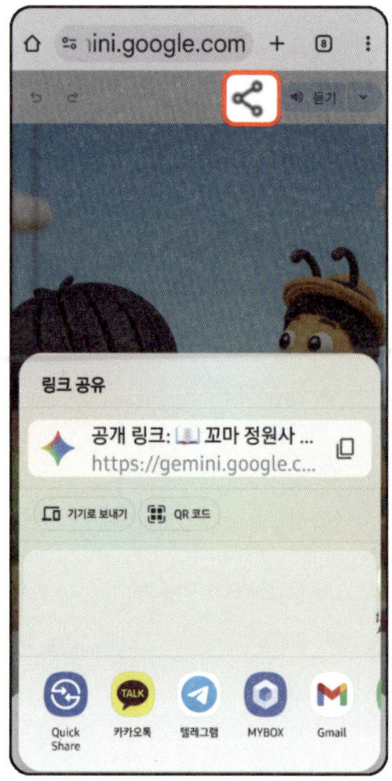

9 **공유**를 눌러서 링크복사, 카카오톡 등으로 공유해요.

제미나이 - 음성으로 대화하기

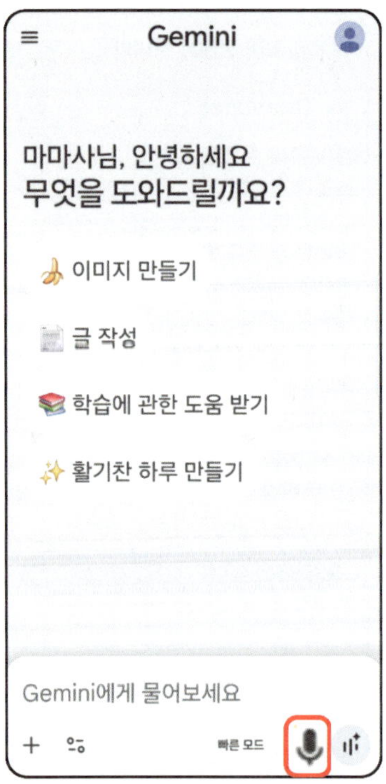

1 🎤 를 눌러 말을 해요.

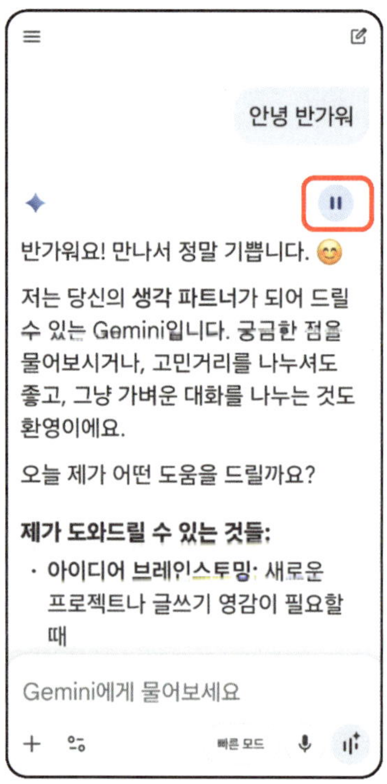

2 대답을 하면 🎤를 눌러 말해요. ⏸ 일시 중지

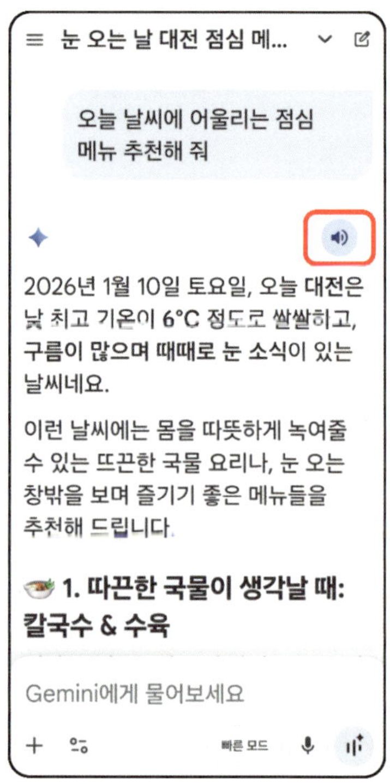

3 계속 대화 할 수 있어요. 🔊 다시 듣기

챗GPT – 회원 가입하기

오픈AI(OpenAI)사가 개발한 대화형 인공지능으로, 사용자의 질문을 이해하고 이미지 생성·글쓰기·요약·번역·아이디어 생성을 돕습니다.

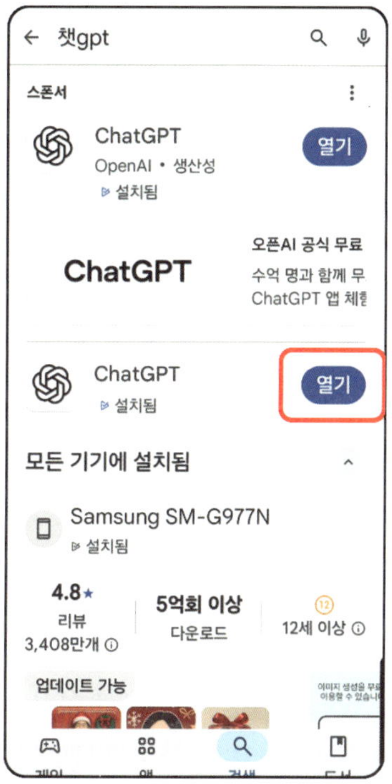

1 ▶에서 검색 후 설치 후 열기를 눌러요.

2 회원 가입을 눌러요.

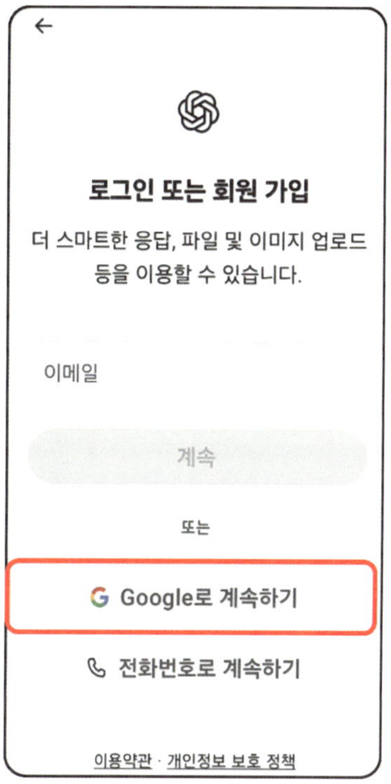

3 Google로 계속하기를 눌러요.

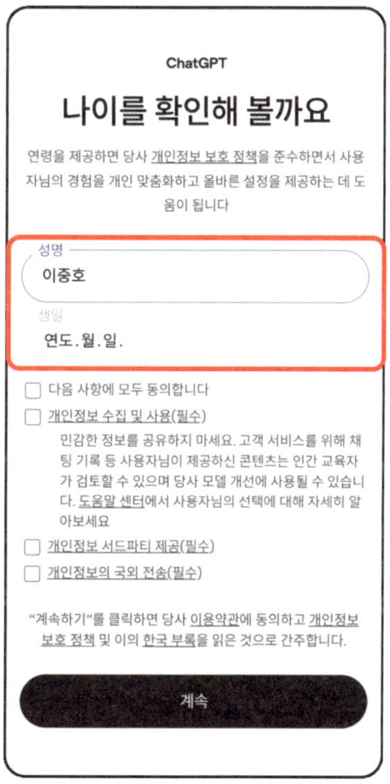

4 이름은 자동으로 입력됩니다.

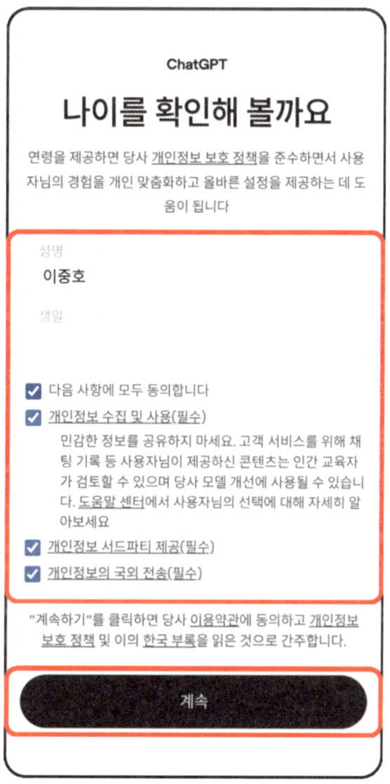

5 년도, 월, 일을 입력하고 동의에 체크하고 계속을 눌러요.

6 ⩵ 사이드바를 눌러요.

챗GPT - 기본 화면

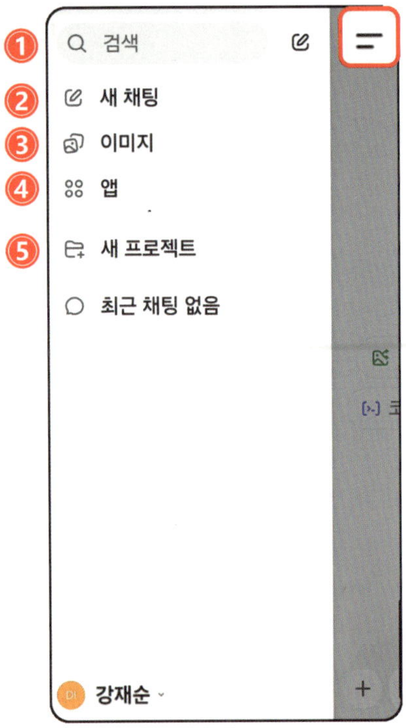

사이드바를 펼쳤을때

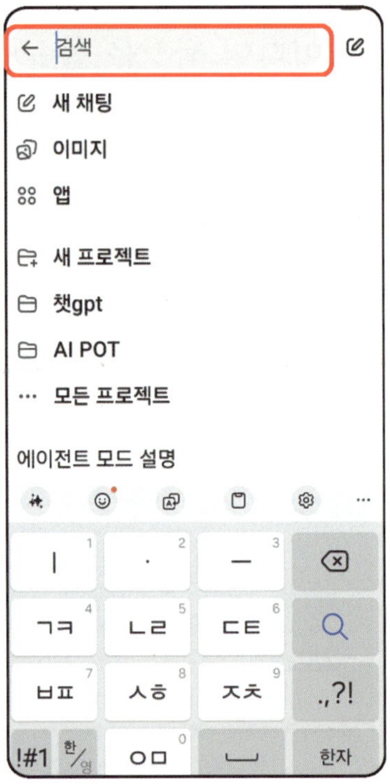

① 검색 : 내가 예전에 했던 대화 내용을 다시 찾을 수 있어요.

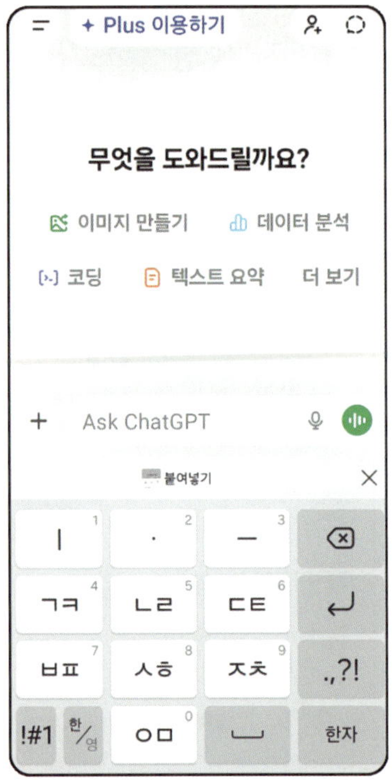

② 새 채팅을 눌렀을 때 (새로운 대화를 시작할 때)

③ 이미지를 눌렀을 때 (내가 생성한 이미지를 볼 수 있어요.)

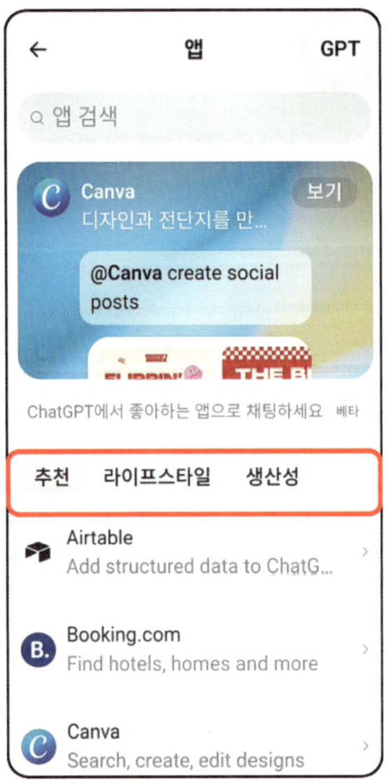

④ 앱을 눌렀을 때 ChatGPT 안에서 사용할 수 있는 확장 도구 모음

⑤ 새 프로젝트를 눌렀을 하나의 주제로 여러 작업을 계속 이어가는 공간

챗GPT – 기본 화면

내가 ChatGPT와 나눈 대화, 입력한 내용이 어떻게 관리되는지 직접 설정하는 기능입니다. 개인정보나 민감한 내용이 걱정될 때 꺼두시길 추천 드립니다.

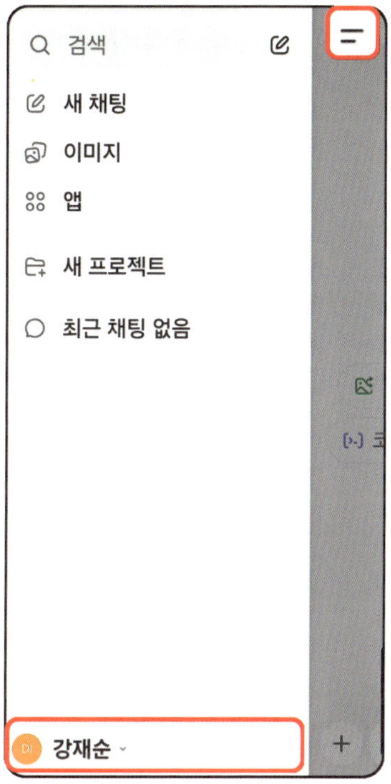

1 = 를 누르고 내 이름을 눌러요.

2 화면을 위로 올려요.

3 **데이터 제어**를 눌러요.

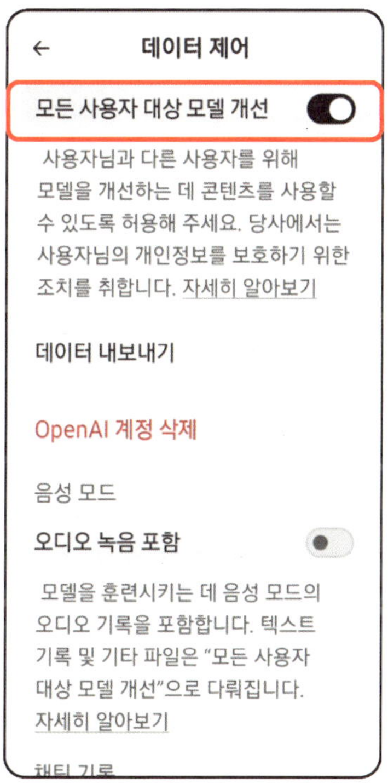

4 모든 사용자 대상 모델 개선이 **켜져** 있어요.

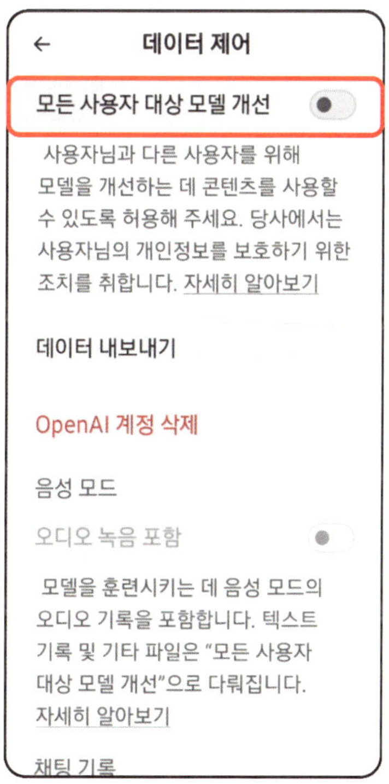

5 모든 사용자 대상 모델 개선을 **꺼** 주세요.

내가 쓴 내용이 저장되는지, 학습에 쓰이는지, 기록을 지울 수 있는지 사용자가 직접 선택할 수 있습니다.

기록을 남기지 않고 사용하거나, 학습에 활용하지 않도록 설정할 수 있어 개인정보 보호에 도움이 됩니다.

챗GPT – 이미지 만들기

챗GPT 사이드바의 이미지 기능은 이미지를 업로드해 다양한 스타일로 변경하고 내용 설명, 분석, 수정 아이디어를 받을 수 있는 도구입니다.

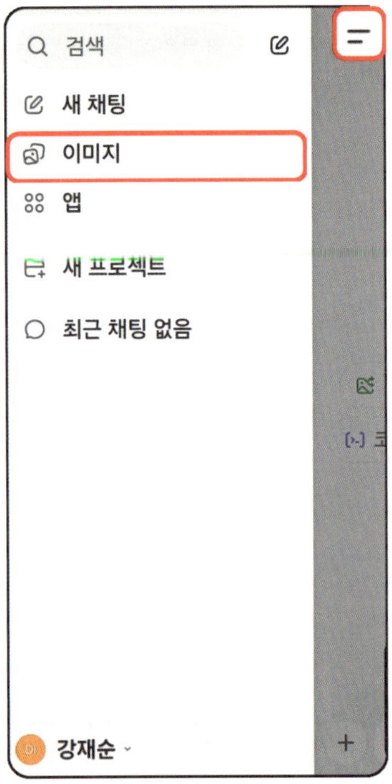

1 사이드바에서 **이미지**를 눌러요.

2 좌,우로 밀어서 스타일을 선택해요.

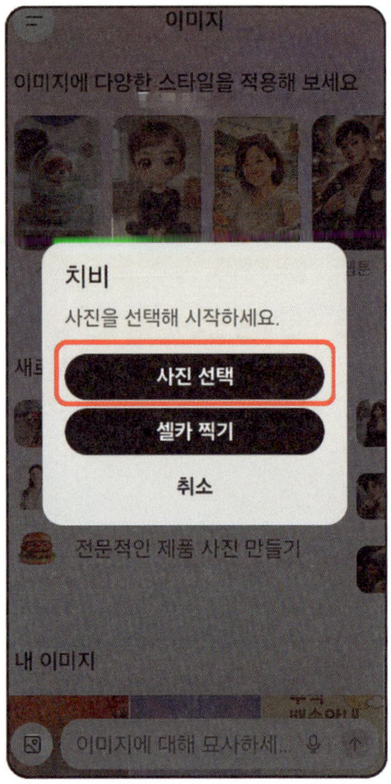

3 **사진 선택**을 눌러요.

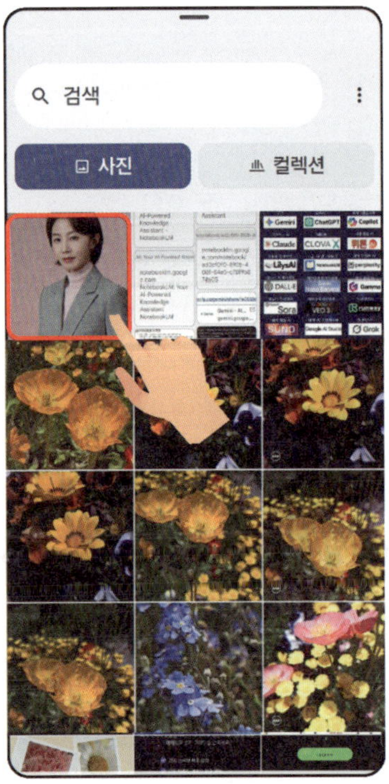

4 사진을 선택하면 이미지가 자동으로 생성돼요.

5 이미지가 생성되었어요. 이미지를 눌러요.

6 **저장**을 눌러 저장합니다.

챗GPT – 이미지 수정

사진을 업로드해 질문하거나 분석을 요청할 수 있으며,
배경이나 불필요한 부분을 제거하고 원하는 요소만 생성·보완해 주는 기능입니다.

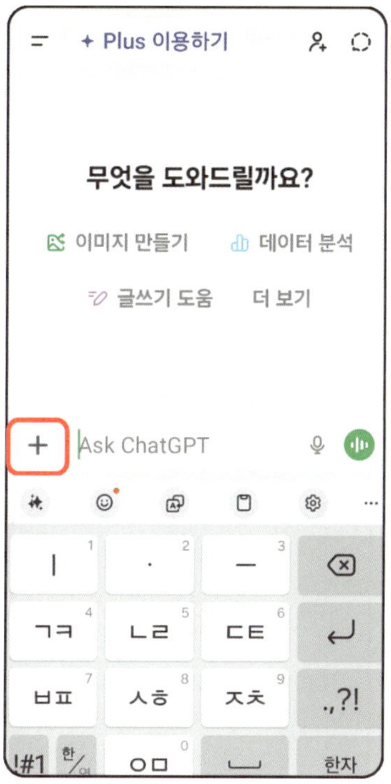

1 + 를 눌러요.

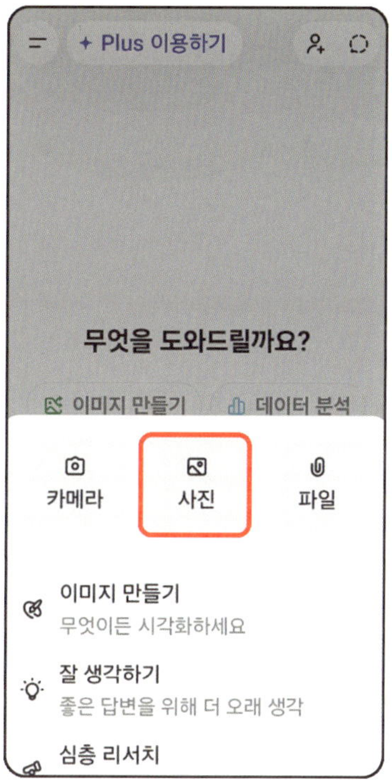

2 **사진**을 눌러요.

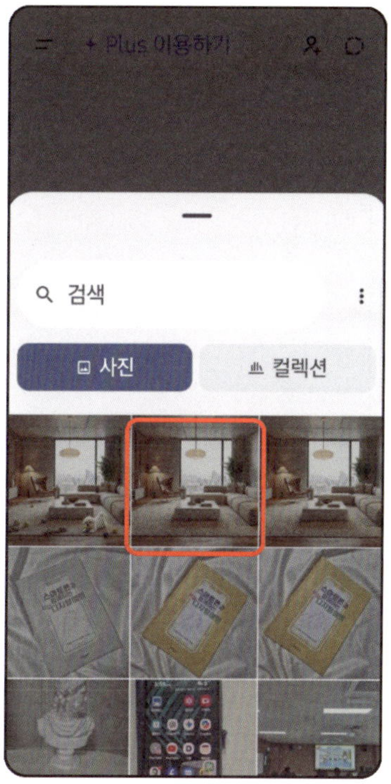

3 수정하고 싶은 **사진**을 선택해요.

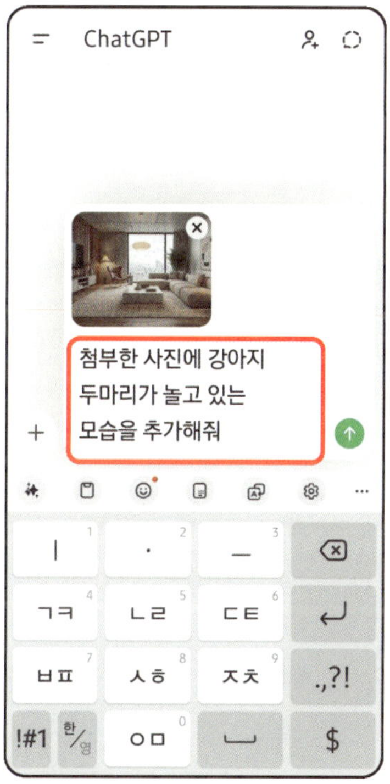

4 수정하고 싶은 **내용**을 입력해요.

5 수정된 이미지가 생성되었어요.

설명한 내용을 바탕으로 그림, 사진, 포스터, 캐릭터, 인포그래픽, 카드 뉴스까지 만들어 주는 기능입니다.
"강아지가 꽃밭에 앉아 있는 그림 만들어줘"처럼 프롬프트를 입력하면 내가 원하는 장면을 이미지로 바로 만들어 줍니다.

새로운 대화를 하려면 **새 채팅** 눌러요.

챗GPT – 잘 생각하기

질문에 대해 더 깊게 검토하고 답을 정리해 주는 모드입니다. 복잡한 업무 정리, 계획서·보고서 구성, 비교·분석처럼 정확성과 논리가 중요한 요청에 유용합니다.

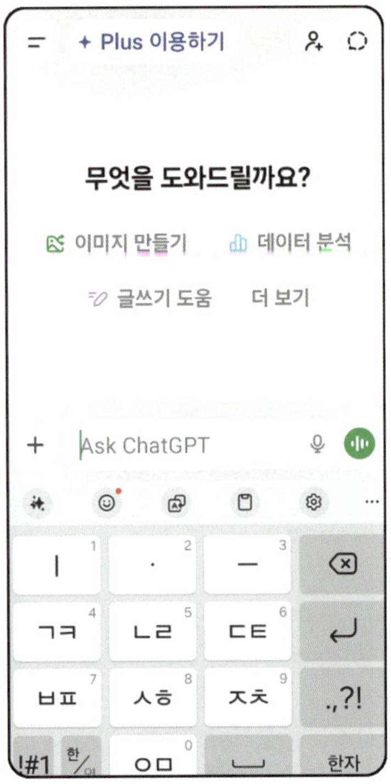

1 + 를 눌러요.

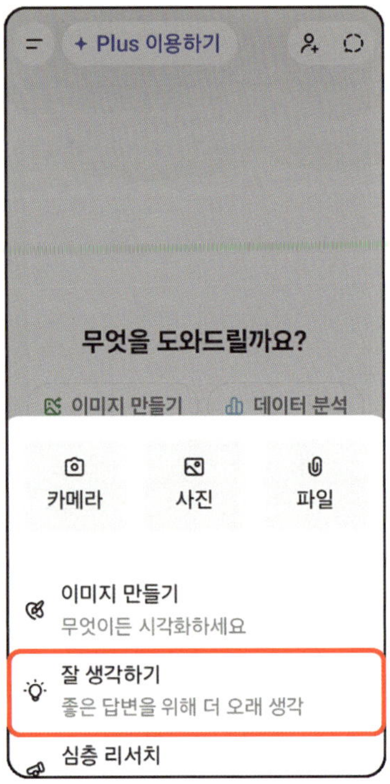

2 **잘 생각하기**를 눌러요.

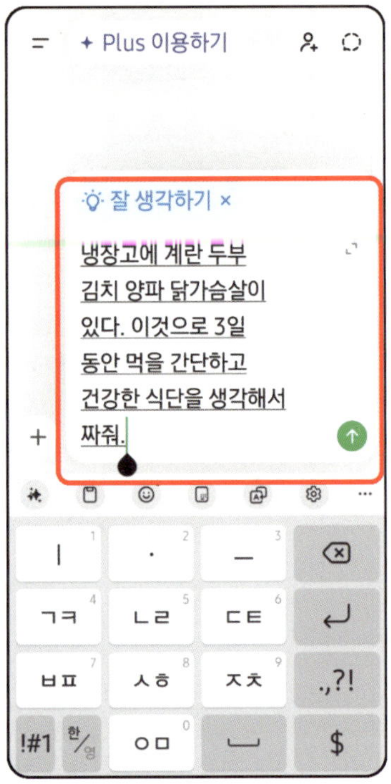

3 **질문**을 입력해요.

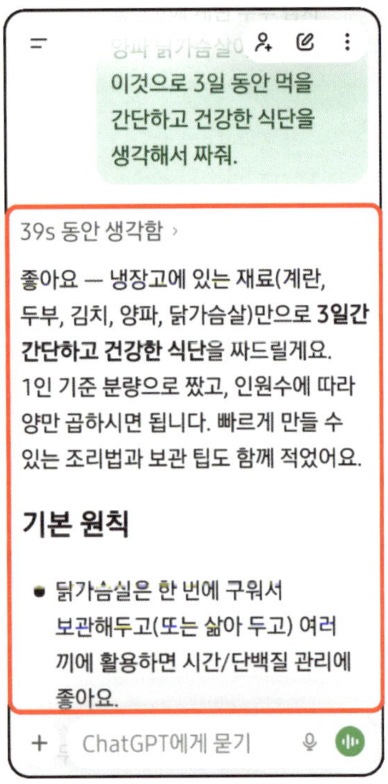

4 답변이 나왔어요.

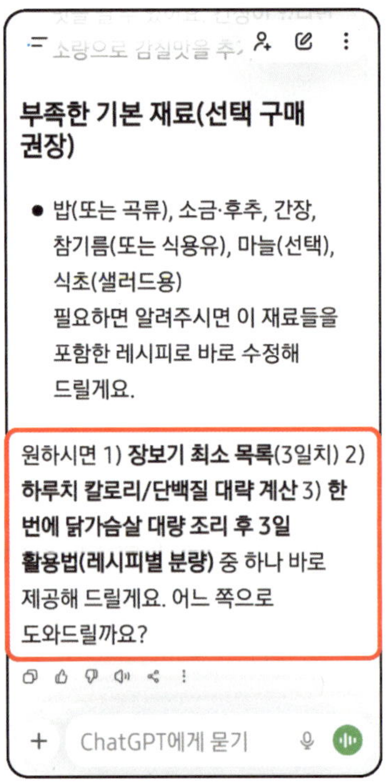

5 추가예시 질문을 보여줘요. **1)번**을 눌러요.

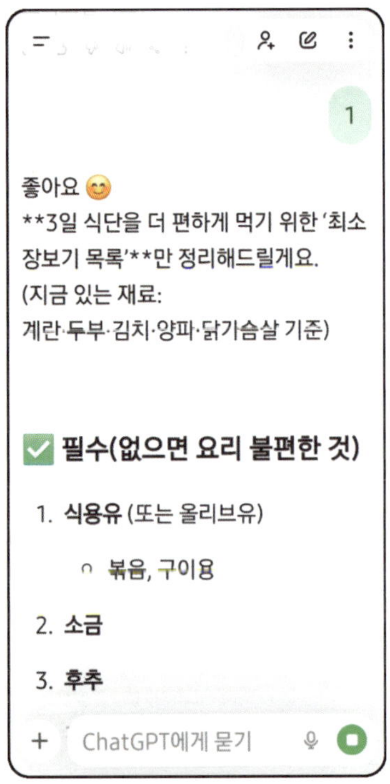

6 답변이 나왔어요. 추가 예시 질문이 계속 나와요.

PixVerse(픽스버스) - 템플릿 사용하기

AI가 짧은 영상을 자동으로 만들어주는 생성형 영상 앱이에요. 매일 60개의 무료 크레딧이 제공되어 결제 없이도 기본 영상 생성 기능을 체험해 볼 수 있습니다.

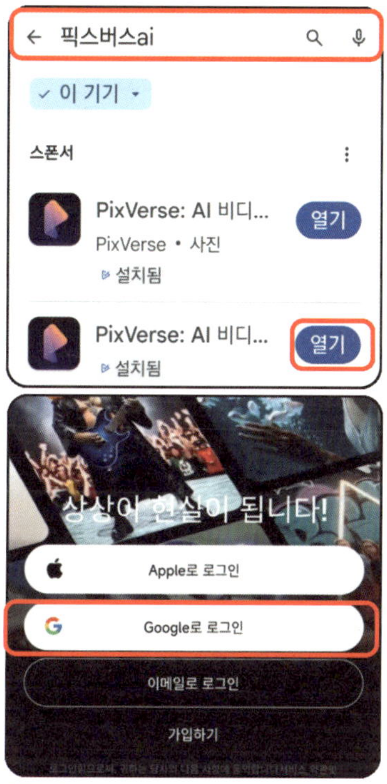

1 에서 설치 후 열기, Google로 로그인을 눌러요.

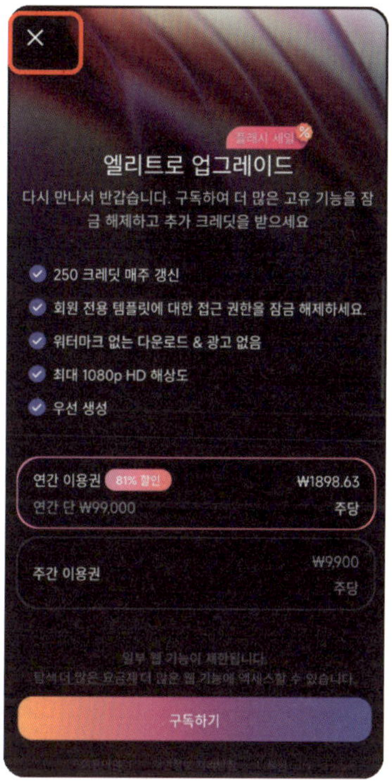

2 광고는 X를 눌러 닫아요.

3 시작화면에서 만들고 싶은 템플릿 하나를 선택해요.

4 이 템플릿 사용하기를 눌러요.

5 사진을 선택하고 만들기 눌러요. 이 템플릿은 30 크레딧이 차감되어요.

6 생성된 영상을 보고 ⬇ 눌러요. MP4 누르면 영상이 저장되어요.

SUNO(수노) - 노래 만들기

텍스트를 입력하면 인공지능이 가사·멜로디·반주·목소리까지 포함된 완성된 노래를 자동으로 만들어 주는 음악 생성 앱입니다.

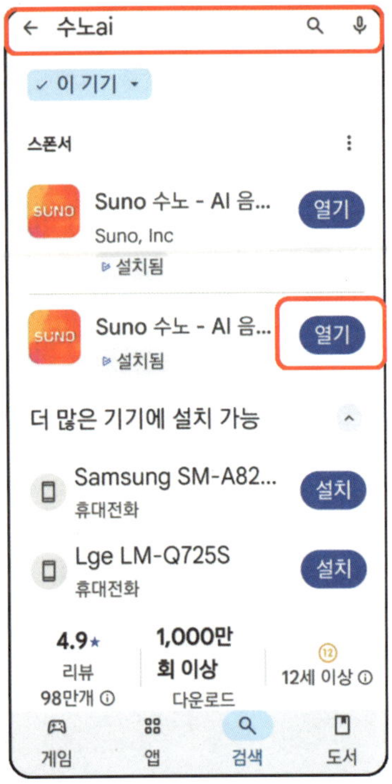

1 ▶에서 설치 후 열기를 눌러요.

2 무료 계정을 만드세요를 눌러요.

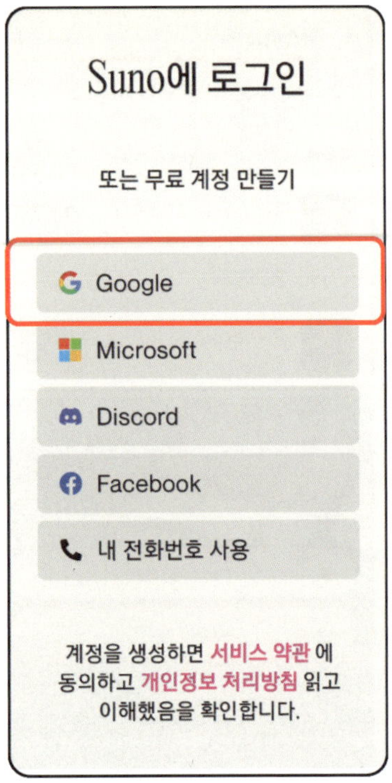

3 Google(구글)을 눌러요.

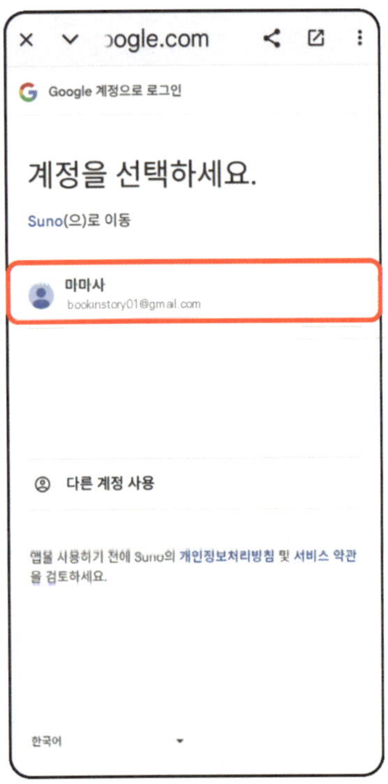

4 구글 계정을 선택해요.

5 계속을 눌러요.

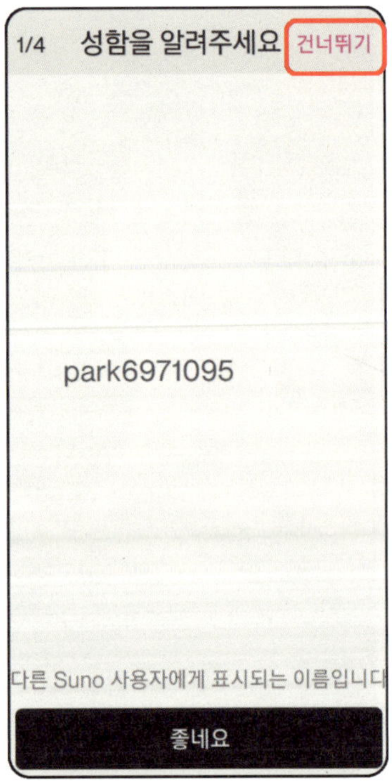

6 건너뛰기를 4번 눌러요.

SUNO(수노) - 노래 만들기

1일 50크레딧이 제공되며 1회 2곡씩, 하루 10곡의 노래를 만들 수 있습니다.

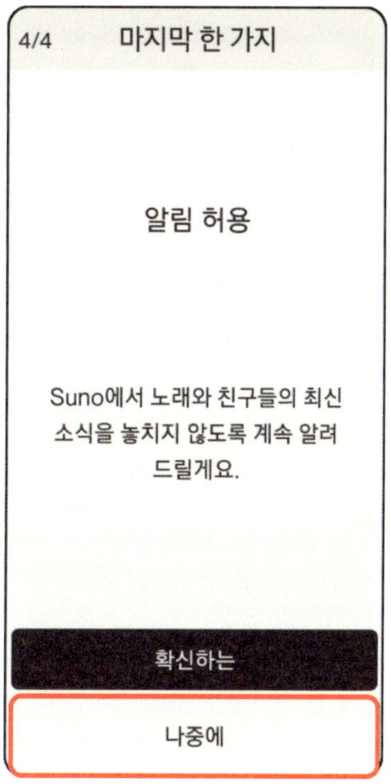

7 나중에를 눌러요.

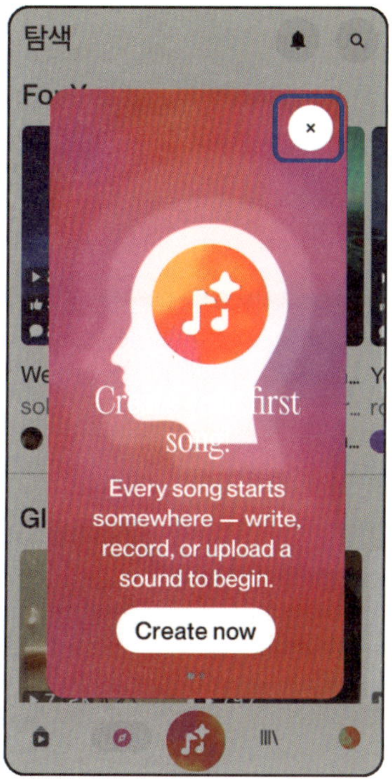

8 X를 눌러요.

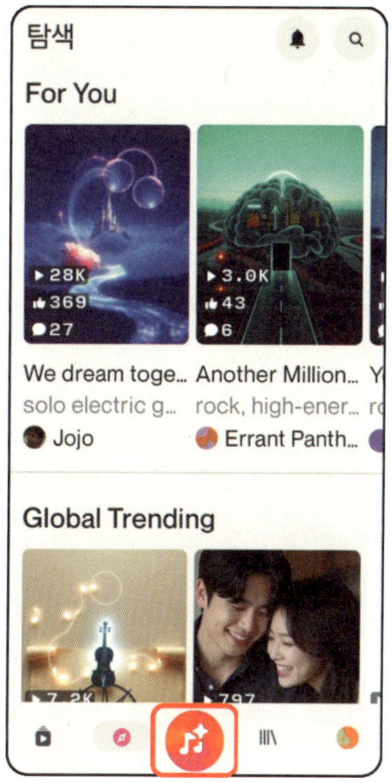

9 를 눌러요.

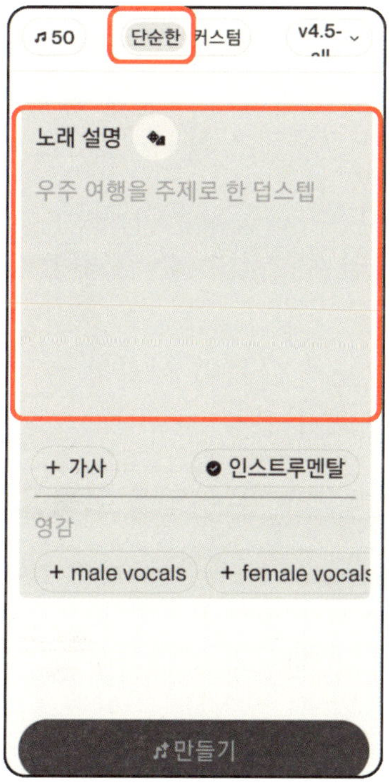

10 단순한을 확인해요. 노래 설명 빈 곳을 터치해요.

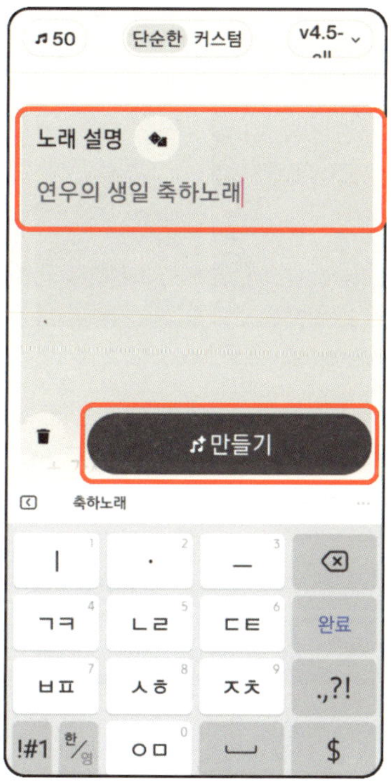

11 간단한 노래 설명을 입력하고 만들기를 눌러요.

12 생성된 노래를 누르면 들을 수 있어요.

SUNO(수노) - 노래 만들기

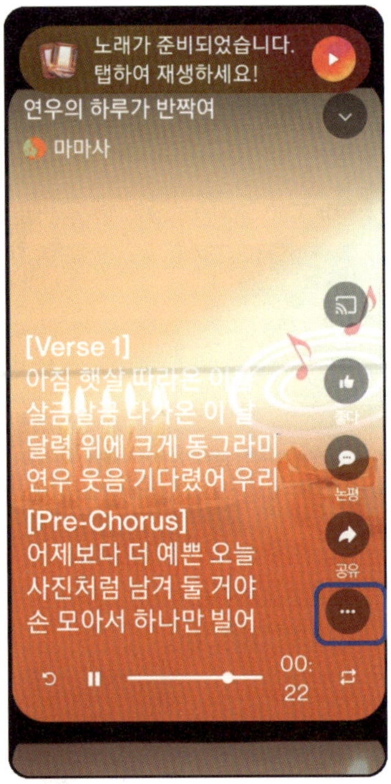

13 더보기를 눌러요.

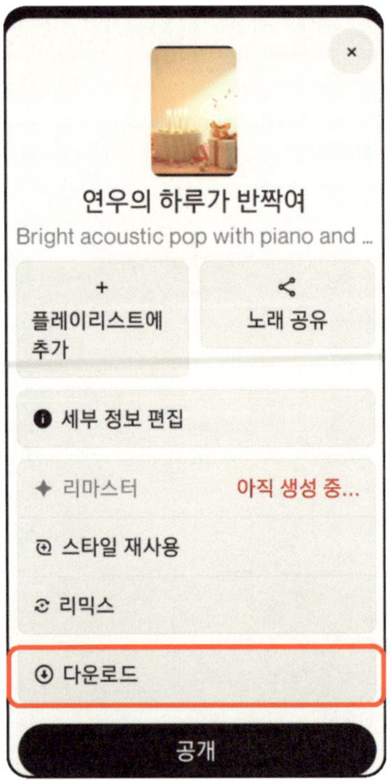

14 다운로드를 눌러요.

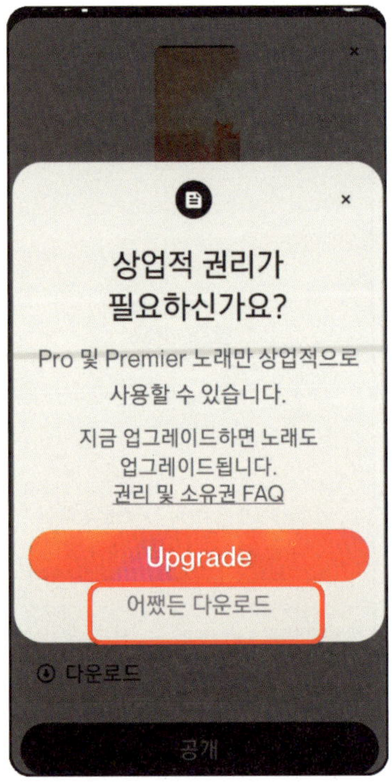

15 어쨌든 다운로드를 눌러요.

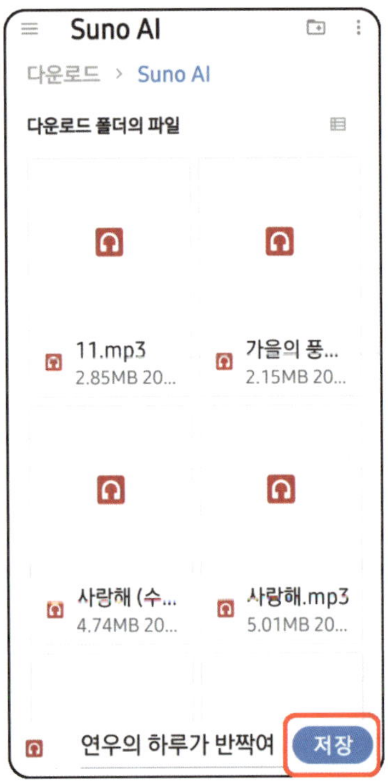

16 저장을 눌러요.

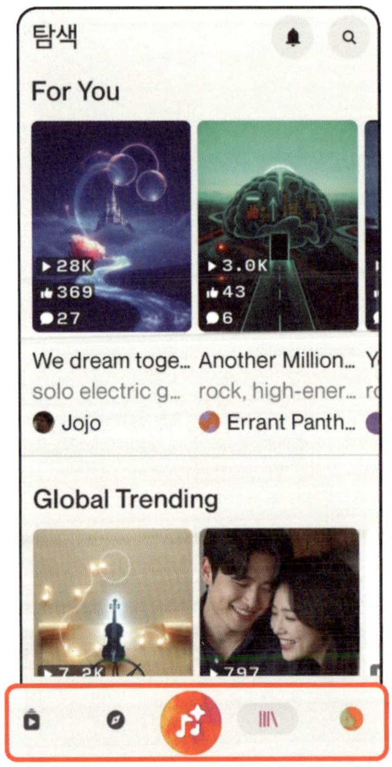

Suno 팀 또는 큐레이션 알고리즘이 추천한 음악/콘텐츠 볼 수 있어요.

다른 사용자들이 만든 음악이 있는 곳 입니다.

노래 만들기 시작하는 곳입니다.

내가 만든 음악을 목록을 볼 수 있어요.

내 계정과 로그아웃을 할 수 있어요.

손끝의 작은 변화가, 삶 전체를 부드럽게 바꿔 줍니다

여행은 계속됩니다, 더 일상 가까이에서 이 책을 통해 우리는 스마트폰을 조금 더 깊이 들여다보며, 생활 곳곳에서 어떻게 활용할 수 있는지 차근차근 걸어왔습니다.

길을 찾고, 필요한 정보를 확인하고, 건강을 챙기고, 가족과 더 쉽게 소통하며, 추억을 기록하는 방법까지— 스마트폰은 이제 단순한 기계가 아니라, 일상을 함께 꾸려 가는 작은 도우미가 되었습니다.

처음에는 낯설고 어렵게 느껴졌던 기능들도 직접 눌러 보고, 다시 시도하면서
"나도 할 수 있다"는 감각으로 바뀌었을 것입니다. 이 변화는 결코 작지 않습니다.
그동안의 노력과 용기는, 앞으로의 디지털 생활을 든든하게 지탱해 줄 자산이 됩니다.
물론 여기서 모든 것이 끝난 것은 아닙니다.

새로운 앱과 서비스, AI 기술은 앞으로도 계속 나타날 것입니다. 그러나 이제 우리는 두려워할 이유가 없습니다. 천천히 읽고, 살펴보고, 필요한 만큼만 사용하면 됩니다.
그 과정 속에서, 디지털 세상은 점점 더 친근해질 것입니다.

이 책이 여러분의 일상에 조금 더 편리함을, 조금 더 안전함을, 그리고 무엇보다 스스로 해냈다는 자신감을 남겨 주었다면 그것만으로도 충분히 의미 있는 여정이었습니다.
앞으로도 스마트폰은 당신의 하루를 기록하고, 사람과 사람을 이어 주며, 새로운 경험으로 안내하는 동반자가 되어 줄 것입니다.

여기까지 함께 걸어 주셔서 감사합니다. 다음 일상 속 디지털 여행에서도, 여러분의 손길과 호기심이 계속 빛나길 응원합니다.

여행 가이드 프로필

오정화 https://blog.naver.com/rnaehddl01

다큐멘터리 영상 편집, '내손안의 책' PD, 책프로그램을 제작과 소프트웨어 및 컴퓨터 자격증 과정 교육. 스마트폰과 생활 속 AI 활용을 스토리로 풀어내어 원리를 이해하고, 쉽고 재미있게 학습할 수 있도록 수업을 진행하고 있습니다.
- 북인스토리 대표. 한국디지털튜터협회 정회원, 사회서비스종사자 디지털교육 전문강사, 시니어 디지털교육 강사

자격증 AI-POT(AI프롬프트활용능력), 모바일 디지털튜터 1급, ITQ 정보기술,
그래픽기술자격GTQ 포토샵 1급, DIAT 디지털정보활용, 사회복지사 2급

도서 우리집에는 ABC가 있어요
우리집에는 123이있어요(with 컬러링북)

공저 스마트폰과 함께하는 일상 디지털여행 (기초편) / (활용편)
스마트폰이 더 편해지는 방법 (설정편)

박수영 https://blog.naver.com/mama_sa

주민센터, 복지관, 야학, 문화센터, 평생학습원, 도서관등 다양한 교육 기관에서 성인 대상으로 디지털 문해 및 스마트폰 활용, AI 수업을 활발히 진행하고 있습니다. 풍부한 경험을 바탕으로, 세심한 배려와 친절함을 잃지 않는 열정적인 강의로 많은 수강생들에게 큰 호응을 얻고 있습니다.
- 도서출판 북인스토리 이사, 한국디지털튜터협회 정회원

자격증 스마트폰 활용 지도사 1급, 모바일 디지털 튜터 1급, SNS 마케팅 전문가 1급,
인공지능 웹툰 투닝 교육 지도사 2급, AI-POT(AI프롬프트활용능력), AI활용지도사1급

공저 스마트폰과 함께하는 디지털여행(기초편) / (활용편)
눈꽃 프로젝트 스마트폰 클래스 기초반 교재
등불 프로젝트 모두를 위한 스마트폰 길잡이 중급반 교재
내손안의 AI /우리는 디지털튜터다 / 스마트폰이 더 편해지는 방법 (설정편)

이중호 https://blog.naver.com/hye7077

홈플러스 문화센터와 이음마을학교에서 디지털 문해와 스마트폰 수업, 챗GPT 교육을 하고 있습니다. 컨텐츠 개발과 다양한 경험을 토대로 창의적이고 효과적인 교육을 제공하고 있습니다.
- 도서출판 북인스토리 이사, 한국디지털튜터협회 정회원, 한국강사교육협회 이사

자격증 DEQ(디지털윤리자격) 지도사, AI-POT(AI프롬프트활용능력), 뤼튼AI 교육컨설턴트 수료, 모바일 디지털튜터 1급,
인공지능(AI)활용능력자격증1급, 인공지능 웹툰 튜닝 지도사 2급, 유튜브 크리에이터 1급, 스마트폰 활용지도사 1급

도서 선으로 명상하고 색으로 힐링하는 컬러링북
꼬마 고슴도치코니의 양치 대작전

공저 스마트폰과 함께하는 디지털여행(기초편) / (활용편)
눈꽃 프로젝트 스마트폰 클래스 기초반 교재
등불 프로젝트 모두를 위한 스마트폰 길잡이 중급반 교재
내손안의 AI /우리는 디지털튜터다 / 스마트폰이 더 편해지는 방법 (설정편)

강재순 https://blog.naver.com/digitaltokto

복지관, 청소년의 집, 50플러스센터, 영상미디어센터, 평생학습센터 등 다양한 교육 기관에서 성인 대상으로 미리캔버스, AI 활용, 디지털 문해 및 스마트폰 활용 수업을 진행하고 있습니다. 오랜 강사 경험을 바탕으로, 수강생들의 눈높이에 맞춘 쉽고 친절한 수업으로 스마트폰과 디지털 AI를 생활 속에서 자연스럽게 활용할 수 있도록 수업하고 있습니다.
- 도서출판 북인스토리 이사, 사회서비스종사자 디지털교육 전문강사, 시니어 디지털금융교육 강사

자격증 AI-POT(AI프롬프트활용능력) 1급, 멀티미디어콘텐츠 제작전문가, 정보처리기사,
사무자동화 산업기사, DEQ(디지털윤리자격) 지도사, ITQ 정보기술 전문강사,
DIAT 디지털정보활용 전문강사, 그래픽기술자격 GTQ 포토샵1급,
스마트폰 활용 지도사 1급, 디지털영상편집 1급, 컴퓨터활용능력 2급, SW코딩자격 1급

공저 스마트폰 기초부터 활용까지 완전정복
스마트폰이 더 편해지는 방법 (설정편)